W.; Stengel Mostert

Lystoyre et la vie de saint Genis

nach der einzigen bekannten Handschrift zum ersten Mal veröffentlicht

von W. Mostert und E. Stengel

W.; Stengel Mostert

Lystoyre et la vie de saint Genis
nach der einzigen bekannten Handschrift zum ersten Mal veröffentlicht von W. Mostert und E. Stengel

ISBN/EAN: 9783743648845

Hergestellt in Europa, USA, Kanada, Australien, Japan

Cover: Foto ©ninafisch / pixelio.de

Weitere Bücher finden Sie auf **www.hansebooks.com**

AUSGABEN UND ABHANDLUNGEN

AUS DEM GEBIETE DER
ROMANISCHEN PHILOLOGIE.
VERÖFFENTLICHT VON E. STENGEL.
XCIII.

L'YSTOYRE ET LA VIE DE SAINT GENIS

NACH DER EINZIGEN BEKANNTEN HANDSCHRIFT

ZUM ERSTEN MAL VERÖFFENTLICHT

VON

W. MOSTERT u. E. STENGEL.

MARBURG.
N. G. ELWERT'SCHE VERLAGSBUCHHANDLUNG.
1895.

Vorwort.

Die Einleitung dieser Ausgabe der Istoyre von Saint Genis rührt gänzlich von Dr. W. Mostert her und bildet seine Doktordissertation. Als solche war sie auch bereits vor länger als Jahresfrist erschienen. Während der Drucklegung des Textes erkrankte aber Dr. Mostert leider so schwer, dass ich die Fertigstellung der Ausgabe übernehmen musste. Einige Unebenheiten in der Wiedergabe des handschriftlichen Textes erklären sich durch diesen Wechsel, wie dadurch, dass auch ich öfter für längere Zeit genötigt war meine Arbeit an dem Texte zu unterbrechen. Möge also der Leser freundliche Nachsicht walten lassen. Die Anmerkungen musste ich ganz selbständig ausarbeiten, nur wenige Notizen Mosterts konnte ich dabei verwerten. Ebenso fügte ich das Wort- und Sach-Verzeichnis hinzu. Der in mancher Hinsicht interessante offenbar für viele Aufführungen benutzte Text — der den Namen eines poetischen Kunstwerkes allerdings durchaus nicht beanspruchen kann — verdiente jedenfalls den Freunden des älteren französischen Dramas zugänglich gemacht zu werden. Die Renaissance-Dämmerung ist in unserem Stücke allerdings noch sehr wenig fortgeschritten. Das lässt am besten die wiederholte Erwähnung eines Gottes Venus, woraus ein Überarbeiter sogar einen Gott Venus-Talvagant machte, erkennen. Dem Dialekte nach gehört das Drama in den Nordosten Frankreichs (vgl. *töyr, t' = tu, disrent 2345, prenre, vienra és* st. *es, ie = iee*), seine Sprachformen zeigen schon überwiegend neufranzösisches Aussehen, doch begegnen noch viele Reste der älteren Sprache und teilweise darum eine grosse Anzahl von Doppelformen. Die Orthographie ist sehr verwildert und wimmelt von umgekehrten Schreibungen. Metrisch ist die öftere Bindung von männlichen und weiblichen Zeilen durch leoninische Reime (s. Anm. 769) zu beachten, sowie die starke Neigung zur Verschleifung aus- und anlautender Vokale, selbst der durch *y* wiedergegebenen Partikel *et*. Eine stilistische Eigentümlichkeit habe ich Anm. 1444 hervorgehoben und Anm. 1287 eine Anzahl bildliche Ausdrucksweisen aufgezählt, welche sehr deutlich an solche der heutigen deutschen Umgangssprache anklingen [1]).

[1]) Vgl. noch in unserem Texte: *comme il voura aller, si voyse* 3904 = »gehe es wie es gehen will«; *je vous mettray [ou chemin]* 860, *m'a mis en voye* 3329 = »in Gang bringen«, nicht »auf den Weg bringen« d. h. »fortjagen«.

Marburg im Juni 1895.

E. Stengel.

1. In seiner „Histoire du Véritable Saint-Genest de Rotrou'¹) nimmt Person auch Veranlassung von einem „Mystère de St. Genis' zu sprechen, dessen bereits 2 Jahre früher L. Petit de Julleville in seinen „Mystères'²) eingehender Erwähnung gethan hatte.

2. Pet. de Julleville giebt eine kurze Beschreibung der Hs., die ungefähre Verszahl, das Personenverzeichnis³), die Anfangs- und Schlussverse und unter Hinweis auf Rotrou einen Abriss der Genesiuslegende⁴).

---

1) Histoire du Véritable Saint-Genest de Rotrou, par Léonce Person, professeur au lycée Saint-Louis, Paris 1882. Person giebt darin eine Sammlung seiner Rotrou-Untersuchungen.

2) L. Petit de Julleville, Histoire du Théâtre en France. Les Mystères, Paris 1880. tom. II, 520 ff.

3) Hierbei sind ihm einige Irrtümer unterlaufen. In dem von ihm herangezogenen Personenverzeichnis Bl. 80 v° der Hs. fehlt „Sanctus' vor „Genisius', statt „Medicus' ist „Nuncius' zu lesen, desgl. „cliens' statt „caballarius'; „Mater' liest er getrennt von „Inferni', während „Mater Inferni' eine Person ist. Ausgelassen hat er „Predicator' und „Batarin', den Namen des Crida. Das erwähnte Rollenverzeichnis stimmt übrigens mit der thatsächlichen Personenanzahl des Stückes nicht ganz überein (s. Corrector O).

4) Die Legende vom hl. Genesius erfreute sich im Mittelalter in den Ländern romanischer Zunge grosser Beliebtheit. St. Genest war mit St. Julien le Pauvre der Schutzpatron der jongleurs (Léon Gautier, Les Epopées Françaises, 2. Ausg. Bd. II, 106). Zahlreiche Orte trugen seinen Namen (s. unten). Neben unserem Mystère finden wir später eine dramatische Behandlung seiner Leidensgeschichte in Spanien von Lope de Vega „Le Fingido Verdadero' (nach Morel Fatio, Revue Critique d'Histoire et de Littérature, 1882, XI/, 201 ff., aus dem Jahre 1618), in Frankreich von Desfontaines „l'Illustre Comédien, or le Martyre de St. Genest, Tragedie', dessen Werk mir nur in einer kleinen Liebhaberausgabe von 1646 in der Pariser Nationalbibliothek vorlag, endlich von Rotrou „Saint Genest Comédien Paien Représentant le Martyre d'Adrien, Tragédie' (auch als „Le Véritable St. Genest' angeführt), ein von vielen zu den klassischen Dramen gezähltes Werk, das noch in unserem Jhd. (1845 und 1874) Aufführungen erlebte. Italien schliesslich ist vertreten durch die Tragicomedia „San Genesio, martire' (ital. und frz.), Valenzienna, Gabr. Fr. Henry 1710, in-4°, 40 SS. Leider befindet sich das Drama nicht, wie nach Graesses Bemerkung in seinen „Trésors des livres rares et précieux', Dresden 1864, sub „Peau', zu vermuten wäre, auf der Pariser Arsenalbibliothek. Ich hatte daher keine Gelegenheit es einzusehen. Auch heute noch lebt St. Genest im Volksmunde, besonders im östlichen Frankreich. Ich weise hier nur auf die beiden Legenden über unseren

3. Person nun liefert den Nachweis, dass Rotrou schwerlich das mittelalterliche Mystère kannte, und, wenn er es kannte, doch so gut wie gar nicht benutzte, dass als seine Quellen vielmehr direkt die Hagiographen und vornehmlich auch Lope de Vegas Fingido Verdadero zu betrachten sind.

4. Trotzdem widmet er dem Mystère längere Aufmerksamkeit: er giebt als Appendix eine Analyse desselben, wie sie schon in seinen „Notes critiques et biographiques sur Rotrou' im Februar 1882 erschienen war, durchsetzt mit zahlreichen Citaten.

5. Aber schon einer seiner Recensenten, Ch. Marty-Laveaux[5]), bemerkt zu seiner Mitteilung „j'ai fait copier le manuscrit': „Si c'est avec l'intention de le publier quelque jour, il fera bien de revoir cette copie avec soin, car les quelques vers qu'il a cités sont remplis de fautes de toutes sortes.' Und in der That: 50 der 92 citierten Verse entsprechen nicht dem Texte[6]).

6. Ich glaube daher, dass eine eingehendere Behandlung des Mystère, auf das mich Herr Professor Stengel freundlichst aufmerksam machte, wohl von Nutzen sein dürfte. Gesteigert wird das Interesse noch durch die eigentümliche Art der Textüberlieferung: aus der mit zahlreichen Streichungen und Zusätzen versehenen einzigen Hs. des Mystère, die zweifellos auf verschiedene Aufführungen hinweisen, lässt sich der Urtext herausschälen und von diesem aus die oft sehr charakteristische Thätigkeit der einzelnen Interpolatoren bloslegen.

7. Ich gedenke also zunächst[7]) von den verschiedenen Bearbeitern und Correctoren des Mystère zu berichten und eine Charakterisierung ihres Wirkens zu versuchen. Hieran schliesst sich die Bestimmung des Altersverhältnisses der Correctoren und — so weit es der Text erlaubt — eine kurze metrische Untersuchung. Nach der ausführlichen Analyse mit Berücksichtigung der von den Interpolatoren herrührenden Zusätze folgt als letztes Capitel der Vergleich des Mystère mit seiner Quelle und die Festlegung der letzteren.

Heiligen hin, wie sie Victor Jacob in der „Revue de Metz et de Lorraine' VI, Metz 1856, sehr detailliert wiedergiebt, und von denen die eine im grossen und ganzen mit den alten Berichten identisch ist.

5) Revue Critique d'Hist. et de Litt., 3. Juli 1882. Ich übergehe die Besprechungen von G. Paulet, Bulletin Critique de Litt., d'Hist. et de Théol., 1882, III, 249 ff. und A. Morel-Fatio a. u. O., weil sie den Schwerpunkt auf Corneilles „Polyeucte', bezügl. den spanischen „Fingido Verdadero' legen.

6) Eine Aufzählung der teilweise ziemlich bedenklichen Fehler scheint mir überflüssig zu sein, da schon Marty-Laveaux auf das Wesentlichste hinweist.

7) Ich schicke — gegen die Regel — diese Untersuchung dem Vergleich mit der Quelle voraus, weil die zum letzteren notwendige Analyse dadurch wesentlich durchsichtiger erscheint.

I. Handschrift.

8. Die meines Wissens einzige Hs. des Mystère de St. Genis befindet sich auf der Pariser Nationalbibliothek, f. fr. 12537. Von ihr fertigte ich im Wintersemester 1892/93 eine genaue Abschrift an. Diese Papierhs. bildet einen Oktavband von 81 Blättern, auf jeder Seite stehen im Durchschnitt 27—30 paarweise reimende, in abgesetzten Zeilen geschriebene achtsilbige Verse. Die Gesamtzahl der Verse beträgt 4078. Bl. 80 v^0 enthält ein Rollenverzeichnis mit der jeweiligen Anzahl der Verse (Fassung A, s. O). Auf Bl. 81 v^0 befindet sich der Vermerk: Anno domini millesimo quingentesimo Septimo et die decima [8]) mensis Januarii apud Bozolemium (?) ante domum, anscheinend das Datum einer Aufführung.

9. Das dem Mystère angefügte Anagramm ist schon von Julleville aufgelöst worden und ergiebt als Autor der Vorlage von A (s. Altersverhältnis) „Dompnus Johannes Oudini".

10. Die Personen werden in lateinischer Sprache angeführt; auch die Scenenvermerke sind lateinisch [9]).

11. Der höchst mangelhafte Zustand der mit zahllosen Flecken bedeckten, äusserst abgegriffenen Blätter berechtigt zu der schon von Julleville ausgesprochenen Ansicht, dass wir es mit dem Handexemplar eines ‚meneur du jeu' zu thun haben. Noch verworrener gestaltet sich das Bild der Hs. durch die zahlreichen eingeklammerten, gestrichenen, zugefügten und später wieder unterdrückten Verse und durch die mehrfach eingeschalteten grossen und kleinen Blätter, auf denen spätere Correctoren dann wieder ihre Bemerkungen anbringen.

II. Copist und Bearbeiter.

12. Bevor wir zu dem Copisten und den Bearbeitern selbst übergehen, sei noch flüchtig der Randstriche und Kritzeleien erwähnt, die wegen mangelnder Kriterien keinem der Bearbeiter mit Sicherheit zugeschrieben werden können.

13. Anscheinend dienen die an besonders hervorzuhebenden Stellen vorkommenden Randstriche deklamatorischen Zwecken: 1255—62, 1512—15, 1522, 1535, 2774—79, 3422—27, 3804.

---

[8]) octava hinter decima ist durchgestrichen.

[9]) Ausnahmen: zu 553 ff. Mestre Mallort secundus etc. (F), zu 739 ff. le second borrelier (D); 665 le bende (D), 885 desant la columba (D), Bl. 52 r^e memoyre d'aiouster sus la batterie (E).

14. Andererseits dürften die mit dem Text in keinerlei Zusammenhang stehenden und in durchaus eigenartigem Ductus ausgeführten Randkritzeleien am einfachsten vielleicht einem Rollenschreiber zugewiesen werden. Der Ausführlichkeit halber erwähne ich von dem Lesbaren dieser Kritzeleien:
Bl. 59 r^0 franciscus — nobis,
Bl. 64 v^0 hic ici,
Bl. 81 r^0 (leeres Endblatt) Ihūs, fils, Ihus, anno dom millio.

a. Unterscheidungsmerkmale für den Copisten und die einzelnen Bearbeiter.

15. Nicht weniger als 14 Schreiber sind in der Hs. zu erkennen. Ich nenne dieselben, wie sie der Reihe nach in derselben auftauchen, nach dem Alphabete von A bis O. Zur Unterscheidung dieser Schreiber bieten sich verhältnismässig recht deutliche Kriterien.

α. **16.** Der *Ductus* der einzelnen weist so bedeutende charakteristische Unterschiede auf, dass nahezu bei keinem der zahlreichen Zusätze ein Zweifel aufkommen kann, welchem der remanieurs er zuzuweisen ist. Ich versuche kurz eine Charakterisierung der verschiedenen Schreibarten.

17. A: ziemlich steife, feste und klare Schrift, Ligatur-*r* und *n* am Wortende schleift er aus, *y* und *ung* überzieht er mit einem Schnörkel, *p* schreibt er öfters *φ*.

18. B: überaus eigenartige, flotte Schrift, deren kurze Grundstriche oft in eine wagerechte Linie verschwimmen. Auffällig ist die Schreibart der Initialen *e* und *a*: so wird *a* durch ein mit einer *F*-Schleife überdachtes *o* wiedergegeben.

19. C: eckige, flüchtig hingekritzelte kleine Buchstaben.

20. D: derbe, breitgezogene und saubere Schriftzüge. (Die von D eingefügten Blätter sind von weisserem Papier als die ursprüngliche Hs.).

21. E: fast ganz der modernen Rundschrift entsprechend.

22. F und G bieten eine von allen anderen wesentlich verschiedene Schriftart. Während die anderen mehr oder weniger ähnlich unserer Rundschrift schreiben, ist ihr Ductus fast identisch mit dem der Frakturschrift: spitze Grundstriche, lang angesetzte Haarstriche. Bemerkenswert ist neben anderem der Schnörkel *t*, der sich fast stets an *la*, *ma* etc. findet. *qui* und *que* laufen beide in denselben Schnörkel aus, der gewöhnlich in das folgende Wort übergeht.

23. *G* schreibt jedoch breiter als *F*, und seine Buchstaben sind weniger reich an langen Haarstrichen.

24. *H*: eine Art steiler Rundschrift. Besondes eigenartig ist das *h*, dessen 2. Grundstrich bis unter den 1. umgebogen ist.

25. *I*: äusserst grobe, trotzdem ziemlich flüssige Schrift. Die unmässig derben Grundstriche sind häufig verklext.

26. *K*: unregelmässige, rohe Züge, die fast nur aus dicken nebeneinandergekratzten Grundstrichen bestehen.

27. *L*: äusserst flüchtige, schräge Schrift. Charakteristisch sind das lange ſ, dessen Haken zu einem Kreise nach rechts ausgebaucht ist, ferner *r*, das einem lat. *v* völlig gleichsieht und *J*, das durch ein links unten etwas geöffnetes *O* dargestellt wird (ɔ).

28. *M*: flotte, nach rechts geneigte Schrift.

29. *N*: äusserst feine, kaum sichtbare klare Züge, (dabei teilweise so nahe an den inneren Rand gesetzt, dass der Einband sie verdeckt).

30. *O*: klare und saubere, aber ziemlich flüchtige Schrift.

β. **31.** Des ferneren ist die Art zu erwähnen, wie einzelne Correctoren die *Auslassungen* andeuten [10]).

32. *B* klammert die Verse von 3 Seiten durch gerade Striche ein. Die Einschaltungsstelle seiner kleineren, auf die Blätter von *A* geschriebenen Zusätze deutet er durch eine Figur ähnlich einem geschriebenen lateinischen Majuskel-*a* mit einem Kreischen darüber an, die der neu von ihm eingelegten Blätter durch einen Querstrich mit einem grossen Kreuz.

33. *C* klammert die Verse auf der linken Seite ein, zuweilen auch auf beiden Seiten, wenigstens andeutungsweise.

34. Das Einschaltungszeichen von *D*, das übrigens nur Bl. 12, 13 in Anwendung kommt, ist eine kegelförmige Figur. *D* giebt, als einziger unserer Interpolatoren, bei seinen Zufügungen Bl. 13, 15 das Stichwort, bedarf daher auch keines weiteren Zeichens.

35. *H* markiert die zu unterdrückenden Verse einfach durch ein Kreuz an beiden Enden der Stelle. Sein Anmerkungszeichen ist ein rechts doppelt gekerbter, ovaler Ring (Bl. 57, Bl. 64, *B* nimmt Bl. 65 Bezug darauf).

---

[10]) Die Urheber der Striche etc. sind schon aus der Farbe der Tinte zu erschliessen, noch deutlicher aber aus den meist zugefügten Uebergangsversen und Bemerkungen.

36. *I* streicht die für ihn überflüssigen Verse mitten durch.

37. *L* zieht stets einen wagerechten Strich über und unter den auszulassenden Versen und bezeichnet sie zudem durch einen Verticalstrich. Zuweilen fügt er dem Horizontalstrich ein Kleeblatt bei, so 2610, 3452, 3365. Sein Anmerkungszeichen ist überhaupt das Kleeblatt. Es findet sich am Fusse des Bl. 50, Bl. 51, Bl. 69, wo *H* ausdrücklich darauf Bezug nimmt und es grösser hinmalt, Bl. 73r⁰.

γ. **38.** Höchst nützlich bei der Sonderung der Correctoren ist der bedeutende Unterschied in der *Farbe der Tinte* bei den einzelnen: *A* schwarzbraun; *B* blau; *C* rotbraun; *D* braun, an blasseren Stellen gelb; *E* grau, tuschefarben, oft sehr blass werdend; *F* rotbraun, *G* etwas heller; *H* braun, mit einem körnigen Niederschlag; *I* schmutzigrot; *K* tiefschwarz, mit einem energischen Stich ins Violette; *L* sepiafarben, oft mitten im Buchstaben ganz hell werdend; *M* hellbraun, ebenso *N*; *O* graubraun.

b. Thätigkeit des Copisten und der Correctoren.

39. Der Haupttext unserer Hs., die, wie unten gezeigt wird, teilweise durch das Bruchstück einer anderen vergrössert wurde, rührt von dem Schreiber *A* her. *A* representiert den Kern des Mystère, das Drama in seiner ursprünglichen Gestalt. Diese erste Fassung zählt 3281 Verse.

40. Der Gang der Handlung ist ununterbrochen[11]). Nach dem Prolog des Nuncius redet Genisius mit den Christen, dann mit dem Kaiser, um hierauf sofort vor diesem zu spielen. Später sehen wir ihn im Unterrichte bei den Christen, er spricht mit den Collegis, mit den vom Kaiser gesandten Milites; er wird getauft und verteilt Almosen unter die Armen. Es folgt die Höllenmit anstossender Himmelscene. Genis wird vor den Kaiser geführt; er erzählt seine Bekehrung; theologische Disputation, Geisselung, Wortwechsel mit dem Iudex und Verurteilung zur Marter, mit der sofort begonnen wird. G., nochmals vor den Kaiser geführt, wird zum Tode verurteilt und hingerichtet. Zum Schluss Teufelscene und Ermahnung des Predicators. G. kommt also, abgesehen von der ziemlich kurzen Teufel- und Himmelscene gar nicht ausser Action.

41. Der Text, wie ihn *A* bietet, ist das schlichte Produkt einer gläubig-frommen Predigerseele, eines Clerikers, der die Poesie nur von der lehrhaften Seite kennend für die Dogmatik und das an dieser üppig wuchernde Schlinggewächs endloser theologischer

---

11) Vgl. die ausführliche Analyse, die ich unten als Einleitung zur Quellenuntersuchung gebe.

Disputationen lebt und stirbt. Ihm kommt es hauptsächlich darauf an, seine Zuhörer zu erbauen und ihnen, denen noch keine Heiligenleben, Katechismen und Handpostillen zur Verfügung standen, die Wahrheiten des Christentums, die Berichte des alten und neuen Testamentes, wo immer sich die Gelegenheit dazu bietet, vorzuhalten. Diese Tendenz leuchtet überall durch. 5 Mal wird über die Schöpfungsgeschichte und den ersten Sündenfall geredet, 7 Stellen handeln von Christi Menschwerdung und Tod, allerorten (10 Mal) wird die Grösse, Wahrhaftigkeit und Güte Gottes verkündet, und indem der Autor die heiligende Wirkung der Taufe (4 Mal) hervorhebt, unterlässt er es nie ausdrücklich zu bemerken, dass der reuige Sünder stets Gnade findet. Neben einer Betrachtung über das heilige Messopfer finden sich mancherlei gute Lehren angedeutet.

42. Andererseits trägt der Autor einigermassen dem Zeitgeschmacke Rechnung, indem er 2 Teufelscenen giebt und die Marter des G. ziemlich detailliert ausmalt. Doch auch die Teufelscenen dienen ihm mehr dazu, um zu zeigen, welch verderblicher, unermüdlicher Feind dem Menschen in dem Teufel gegenübersteht, und die 1. der beiden Scenen lässt die Allmacht und Güte Gottes im hellsten Lichte erstrahlen. Nur der Unterhaltung wegen findet sich bei ihm keine Scene.

43. Bis zur Citierung des G. vor den Imperator kann die Handlung als flott fortschreitend bezeichnet werden. Aber von 2282, vom Beginn des Verhörs ab, gewinnt in unserem Autor der Cleriker völlig die Oberhand über den Dramatiker. Gleich die erste Erwiderung des G. umfasst 134 Verse.

L. **44.** Hier setzt *L*, der erste [12]) Corrector, ein. Er streicht 2283—86, 2307—10, 2323—36, 2343—61, 2376—92. Von den langen Streitreden unterdrückt er 2458—59, 2602—10. Die Scene, in der die Mimi sich als treue Heiden bekennen und so der Geisselung entgehen, lässt *L* ganz wegfallen: 2628—92 [13]). Des weiteren streicht er 2370—84, 3307—28, 3353—65. Von 3497 ab versucht er zuerst durch kleinere Kürzungen den Text knapper zu gestalten; doch schliesslich kommt ihm die ganze Unterhaltung zwischen G. und dem Imperator als überflüssig vor. In der That wiederholt hier G. nur das, was er schon früher gesagt hatte. *L* zieht deshalb kurzer Hand hinter 3484 einen Querstrich durch den Text, malt ein Kleeblatt an den Rand und unterdrückt mit dem Vermerke: ‚respice tale signum' 3484—3707, wo er dasselbe Zeichen und einen auf 3483 reimenden Vers hinsetzt. Schliesslich streicht er noch 3711—12. Im ganzen lässt *L* 407 Verse wegfallen.

---

12) Die chronologische Reihenfolge der Correctoren werde ich unten (c. Altersverhältn.) zu rechtfertigen suchen.

13) Dementsprechend ändert er in 2612 ‚soint', das sich auf G. und die Mimi bezieht, in ‚soyt' um.

45. Zugefügt hat er nur 8. Von diesen dienen 4: 2601, 3366, 3483, 3708, nur zur Vermittlung des Anschlusses. Auch die übrigen 4 Verse: 2621—22, 2624—25 sind nur der Ueberleitung halber, also dem Kürzungsprincip zu gute kommend, eingeschaltet. Die Aenderungen des Correctors L sind also rein negativen Charakters: er reduciert die 3281 Verse der Fassung A auf 2882.

46. Wenn auch das an sich verhältnismässig dürftige Mystère durch derartige Kürzungen nicht gerade hätte gewinnen können, so sind doch die von L angebrachten Aenderungen entschieden als Verbesserungen zu bezeichnen. Mit glücklichem Griff weiss er gerade die schwächsten Stellen zu beseitigen, und in der einheitlichen concisen Form, in der das Mystère aus der Hand dieses Correctors hervorging, repräsentiert dasselbe unstreitig die vollendetste aller der Phasen, die es durchlief.

K. **47.** Als 2., doch kaum erwähnenswerter Corrector sei K angeführt. Er beschränkt sich auf Zufügung des Verses 1878, der, ohne Bindung eingeschaltet, vielleicht zur Abrundung dienen sollte, und den D wieder streicht. Besser angebracht ist am Anfang von 2885 die Aenderung des ‚et' in ‚J'ay', indem so der durch die Streichung L etwas unterbrochene Zusammenhang wieder hergestellt wird.

H. **48.** Nach K trat der Corrector H an unsere Hs. H billigt die Kürzungen L. Er giebt dies nicht nur dadurch zu erkennen, dass er die Streichungen L bestehen lässt, sondern er markiert selbst fast alle von L ausgeschiedenen Abschnitte durch ein je am Anfang und Ende hingesetztes Kreuz. So 2283 ff., 2307 ff., 2323 ff., 2343 ff., 2458 ff., 2602 ff. Am Fusse der beiden Blätter 50 v^0, 51 r^0, welche die von L unterdrückte Scene der Mimi vor dem Imperator enthalten, verdeutlicht er durch deren Wegfall durch ein zustimmendes ‚vacat'. Des weiteren billigt er den Ausfall der von L gestrichenen Verse 2870 ff., 3307 ff., 3353 ff. Die Auslassung L 3484—3707 hebt er, das Zeichen L gross hinmalend, hervor durch die Fussnote Bl. 69: ‚vacat usque ad tale signum'.

49. Aber H geht im Kürzen noch weiter als L. Er unterdrückt den ganzen Abschnitt 2343—2403, desgl. 2521—27, 2536—48. 2987 setzt er um die vom Iudex zu sprechenden Verse eine Klammer und zwar so, dass das Wort Iudex ausserhalb derselben steht. Darunter malt er sein Zeichen[14]) und bemerkt: ‚ad alium signum tale et accipiat parcellam novam'. Das correspondierende Mal befindet sich hinter 3267. Aber hinter 3389 setzt H den Vermerk: ‚vadat adeo parcella nova'. ‚parcella' bedeutet Buch, Heft[15]). Augenscheinlich handelt es sich hier um ein verloren

---
14) Vgl. § 35.
15) Du Cange, Gloss. med. et inf. Latinit.: parcella: breve seu charta expensi arculatim et per partes distincta, ‚quadam parcella per eum tradita'.

gegangenes Ergänzungsheft. Der in Betracht kommende Abschnitt enthält die Marter des G. Der Iudex verkündet:

> Premier soit mis sus ung cheval
> Trestout nus et quil soit lies
> Et quil ait et mains et pies
> Perciyies a bonnes alaynnes
> Adonc luy retrendront les veynnes
> Dedans des pies et de les mains.

Es liegt nahe zu vermuten, dass H eine andere Art der Marter vorzog, und dass die darauf bezüglichen Verse den Inhalt der parcella nova bilden. Dass H das Zeichen hinter 3267, den deutlichen Vermerk aber erst hinter 3389 setzt, lässt sich ebenfalls erklären. Zunächst hatte er wohl nur vor die Verse A bis 3267 wegfallen zu lassen, weil da die Marter zu Ende ist. Der Primus lanista sagt zum Prepositus:

> Il est maintenant bien paye.

Bei näherem Zusehen erkannte er, dass ein Einsetzen an dieser Stelle nicht angebracht sei. Er las auch vorher die nachfolgenden Verse, in denen er mit L vieles wegfallen liess. Der Rest kam ihm ebenfalls unbedeutend vor, und so unterdrückte er auch diesen. Vielleicht war auch in seiner parcella die Handlung vorgerückter als es ein Einsetzen hinter 3267 erlaubte, so dass er sich genötigt sah, die Lücke in A etwas breiter zu gestalten. Auf alle Fälle ist hinter 3389 die geeignetste Stelle: oben schickt der Iudex sich an das Urteil zu verkünden, hier sehen wir G. gleich nach der Marter wieder vor seinem Stuhl. Also gerade Raum zum Einschieben des Urteils und der Marter.

50. Im übrigen fügt H einige Male kleinere Correcturen in den Text ein. Die Verse 951 ff. lässt er den Secundus cristianus sprechen, im Gegensatz zu A, der Primus cr. gesetzt hatte. Der Grund liegt offenbar in dem Streben nach Abwechslung: der Primus cr. hat gerade vorher (939 ff.) geredet. 2343 ersetzt er ‚tresbien tandis' (das auf 2342 ‚acquise' reimen soll) entschieden glücklich durch ‚par bone guise'. Desgl. 2724 ‚batent' durch ‚font'. Den Sinn von ‚me font' ändert er durch Einschieben eines f: ‚meffont' 2725. 3298 ersetzt er durch ‚ne croyray point car il desprisent', indem er auf das von A selbst gestrichene und durch ‚le' ersetzte ‚ou' wieder Bezug nimmt. Die Rede fliesst dadurch etwas glätter. 3406—7 lässt er ausfallen und setzt dafür:

> Et sy l'avons fait tourmenter
> Ardemant pour plus de II fois.

Diese Aenderung spricht sehr für die Annahme eines Ergänzungsheftes mit einer anderen Marter (§ 49). Denn die wegfallenden Verse A:

> Et si luy aveons fait bouter
> Grosses alleynnes par les dois

beschreiben die Marter nach *A*, sie mussten also umgeändert werden. ‚pour plus de II fois' lässt darauf schliessen, dass die Marter nach *H* etwas complicierter war. So lässt sich also als Grund der Intercalation *H* sehr wohl der Wunsch vermuten, der sich stetig steigernden Schaulust der Menge durch umfassendere, raffinierter ausgedachte Marterscenen Befriedigung zu gewähren.

51. Auch einige Bühnenvermerke rühren von *H* her. 935, wo G. die Christen anredet, um Aufklärung über das christliche Bekenntnis zu erhalten, merkt er am Rande an: ‚Sillete', desgl. vor 2263. Dieses sillete, silete bedeutet eine Gesangeinlage [16]). Vor 2723 bemerkt er: ‚hic dimitatur unum folium album'. Ich bin sehr geneigt in diesem ‚folium album' mit L. Person (a. a. O. 102) einen an der Stelle wohl angebrachten ‚rayon de lumière' zu erblicken [17]), da wohl an die folia im Vermerk zu 1885 und livre in 2328 ff. kaum zu denken ist.

M. 52. Von geringerer Bedeutung ist die Thätigkeit des Correctors *M* an der Hs. Er schaltet 2273 ein. Durch Zufügung von 2627 stellt er den durch die Einschaltungen *L* unterbrochenen Anschluss an 2628 wieder her. Er scheint also, entgegen *L* und *H*, die folgende Scene beibehalten zu wollen (vgl. *E*, der seinerseits den Zusammenhang zwischen *L* und *M* herstellt). 3297—3301 streicht er und bietet in 2 neuen Versen im dramatisch lebhaften Redeanfang. 3331—36 lässt er wegfallen, die Streichung *L* 3352 ff. dehnt er aus durch Unterdrückung der vorhergehenden Verse von 3349 ab und der nachfolgenden bis 3368. 3369 bindet er von neuem durch Einschiebung von 3370.

53. Zu 3892, wo die Henker beim Anblick der Engel bestürzt zu Boden sinken, bemerkt er: ‚Hic nota ut casim via fiant ante sequentia.'

54. Ziemlich rätselhaft schliesslich ist der Vermerk hinter 3892: ‚vide post duo folia in hoc signo.' Dieses signum, ein Dreieck mit verlängerten Seiten, ist aber post duo folia, also Bl. 79, in Tinte gemalt nicht zu finden. Doch entdeckt man bei scharfem Zusehen, Bl. 79 v^0 rechts am Anfang der Rede des Predicators

---

16) Vgl. L. Pet. de Julleville, Les Mystères, tom. 1, 291: »Le mot silete, qui signifie taisez-vous ou silence ètait le plus ordinairement employé pour désigner ces morceaux chantés qui ne faisaient pas, à proprement parler, partie du mystère, mais qui s'y ajoutaient comme intermèdes joyeux, ou pathétiques. La signification étymologique du mot paraît tout à fait oubliée chez les poètes qui l'emploient; il semblent ne lui donner d'autre sens que celui de morceau à chanter.« So heisst es z. B. in Arnoul Grebans ‚Passion' 647:

(Dieu le père aux anges):
Chantez un joyeux silete.

(Silete. Dieu le père se revient en son siège, et chantent les anges).

17) Du Cange: 1. folium-flosculus.

dasselbe Zeichen, mit der Spitze nach der anderen Seite, in das Papier eingegraben. Es wäre sehr wohl möglich, dass durch irgend einen Zufall sich ähnliche Falten und Rillen in dem Papier bildeten, andererseits könnte aber die Figur auch eben von *M* mit dem Fingernagel oder dem zum Linienziehen dienenden Stilus in das weiche Papier geritzt worden sein. Bei dieser Annahme ergäbe sich, dass *M* 3893—4043 wegfallen liess, das eigentliche Mystère also mit dem Tode des G. beschloss.

E. 55. Eine wesentliche Umgestaltung erfuhr unser Mystère durch die Bearbeitung des Correctors *E*. *E* war im Besitze einer 2. Fassung — wenigstens eines Bruchstückes derselben — von unserem Drama. Es war dies die erweiterte Bearbeitung einer Vorlage, die mit der von *A* völlig übereinstimmt und geradezu mit derselben als identisch bezeichnet werden darf. Aus dieser 2. Hs. nahm *E* 8 Blätter heraus und setzte sie als Bl. 8—17, (mit Ausschluss von Bl. 13 und 15, die von *D* herrühren), im ganzen 434 Verse, in die 1. Hs. ein [18]).

56. Aber auch diese 2. Hs. war nicht unberührt auf *E* überkommen, denn 2 von den 8 Blättern — Bl. 11, 12, 81 Verse — rühren nicht von *F*, dem Schreiber der 2. Hs., her, sondern sind von einem Interpolator *G* zugefügt worden. Diesen so ergänzten Abschnitt fand *E* vor und fügte ihn in unsere Hs. ein.

F. 57. Die zugefügten Blätter enthalten eine Art Vorspiel. Nach *A* erfolgt auf die grimmigen Worte des Imperators 369 ff. gar nichts gegen die Christen, und auch Genisius ist damit ganz zufrieden. Viel natürlicher und dramatischer wäre es, auf die Worte gleich die That folgen zu lassen. Und so befiehlt auch nach *F* der Imperator sofort seinen beiden Tyrannen Caras und Baras die Christen zu ergreifen und hinzurichten. Sein Befehl wird befolgt, die Lanistae werden herangeholt und 2 Christen sterben den Martertod.

G. 58. Die Einschaltung *G* verlängert den Dialog zwischen den Lanistis und Tiranis und giebt das Sterbegebet des 1. Cristianus.

59. Die Verse *F* zeugen für die Beliebtheit der blutigen und zugleich derb humoristischen Scenen in damaliger Zeit. Die rohen Lanistae folgen dem Geheiss ihrer Meister, der Tirani nur mürrisch und gegen Verheissung guten Lohnes und prompter Bezahlung: 568 ff; mit Wollust machen sie sich an ihre blutige Arbeit: 592 ff., unter rohen Flüchen und Spässen schlachten sie ihre Opfer hin: 607, 616 ff., 6_0, 623, 627 ff., 630, 632, 634 ff. etc., und nach verrichtetem Tagewerk — so sagt der Bühnenvermerk — vadant et bibant fortiter ubi erant tirani.

---

[18]) Die diese Auseinandersetzungen stützenden Beweise s. bei c. Altersverhältnis.

60. Mit F wird die Virgo Maria handelnd eingeführt. Bei A findet sie nur beiläufig in der Schöpfungsgeschichte Erwähnung; die einzigen sprechenden Himmlischen sind der stets unvermittelt auftretende Angelus: 1225 ff., 1775 ff., und Christus selbst: 1989 ff., 3878 ff. Bei F dagegen zeigt sich die hl. Jungfrau als eifrige Fürbitterin. Der Primus cristianus hat in seinem Gebete, 645 ff., ihren Namen nicht genannt, aber sogleich erhebt sie sich, um bei Deus Fürsprache einzulegen. Vom 2. Cristianus wird die vierge Marie selber angerufen: 734 ff.

61. Die Rolle des abstracten, typischen Angelus ist bei F verteilt auf Gabriel und Rafael, die beide vor ihrer Niederfahrt des Herren Preis verkünden und ebenso bei ihrer Rückkehr ‚Te Deum laudamus' singen.

62. Diese Neuerungen sowie die Henkerscenen lassen in F einen mit dem nach realistischer Darstellung verlangenden Zeitgeschmacke wohlvertrauten Poeten erkennen.

63. Durch die Zufügung von F und G wurden für E grössere Streichungen nötig, denn 395—461 bei F steht schon bei A, erst mit 462 setzt der neue Teil F, die Ergreifung der Christen etc. ein. Umgekehrt müssen A 383—94, in denen schon von dem Spiel des G. und der Mimi die Rede ist, wegfallen, sowie diese Scene selbst (849—84), da auch F sie, durch den Zusatz von 817—23 erweitert, giebt. Endlich noch sind die ersten 19 Verse des Monologs von G. beiden gemeinsam. E streicht dieselben, 830—848, bei F, da F mit 848 abbricht. In 462, wo die neuen Verse von F einsetzen, streicht E ‚caras et baras', so dass der ganze Vers nur den Ausruf ‚sa tirans' enthält.

64. Durch die Einschaltung von F und G brachte E die beiden Cristiani wieder, die 2 Tirani und 2 Lanistae schon auf die Bühne. A lässt die Tirani erst 2695, die Lanistae erst 3117 auftreten. Das Bild der 1. Hälfte unseres Dramas wird dadurch bunter, personenreicher, der Gang der Handlung dagegen wird aufgehalten. Der Charakter der einheitlich-geschlossen dramatisierten Legende, die erbauen soll, schwindet mehr und mehr, und unser Mystère lenkt, nachdem schon H den Curs angedeutet hatte, mit E in das Fahrwasser der Unterhaltungsstücke ein.

65. Statt zweier Tirani führt E bei der Geisselung des G., 2709 ff., deren 3 ein. Sie sind es auch, nicht wie bei A die Lanistae, die den Märtyrer foltern. Zu dieser Aenderung können E verschiedene Gründe bestimmt haben. Die Tirani sind die Meister, die Lanistae die untergeordneten Helfer. Hier gilt es nun die Finessen des Henkerhandwerkes anzuwenden, und daher vollführen die Meister selbst die Arbeit. Die Lanistae ferner sollen nach F stark getrunken haben, dürften also zu solch schwierigen

Experimenten nicht mehr fähig sein. Der Hauptgrund ist zweifelsohne aber der, dass die Lanistae schon vorher ziemlich stark in Anspruch genommen waren, während die Tirani fast noch gar nicht in Action getreten sind.

66. Des weiteren sind von E noch einige Zusätze und Correcturen im Texte A anzuführen. Die einleitende Rede des Nuncius schliesst er durch Zufügung von 64 und 66. Den nichtssagenden Vers 1565 ersetzt er durch 1566. ‚faulx' von Christus gesagt, 1894, war ihm wohl etwas zu stark; er setzt dafür ‚a celuy'. 2624 tritt er vermittelnd ein. Er findet die Verse L und M vor. Nach L und H fallen 2628 ff. fort. E scheint dies zu billigen. Er bindet M 2627 mit dem Vorhergehenden, indem er die 2. Hälfte von 2624 in ‚Je vous emprie' umändert. Zugleich giebt er durch Einschaltung von 2626 zu 2625 einen bis dahin entbehrten Bindungsvers. Vor 2763 setzt er ‚Sire' und schiebt ·als nächsten Vers 2764 ein. Es fragt sich übrigens, ob ‚Sire' nicht zu 2764, der nur 7 Silben hat, zu ziehen ist: der Zusatz steht etwas tiefer als 2763. Des weiteren fügt E ein 2805, 2806; 2819—22. In 2823 ersetzt er ‚queryr' durch ‚querre', um mit 2824, den er in ‚car je lui veulx requerre' umändert, die Bindung herzustellen. Vor 2823 bringt er den Ausruf ‚Sa tirans' an.

67. Dass E ein Mann der Praxis war, geht aus seiner Zufügung von 66 hervor, ein Vers, der nichts weiter als ein Bühnenvermerk im Texte ist. Den Anfang der Rede des G., den eigentlichen Beginn des Mystère (vor B) markiert er durch ein grosses blumenförmiges Zeichen, auf das C später Bezug nimmt. Zu 1191 ff., wo G. ‚ad celum oculis levatis' den heiligen Entschluss ausspricht, Christ zu werden und für den ‚doulx Ihesus' den Martertod zu erdulden, malt E eine Hand mit ausgestrecktem Zeige- und Mittelfinger hin. Soll dies etwa dem Schauspieler andeuten, dass hier die Hand wie zum Schwure zu erheben sei? Als einfacher Hinweis auf die pathetische Stelle ist die Hand wohl nicht zu betrachten, da dann doch nur der gestreckte Zeigefinger zu erwarten wäre, und da andererseits ein solcher Hinweis gewöhnlich nicht derartig dargestellt wird. Dies lehrt 1255 ff., wo unserem Corrector der wohlgesetzte, ehrfurchtsvolle Gruss des Primus minus ein beifälliges ‚Valet' entlockt. Nach 1705, vor der Taufe des G., ordnet er ein ‚Sillete' an. Am Fusse von Bl. 52 r⁰ notiert er im Hinblick auf die Geisselung des G. ‚memoyre daiouster sus la batterie'.

68. E hat somit durch Zufügung von F und G das Mystère bedeutend erweitert und verweltlicht und durch kleinere Aenderungen und Zusätze für die Bühne hergerichtet.

N. **69.** Das Bestreben, die Zahl der Personen zu vermehren, veranlasste den Corrector N den 3 Tiranis noch einen vierten zu-

zugesellen. Ausserdem lässt *N* die Rede des Prepositus Bl. 64 v⁰ statt mit 3283 erst mit 3285 beginnen, eine durchaus belanglose Aenderung.

B. **70.** Die von *H* und *E* angebahnte Tendenz wird durch den Corrector *B* voll und ganz zur Geltung gebracht: durch seine interpolatorische Thätigkeit tritt der geistliche Charakter des Mystère weit zurück in den Hintergrund, die Legende selbst wird fast zur blossen Folie, von der sich die Teufel- und Soldatenscenen — lediglich zur Unterhaltung der Zuschauer dienend — grell abheben.

71. Die mit *E* auftauchenden Erweiterungsbestrebungen finden in *B* einen eifrigen Förderer.

B lässt das Stück mit einer Art kleinem Vorspiel beginnen: er fügt Bl. 2 zu, 67—125; 77—99 eine Teufelsscene, 100—125 eine mit Klagen angefüllte Unterhaltung der — *A* 1797 auftretenden — Pauperes vor den Thoren Roms.

72. Mit 1214—24 schaltet er eine Himmelscene ein: G. verspricht Christ zu werden. Nach *A* steigt dann sofort — 1225 — der Angelus hernieder. *B* dagegen lässt 1214 ff. erst Deus den Engel Gabriel zu dieser Botschaft beauftragen. Eine zweite Himmelscene placiert er hinter 1748, die sich als 1749—74 an das Gebet des G. 1745 ff. anschliesst. G. fleht die Virgo Maria an, die den Neophyten ihres Beistandes versichert. Auf ihre Bitte hin entsendet Gott seinen Engel vor G.

73. In 1951—54 führt *B* einen neuen Teufel, Mamon, ein. Die von ihm eingeschobenen Verse 2065—74 enthalten ähnliche Droh- und Schellreden wie die der Eingangscene. 2112—18 lässt er wieder Mamon zu Wort kommen, um dann mit 2118—27 eine neue, zweifellos hochkomische und drastische Figur auf den Schauplatz zu bringen: die Mater Inferni, die Höllenmutter, die schimpfend und keifend unter die Teufelbande fährt.

74. Eine Aenderung der Handlung, die ihm wieder Gelegenheit zur Entfaltung unterhaltender Scenen giebt, bewirkt *B* durch Einschaltung der Bl. Bl. 58, 59; 3003—3058. Statt nach dem Urteil des Iudex G. gleich zur Folter führen zu lassen, legt *B* eine Nacht ein, die G. ohne irgendwelche Nahrung beim Carcerator im Gefängnis zubringen muss. Diese Abweichung vom Texte *A* machte die Einschiebung der Verse 2990—91, sowie die Zufügung von ‚et' 2992 und die Umänderung von ‚premier' in ‚apres' 2993 nötig. Die Gründe, die *B* zu dieser Einschaltung bewegen konnten, sind ziemlich naheliegend. *B* wusste nicht, was er mit G. während der Carpentatorscene anfangen sollte. Vielleicht wollte er auch — entsprechend den Berichten über derartige Martyrien — nicht die Folter der Geisselung unmittelbar folgen lassen. Schliesslich ist natürlich, wie immer, hauptsächlich auf die Tendenz hinzuweisen, das Stück durch Einflechtung derartiger Scenen im Sinne der damaligen Zeit kunstgerechter zu gestalten.

Als notwendige Folge dieser Einschaltung ergab sich eine zweite, in der G. wieder aus dem Gefängnis abgeholt wird. So setzt denn *B* Bl. 61, 62; 3147—3212 ein. Nachdem die beiden Carpentatores das Martergestell abgeliefert und dafür ‚dix soubs et demy' [19]) erhalten haben, schickt der Prepositus die 4 Milites aus zur Abholung des Gefangenen. Der Carcerator wird aus dem Bette getrommelt und erscheint gähnend oben am Fenster. Seine Frage nach Bezahlung bringt ihm nichts als derben Hohn ein. Er liefert G. ab, den die Soldaten zum Prepositus bringen [20]).

75. Die des weiteren zugefügten Verse 3268—80 sind nur eine mit einigen rohen Spässen durchsetzte Ausspinnung der Folterscene.

76. Die Höllenscene am Schluss lässt *B*, wie zu erwarten ist, nicht ohne einige Erweiterungen. 3942—49 zeigt er uns Lucifer als Höllenmeister, der mit kluger Berechnung am passenden Zeitpunkte seine dienstbaren Geister aussendet. Am interessantesten jedoch sind die Verse, die er Mamon in den Mund legt, 4007—19, und die deutlich zeigen, wes Geistes Kind der Corrector *B* ist. Denn in 4015—16 lässt er Mamon sagen:

'Jamerray aussi ces luxurieulx
Moyenes et prestres'.

77. Das kann kein Geistlicher gesagt haben. Wir haben also hier den klaren Beweis, dass unser Mystère in die Hände der Laien gewandert ist. Aus einem orthodoxen, zur Erbauung des Volkes gedichteten Mystère ward im Laufe der Zeit ein mehr und mehr Unterhaltungszwecken dienendes Drama, das sich schliesslich unter dem Einflusse weltlicher Bearbeiter direkt gegen den Clerus richtet.

78. Neben diesen mehr oder weniger unabhängigen Einschaltungen von *B* sind noch einige anderen zu erwähnen, die dazu dienen den Zusammenhang zu vermitteln, übersehene Lücken auszufüllen.

Durch Einschiebung von 1357—60 bereitet B vor und erklärt die weiteren Worte, die ganze Handlungsweise des G. Des weiteren ändert er 1362 ‚mon mal' in ‚le mal', so dass sich ‚mal' auf G. bezieht. ‚mires' 1365 ersetzt er durch ‚mieges'. Durch Einsetzen der Verse 1619—24 stellt er die regelmässige Reihenfolge der Milites her: *A* lässt 1609 ff. den Primus miles und 1625 gleich

---

[19]) Nach moderner Währung etwa 25 frs.

[20]) In diesen beiden Scenen führt *B* auch einige neuen, ziemlich mysteriösen Götter ein: 3014, 3170 mahon, 3023 le dieu mahon, 3170 apolin, 3177 le dieu talvagant, 3208 Nostre Dieu venus talvagant.

den Tertius reden, ohne des Secundus Erwähnung zu thun. Eine entsprechende Erwägung liess ihn auch wohl die folgende Einschaltung 2209—12 wieder dem Secundus in den Mund legen. Denn der Tertius und Primus miles haben gerade vorher geredet, die folgenden Verse sollen von dem Quartus gesprochen werden, also ist der Secundus miles als Uebergangener noch mit einigen Versen zu bedenken.

Indem B ferner 2623 einschiebt, bindet er 2624. Durch den Zusatz E (§ 66) reimten 2624—27 a b b a. B, der sich überhaupt, wie wir sehen werden, sehr conservativ dem Text A gegenüber verhält, scheint 2628 ff. bestehen lassen zu wollen: er bindet 2623 mit 2624, und 2627 gehört zu 2628.

Die Zufügung von 3844—50 kann wohl nur bezwecken den Secundus lanista, der in der ganzen Scene nur einmal 4 Verse, 3830—33, zu sprechen hat, noch einmal zu Wort kommen zu lassen. Das Verhältnis von 14 : 4 wird so zu dem natürlicheren von 14 : 11 ausgeglichen.

79. Aeusserst bezeichnend ist die naive Art, wie B sich ohne weiteres die Verse von A aneignet. So findet sich B 2209—10 bei A als 3454—55. Dasselbe wie B in 2122, sagt A in 2967. Man beachte, dass B beidemal die Verse vor denen von A bringt.

80. Diesen zahlreichen Zusätzen gegenüber erscheint die Zahl der von B unterdrückten Verse als eine äusserst geringe. Ich glaube annehmen zu dürfen, dass B die Kürzungen seiner Vorgänger als für ihn nicht vorhanden betrachtet, und dass er nur das wegfallen lässt, was er einklammert. Denn ich wüsste mir nicht zu erklären, warum B 3497—3512, 3570—77 etc., die schon von L gestrichen sind, sorgfältig einklammert, während er auf den vorhergehenden Blättern die Streichungen L 2283—86, 2323—36 etc. einfach ignoriert. B klammert ein 2525—27, 2539—43. Nach 2873 findet sich ein Querstrich von B, der eventuell mit dem von L hinter 2884 correspondieren könnte, so dass also für B 2874—84 wegfielen. Möglich auch, dass B die Absicht hatte einige Verse einzuklammern, es aber beim Weiterlesen unterliess. Mit der Bemerkung ‚hic incipiat' vor 3466 deutet er den Wegfall von 3464—65 an. Des weiteren unterdrückt B — meist in Uebereinstimmung mit den ersten Streichungen L (§ 44) — 3497—3513, 3570—77, indem er im Hinblick auf 3569 die zweite Hälfte von 3578 umändert; 3589—90, 3601—7 unter Einschaltung von 3609; 3614—19; 3633—48, wobei er 3649 einfügt; 3907. Im ganzen lässt B 67 Verse wegfallen, während er 306 zufügt.

81. Bl. 52 r⁰ malt B ein grosses Kreuz hin, das sich vielleicht als Merkzeichen für die Note H (§ 51), neben der es gerade steht, oder für die Fussnote E (§ 67) erklärt.

82. Die Hauptthätigkeit des Correctors *B* besteht also in einer Erweiterung unseres Dramas. Er richtet dasselbe zu einer Aufführung her, die ohne Zweifel in keinem Kloster, vor keiner Kirche stattfand, und bei der schwerlich ein Cleriker mitwirkte.

83. Mit *B* hat die interpolierende Thätigkeit der Correctoren ihren Gipfelpunkt erreicht. Die noch folgenden 4 Bearbeiter beschränken sich auf kleinere Veränderungen und Zusätze.

J. **84.** *J* zeigt wieder einige Neigung zu kürzen. Den von *E* zugefügten dritten Tiranus bei der Geisselung und Folter des G. lässt er wieder wegfallen. Die von *L* bis 2392 angesetzte Streichung dehnt er aus bis 2396. Des weiteren unterdrückt er 3471—78;~ den ganzen schon von *L* eingeklammerten Passus 3484—3706. Eine Aenderung Bl. 68 ist mir unverständlich. *J* streicht zunächst 3461 ganz, hebt aber dann die erste Vershälfte ‚comme Dieu Roy' durch eine Klammer heraus und setzt darunter ‚de tout le monde', so dass also zu lesen wäre: ‚Comme Dieu Roy de tout le monde', ein ganz passabler Vers. Aber auch dieses streicht er wieder und schreibt statt dessen:

Et a ly de tout Je me donne
Du quel J'atans sa sainte gloire'.

Alles dies wäre trotz des mangelhaften Reimes noch anzunehmen. Doch *J* klammert nun wieder auch die folgenden 3 Verse, 3464—66 ein, so dass die Rede des Imperators mit 3467 anhebt:

De dire quil soit sus tous Rois
Est Il plus grant maistre que moy'

also mitten im Satze. Vergass *J* 3467 zu streichen oder ist die Ellipse beabsichtigt?

3086 streicht *J* und ersetzt ihn durch 3087, 88 und zwar mit Recht, da von einer Wiederkehr des Primus cliens im folgenden keine Rede mehr ist: vgl. 3143 ff.

85. Andererseits vermehrt *J* die Zahl der Teufel. *A* kennt nur Lucifer, Sathan, Astaroth, Leviatan, Berith und das Ydolum, *B* führte Mamon und die Mater Inferni ein, *J* fügt zu diesen noch Bellahait, Berfegor und Burgibuc. Doch geschieht dies ohne Einschaltung neuer Verse: *J* ersetzt an einigen Stellen die alten Namen durch die neuen.

86. Die von *E* unternommene Umänderung der Lanistae in Tirani (§ 65) führt *J* auf's Sorgfältigste durch. 3106 ersetzt er ‚borreaux' durch ‚tirans', im Scenenvermerk zu 3239 ‚lanista' durch ‚tiranus'.

3249 bringt er durch Zufügung des Verbs ‚mectre' erst Sinn in den Satz. 3215 hält er es für besser ‚saies' durch ‚soies' und 3221 ‚cheval' durch ‚chaphal' zu ersetzen.

87. Von seiner peinlichen Sorgfalt zeugen die beiden ziemlich überflüssigen Scenenvermerke zu 1454: ‚tunc vadat colega paulisper ad Imperatorem' und zu 1485: ‚eant ad genisium'. (Letzteres ist nur ein Ersatz für eine längere verwischte Bemerkung *J*, die nachher *C* ganz wiedergiebt, § 91). Noch überflüssiger endlich sind die Zusätze zu Vermerken von *A*. Zu 1445 bemerkt *A*: ‚hic vadat ad presbiterum et dicat', *J* fügt hinzu: ‚eidem presbitero'. Bei 1534: ‚dicat Imperatori' schickt *J* voraus: ‚vadat ad Imperatorem et'.

88. Die Thätigkeit des Correctors *J* an unserem Ms. ist von geringem Belang. Er liest sehr genau, fügt aber nichts wesentliches zu und hält sich in seinen Streichungen meist nur in den von seinen Vorgängern gesteckten Grenzen.

C. 89. Ganz in der Art von *J* thätig ist der Corrector *C*. *C* kürzt die lange Unterredung zwischen Gen. und dem Imperator noch um Beträchtliches. Mit *L* und *H* unterdrückt er 2283—86, 2307—10, 2323—38, mit *H* allein 2343—2403. Auch die den Wegfall von 2458—59 andeutenden Klammern sind wahrscheinlich *C* zuzuschreiben. In Uebereinstimmung mit *H* lässt *C* dann wieder fallen 2521—27, 2536—48, 2553—54. Mit *H* und *L* wieder 2870—85 (*H* und *L* nur bis 2884), 3307—28, 3353—65. Aus der Thatsache, dass *C* alle von ihm unterdrückten Stellen ausdrücklich als solche durch eine Klammer ausscheidet, gleichviel ob dieselben auch schon von anderen Correctoren als auszulassende bezeichnet sind oder nicht, dürfte man vielleicht schliessen, dass für *C* die übrigen Streichungen der anderen Bearbeiter nicht gelten. Dann blieben nach *C* 3484—707 erhalten, das Mystère hätte dann also bei *C* einen grösseren Umfang als bei *L*, *H* und *J*.

90. Recht sorgfältig bestrebt sich *C*, die durch die Streichungen zerstörten Reimpaare durch Einflicken eines neuen Verses wiederherzustellen. In dieser Absicht schiebt er 2404, 2528, 2869 ein. Sein Sinn für Genauigkeit äussert sich auch in der Bemerkung auf Bl. 2 (B), wo man von seiner Hand liest: ‚vide post versum folium vilemant'. Ausserdem malt er das Zeichen hinzu, das *E* neben 126 an den Rand gesetzt hat (§ 67). Erst so wird es klar, wo die Verse des Bl. 2 einzuschalten sind.

91. Ebenso fügt er neue Scenenvermerke zu und ergänzt schon vorhandene. So zu 1391 ff.: ‚tunc statim eat ad compcubile', zu 1484 ‚eant ad genisium et loquantur ad imperatorem'. Letzteres ist wahrscheinlich nur die Wiederholung des von *J* geschriebenen und verwischten, hierauf durch ‚eant ad genisium' ersetzten Vermerks. Zur Zeit von *C* war er wohl noch besser lesbar. Er ist übrigens auch jetzt noch fast vollständig zu entziffern. Zum Vermerk *A* 1627 ‚dicat Imperatori' fügt *C* hinzu: ‚tunc eant ad Imperatorem et' und verwandelt ‚dicat' in ‚dicant' durch Uebersetzen der n-Schleife. 1641 ‚ad genisium' erweitert er zu ‚tunc regrediantur ad g. et dicant', 1673 ‚dicat coram Imperatore'

zu: ‚tunc eant et dicat coram Imperatore'. Den sg. ‚dicat' ändert
C hier nicht, vielleicht aus Versehen, vielleicht auch aus Absicht,
da ja thatsächlich nur einer, der Quartus miles, spricht.

92. Die Thätigkeit des Correctors *C* an unserem Mystère
beschränkt sich also auf einige wenigen Streichungen und Ausbesserungen und ist daher von untergeordneter Bedeutung.

D. **93.** Viel wesentlicher sind die Aenderungen des Correctors *D*. Nach *F* werden die beiden Cristiani enthauptet (vgl.
711 und 725 ff.). *D* dagegen lässt den zweiten Cristianus durch
Feuer hinrichten. Die darauf bezüglichen Verse fügt er nach 738
als Bl. 15 ein, nachdem er 734—38, das Gebet des Secundus
cristianus gestrichen hat. Ausserdem will er die Himmelscene,
674 ff., augenscheinlich hinter die beiden Hinrichtungen placiert
wissen. Auf dem von ihm zugefügten Bl. 13 giebt er nämlich
nach einigen neuen Versen (661—65) die Anfangsverse der Rede
des Primus lanista, 709 ff., und setzt dahinter ‚etc'. Dieses Bl. 13
soll, wie das gegenseitige Zeichen sicher beweist, hinter 660 eingesetzt werden. Bei 660 kritzelt er ausserdem auf den Rand
‚ne te vault rien', d. h. den Anfang von 709. Daraus erhellt,
dass 709 ff. (unter Voransetzung der von *D* neu zugefügten Verse
661—65) an 660 anzureihen sind, ganz entsprechend überdies
dem Bühnenvermerke *G*: Ibidum actabuntur (?) capita loquatur
paradisiis ut infra primo — — — virgo maria. Die Christen
werden also erst hingerichtet, und dann bittet die Virgo maria
für sie. Dazu passt auch die schon von *F* angesetzte ‚pausa'.

94. *D* scheint das Mystère säubern, übersichtlicher gestalten
zu wollen. 1878, die überflüssige Zufügung *K*, streicht er. Auch
das ‚Silete' *A* unterdrückt er. Desgleichen 2119—27 *B*, vielleicht
schon aus dem äusserlichen Grunde, weil die Verse mangelhaft
gebaut und äusserst schwierig zu lesen sind. Den ersten Teil der
von *B* hier zugefügten Verse lässt er dagegen stehen und bezeichnet ihre Einsatzstelle durch einen Querstrich. Auf diese Weise
bringt *D* die von *B* eingeführte Mater Inferni wieder aus dem
Drama, während er den Mamon anerkennt. Das letzte Wort von
3022 *B* streicht er und setzt dahinter ‚punicion', auch dies wohl
nur der Deutlichkeit halber, denn das durchstrichene Wort ist,
obwohl sehr klein geschrieben, doch bei scharfem Zusehen ebenfalls als ‚punicion' zu erkennen. Die verworrenen Aenderungen
von *J* 3461—63 (§ 84) unterdrückt er, desgl. 3464—65, so dass
die Rede des Imperators, wie es auch *B* will, mit 3466 beginnt.

95. Demselben Klärungsprincip dienen 2 Zusätze. Am Schlusse
der Einschaltung *B*, Bl. Bl. 58, 59, die Bl. 57 v^0 einzusetzen ist,
giebt er in 3059—60 die im Texte *A* auf die Einschaltung folgenden
Verse 3061—62 wieder und bemerkt am Rand: ‚Retrocede'. Auf
dem ebenfalls von *B* herrührenden Bl. 65 setzt er über die beiden

ersten Verse ‚secundus', um den Secundus tiranus als den Sprechenden zu bezeichnen.

96. Die Einschaltungsstelle des von *B* eingefügten Bl. 78 auf Bl. 79 hebt er durch je ein grosses Kreuz auf beiden Blättern hervor.

97. Mir unerklärlich und wohl als blosse Kritzelei aufzufassen sind die Worte ‚cristianos bonos', die *D* auf die Rückseite des von *B* eingelegten Bl. 62 schreibt.

98. Interessant ist die Bühnenbemerkung 885 ff.: *G.* hat vor dem Kaiser gespielt, jetzt geht er tiefnachdenklich nach Hause. Da setzt *D* an den Rand: ‚Desant la columba'. Der Geist Gottes kommt über *G.*, und dies wird durch Herablassen einer Taube versinnbildet. Die lateinische Form ‚columba' denke ich mir als terminus technicus, der als solcher auch dem frz. Vermerk einverleibt wurde. Zu 3955 bemerkt *D*: ‚ubi se desperat Imperator'. Es ist dies der einzige lat. Bühnenvermerk des Correctors *D*, alle übrigen sind frz. So, ausser dem oben angeführten, zu 665 ‚le bende', 739 ‚le second borrelier'. *D* ist überhaupt — abgesehen von der Fussnote *E* Bl. 52 r⁰ (§ 67) — der einzige Corrector, der frz. Bühnenanweisungen giebt.

99. Es scheint, als ob *D* in naher Beziehung zu einer Aufführung des Mystère gestanden habe. Zwischen Bl. 2 und 3 findet sich nämlich in der Hs. ein beschriebener Streifen Papier, dessen Inhalt der Farbe der Tinte und dem charakteristischen Ductus nach augenscheinlich von *D* herrührt. Der Zettel enthält fast nur abgekürzte Worte und zwar, wie ich vermute, Namen. So sind ziemlich deutlich ‚Petrus, Jacobus, Nicodemus' und ‚Lucifer' zu lesen. Ob sich diese Namen auf die Schauspieler beziehen?

O. **100.** Von geringem Belang endlich sind die Spuren des letzten Correctors *O*. *O* ergänzt das von *A* angelegte Personenverzeichnis mit der Verszahl jeder Rolle auf der zweiten Seite des Bl. 80. Dabei hat er aber augenscheinlich das Stück gar nicht oder doch nur sehr flüchtig gelesen. Denn neben den thatsächlich auftretenden neuen Personen, wie Virgo Maria, Carcerator, Mamon, Mater Inferni, führt er einen Teufel Bellial ein, der nirgends vorkommt, statt Burgibuc (*J*) schreibt er Burgibus, statt Berfegor (*J*) Belfegor. Die Verszal der neuen Rollen fügt er nicht bei. *O* streicht ferner Bl. 79 Bellahait, den *J* statt Leviatan 3986 ff. sprechen lässt, und ersetzt ihn durch Belphegor. Bellahait, den *J* schon mit 1947—50 redend einführt, erwähnt *O* im Register gar nicht: wahrscheinlich glaubt er ihn durch die Streichung Bl. 79 endgültig aus dem Drama entfernt zu haben. Ob die Kritzeleien auf Bl. 38 ‚Ma' unter Astaroth 1929, ‚Belseble' unter Berith 1935, Ma' unter Ydolum 1941 ebenfalls — wie die Schrift vermuten iesse — von *O* herrühren, erscheint mir zweifelhaft, besonders da *O* einen neuen Teufel Belseble in dem Personenregister nicht verzeichnet. Dagegen rührt anscheinend die Note Bl. 81 (§ 8) von *O* her. Zwar ist die Schrift etwas kleiner als gewöhnlich bei *O*, aber vielleicht nur deshalb, weil sie — in einer urkundlichen Note — sorgfältiger ist. Der Ductus und die Farbe der Tinte sprechen durchaus für *O*.

101. Die grosse Anzahl der Correctoren und Interpolatoren und der verschiedenartige Charakter ihrer Aenderungen drängen sehr zu der Annahme, dass unser Mystère mehrere Aufführungen erlebte. Eine eingehendere Untersuchung aber über die vermutliche Anzahl der Aufführungen und über die Stelle, wo dieselben zwischen den einzelnen Correctoren anzusetzen wären, scheint mir, so interessant sie sein müsste, doch zu problematischer Natur, als dass ich hier näher darauf eingehen könnte.

c. Altersverhältnis der Bearbeiter.

1. *A*.

102. Den Grundstock der Hs. bildet *A*. *A* ist nicht der Autor des Mystère, sondern er hatte eine Vorlage, und zwar eine Vorlage in fortlaufenden Zeilen. Dass *A* copierte, lässt sich vermuten aus Fehlern wie 1276, 2134, 3252 (+ 3253), dass *A* nicht gerade aufmerksam copierte, zeigen Fehler wie 2391, 2513 und zahlreiche Verschreibungen, die sich namentlich von der allerdings narkotisch wirkenden Unterhaltung des G. mit dem Imperator ab, Bl. 44 ff., ungemein häufen. Die Vorlage von *A* war in durchgehenden Zeilen geschrieben, wie dies die Fehler in 1052, 2590, 2719 deutlich kundthun. Dass *A* schliesslich seine Copie noch einmal durchlas, erhellt aus Correcturen wie 1989, 3343.

103. Die Lösung der Frage, ob *A* identisch sei mit dem in dem Schlussanagramm genannten Dompnus Johannes Oudini, hängt von der Auffassung der Schlussverse 4065 ff. ab. Mir scheinen diese Verse und besonders 4075

„De celly qui a fait ce dit'

nicht auf den Copisten, sondern auf den Autor zu gehen. Dass *A* aber Copist ist, haben wir in § 102 gesehen. Dompnus Johannes Oudini ist also als der Verfasser der Vorlage von *A* zu betrachten. *A* copierte die Schlussverse, wie er sie in der Vorlage fand, mit.

104. Aus der sprachlichen Uebereinstimmung der Reime und des Versinneren, sowie aus der intimen Anlehnung unseres Mystère an seine Quelle (s. IV Vergleich mit der Quelle) geht deutlich hervor, dass *A* sich ziemlich getreu an seine Vorlage gehalten haben muss. Wenn wir daher *A* auch nicht mit Oudini identificieren dürfen, so stehen doch beide in der allernächsten Beziehung zu einander.

105.   **2. *L*.**

L ist als der 1. der Correctoren anzusetzen: *K* hätte keinen Grund gehabt ohne die Streichung *L* 2885 zu corrigieren. Dagegen ist bei Voraussetzung der Streichung *L* die Correctur wohl angebracht.

H nimmt auf die Auslassungen *L* Bezug, indem er dieselben durch Kreuzchen hervorhebt, auf Bl. Bl. 50, 51 durch ‚vacat', Bl. 59 durch ‚vacat usque ad tale signum' besser hervortreten lässt. Nicht gerade viel beweisend, aber doch erwähnenswert ist die Thatsache, dass *H* Bl. Bl. 45, 46 die Kürzungen *L* erweitert.

M fügt 2627 hinter 2625 *L* ein und stellt so den durch die Einschaltung *L* unterbrochenen Zusammenhang mit 2628 ff. wieder her. Auch seine Streichungen von 3349—52 und 3367—70 schliessen sich augenfällig an die von *L*, 3353—65, an.

E corrigiert 2624 *L* und schaltet 2626 zwischen 2625 *L* und 2627 *M* ein.

Es findet sich auch, wie ganz nebenbei bemerkt sei, in der ganzen Einschaltung *F, G* keine Spur von *L*.

FG sind von *E* eingefügt, s. *E*.
N ist jünger als *E*, s. *E*.
B 1) *B* setzt 2623 in die von *L* zugefügten Verse 2621 ff. ein.
    2) *B* jünger als *H, E*, s. *H, E*.
I 1) *I* nimmt zweifellos auf die Streichungen *L*, Bl. 69 ff., Bezug, sein Strich verbindet die von *L* zuerst gezogenen dünneren Striche und liegt, wie an den Einsatzstellen in der Hs. deutlich zu sehen ist, über denen von *L*.
    2) *I* jünger als *H, E, B*, s. *H, E, B*.
C jünger als *E, B, I*, s. *E, B, I*.
D jünger als *F, G, B*, s. *F, G, B*.
O jünger als *B, I*, s. *B, I*.

106.   **3. *K*.**

K möchte ich als den 2. der Interpolatoren anführen. Seine genauere Placierung ist durch sein seltenes Vorkommen unmöglich. Er ist sicher vor *D* anzusetzen, da dieser seinen einzigen Vers, 1878, streicht. Ich setze *K* nur deshalb hierher, weil, wenn auch seine ganze Thätigkeit durchaus belanglos ist, ich mir doch sage, dass der erste, der nach *L* an die Hs. prüfend herantrat, die Correctur 2885 nicht gut unterlassen konnte.

107.   **4. *H*.**

M streicht 3297—3300, an denen *H* Aenderungen vornahm.
E jünger als *M*, s. *M*.
FG sind von *E* zugefügt.
N jünger als *E*, s. *E*.

B 1) *B* benutzt das zufällig am geeigneten Platze stehende Zeichen *H*, Bl. 64 nach 3267, um die Einschaltungsstelle des von ihm eingelegten Bl. 65 anzudeuten.
  2) *B* jünger als *E*, s. *E*.
I 1) der Strich, mit dem *I* auf Bl. 69 3484—93 (bis zum letzten Vers der Seite) tilgt, ist bis an den unteren Rand des Blattes durchgezogen und geht durch die Fussnote *H*: „vacat usque at tale signum".
  2) *I* jünger als *B*, s. *B*.
C jünger als *E*, *B*, s. *E*, *B*.
D jünger als *F*, *G* (*E*), *B*, s. *F*, *G*, *B*.
O jünger als *B*, *I*, s. *B*, *I*.

108.   5. *M*.
E ändert 2624 im Hinblick auf *M* 2627. Das Einschaltungszeichen *E* nimmt deutlich Bezug auf 2627.
FG von *E* zugefügt.
NBI sind jünger als *E*, s. *E*.
C jünger als *E*, *B*, *I*, s. *E*, *B*, *I*.
D jünger als *F*, *G* (*E*), *B*, s. *F*, *G*, *B*.
O jünger als *B*, *I*, s. *B*, *I*.

109.   6. *F*.
G ergänzt *F*, streicht 671—73, s. *G*.
E fügt *F* in die Hs. ein. Dies beweisen
  1) die äusserst charakteristische, unverkennbare Farbe der Tinte, in der die Streichungen auf Bl. Bl. 7, 8, 9, 17, 18, sowie die mannigfachen Zeichen zu 462 ausgeführt sind (§ 38),
  2) der Ductus des Wortes ‚Sa' 462, der ganz identisch mit dem des ‚Sa' 2823 ist,
  3) der Ausruf ‚Sa tirans', der nur noch einmal im ganzen Mystère, 2823, vorkommt und auch dort von *E* eingesetzt ist.
NBICDO sind jünger als *E*, s. *E*.

110.   7. *G*.
G ergänzt *F*. *E* fand beide zusammen vor und setzte sie in *A* ein. *F* und *G* gehören zweifelsohne zusammen einem anderen Kreise an: § 22. Auch ist beider Papier heller und feiner als das von *A*. *G* ist aber nicht identisch mit *F*, sondern jünger als *F*. Zunächst ist ein Unterschied in der Schrift zu beobachten (§ 23). Ausserdem passt der Text Bl. 11 nicht zu den Endversen von Bl. 10, denn nach den Worten des Primus tiranus, 572ff., sind die Lanistae, wie aus 575ff. hervorgeht, vollständig bereit. Wozu also noch die feierlichen Beteurungen des Tiranus 579ff.? Deutlicher noch zeigt sich der Unterschied zwischen *F* und *G* Bl. 12 und Bl. 14. Gemäss der Anweisung *G* redet die Jungfrau Maria, *F* aber lässt den Primus lanista 3 mit dem vorigen gar nicht zusammenhängende Verse sprechen und dann erst die Virgo Maria.

Bl. 14 in direktem Anschluss an Bl. 10 ist auch unmöglich. Denn hier wie dort redet der Primus Lanistae, es dürfte also bei direktem Zusammenhang keine besondere Ueberschrift ‚Primus Lanista' mehr stehen. Auch in der Handlung ist eine Lücke: Bl. 10 sind die Lanistae noch in ihrem Gestell, Bl. 14 haben sie schon die Cristiani vor sich. Das letzte Gebet des Primus cristianus würde F, ein Cleriker, auch wohl schwerlich weggelassen haben und 709—10 weisen auch direkt auf ein solches hin. In den Blättern G findet sich aber von diesem Sterbegebet nichts. Auch dies zeigt klar, dass F hier eine Lücke hat. Es wäre nicht gut denkbar, dass EF mit dieser fühlbaren Lücke übernommen hätte ohne irgend eine Aenderung anzubringen. Es findet sich aber auf diesen Seiten keine Spur von E, so dass also die Annahme wohlberechtigt erscheint, dass G schon ergänzend zu F getreten war, als F noch nicht von E benutzt, zur 1. Hs. zugefügt wurde.

111. G soll also die Lücke in F hinter Bl. 10 ausfüllen. Da aber die Einschaltung G nicht direkt in F hineinpasst, sondern erst die Streichung von 671—73 erfordert (auch vorne nach 571 ist etwas hingekritzelt, das vielleicht die Einschaltungsstelle der Bl. Bl. G markieren soll, so dass 575—78 wegfiele), so kann G nicht direkt für die Ausfüllung dieser Lücke in F gearbeitet, nicht freigedichtet haben. Die Blätter aber weisen sonst keine Spur eines anderen Correctors auf: es ist also anzunehmen, dass G aus einer Vorlage, einer anderen, 3. Hs. eine einigermassen ersetzende Stelle copierte und sie in F einpasste.

112. Das Verhältnis der durch A, F, G vertretenen Hs. Hs. gestaltet sich also folgendermassen: Eine in fortlaufenden Versen geschriebene Urhs. lag vor. Eine Copie derselben liefert A. Auf gleicher Stufe mit A etwa stehen X und Y. Die letzteren beiden erfahren eine erweiternde Umarbeitung und zwar X durch F, Y durch einen unbekannten Copisten V. Von V copiert G den Teil, den er in F einsetzt. G tritt zu F, und $F + G$ durch Vermittlung von E zu A.

113.
$NBIC$ sind jünger als E, s. E.
D setzt Bl. Bl. 13, 15 ein, streicht 734—38 F, und setzt sein Zeichen und ‚ne te vault Rien' auf Bl. 12 v^0 G.
O ist jünger als B, I, s. B, I.

114. **8.** E.
N setzt die Correctur E der Lanistae in Tirani voraus. Er verteilt Bl. 52 die Verse der 2 Tirani auf 4 Tirani. Dass er thatsächlich Tirani meint, zeigt 3264, wo er, um die durch die verklexte Streichung E hervorgerufene Undeutlichkeit zu beseitigen, ausdrücklich ‚tiranus' hinzusetzt. Desgl. 3282 ‚quartus tiranus'.

B 1) *B* nimmt auf die Correctur *E* 2624 Bezug und bindet diesen Vers durch Einschaltung von 2623,

2) *B* schreibt auf Bl. 65, einer Erweiterung der Folterscene ‚secundus tiranus'. Er kennt also die von *E* vorgenommene Umänderung der Lanistae in Tirani,

I 1) *I* corrigiert *E*, indem er die von diesem statt der 2 Lanistae eingeführten 3 Tirani auf 2 reduciert: Bl. Bl. 52, 63, 64.

2) 3106 setzt *I* im Hinblick auf die Aenderung *E* ‚tirans' statt ‚borreaux', im Scenenvermerk zu 3239 ‚tiranus' statt ‚lanista',

3) *I* jünger als *N*, *B*, s. *N*, *B*.

C 1) *C* nimmt Bl. 2 auf das Zeichen *E*, Bl. 3, und durch die Bemerkung ‚vide post versum folium vitemant' auf die Einschaltung *E*, 66, Bezug.

2) *C* jünger als *B*, *I*, s. *B*, *I*.

D 1) *D* corrigiert in den Bl. Bl. *F*, *G*, die von *E* zugefügt sind, s. *F*, *G* (§ 113).

2) *D* jünger als *B*, *I*, s. *B*, *I*.

O ist jünger als *B*, *I*, s. *B*, *I*.

115.   **9.** *N*.

B Ob *N* vor *B* oder nach *B* anzusetzen ist, lässt sich wegen der seltenen Spuren von *N* leider nicht bestimmen. Wenn ich *N* vor *B* stelle, so geschieht dies nur in der Ueberzeugung, dass *B* des Inhaltes seiner Einschaltungen wegen (§§ 76, 77) möglichst an das Ende unserer Correctorenkette zu setzen ist.

I nimmt 3248 auf *N* Bezug: *E* hat ‚primus lanista' *A* durch ‚tercius tiranus' ersetzt, daneben findet sich ‚primus' *N*, während ‚tercius' von *I* durchgestrichen ist. Offenbar fand also *I* ‚primus' *N* vor und brauchte es deshalb selber nicht mehr hinzuzusetzen. Ob ‚tercius' *E* schon vor *I* von *N* durchgestrichen war, ist wegen des groben Striches *I* nicht zu erkennen, aber sehr wohl möglich. Es ist übrigens durchaus unwesentlich, da unsere Correctoren (s. b. Thätigk. des Cop. u. der Bearb.) nicht immer alles das ausstreichen, was für sie wegfällt. Aus demselben Grunde wohl streicht auch *J* nicht die Zahlen *N*, obschon sie nicht zu seiner Neuerung der Wiedereinführung nur zweier Tirani, passen. Zudem sind dieselben auch sehr fein, teilweise kaum sichtbar, und öfters ganz an den inneren Rand geschrieben.

C ist jünger als *B*, *I*, s. *B*, *I*.

D Auch bei *D* fehlen alle direkten Beweise. Wie *B* möchte ich *D* nach *N*, zu den jüngsten Correctoren stellen, besonders da er noch jünger als *B* ist, s. *B*.

O ist jünger als *B*, *I*, s. *B*, *I*.

116.   **10. *B*.**

I streicht Bl. Bl. 69—73 alles mit einem dicken Striche durch, während *B* nur hier und da einzelne Abschnitte (§ 80) einklammert. Stände *B* hinter *I*, so hätte er sich wahrscheinlich doch gegen die auffälligen Streichungen *I* in irgend einer Weise verwahrt. Zudem liegt der rote Stich *I*, wie in der Hs. deutlich hinter 3496, 3513, 3588, 3590, 3607, 3608 zu erkennen ist, über dem blauen Querstrich *B*. Noch deutlicher zeigt sich dies 3465, wo die Klammer *I* um 3464—66 durch die Note *B* ‚hic incipiat' geht.

C 1) *C* schreibt auf Bl. 2 *B*: um die Einschaltungsstelle desselben zu bezeichnen, setzt er oben links hin: ‚vide post versum folium vitemant'.

2) *C* ist jünger als *I*, s. *I*.

D 1) *D* streicht 2119—27 *B* und deutet die Einschaltungsstelle von 2112—18 *B* durch einen Horizontalstrich an.

2) *D* schreibt auf den von *B* zugefügten Blättern:
auf Bl. 58 ‚punicion',
auf Bl. 59 3059—60 und ‚Retrocede', Bl. 62 auf der leeren Rückseite ‚cristianos bonos',
auf Bl. 65 ‚secundus',
auf Bl. 78 ein grosses Kreuz, das mit dem ebenfalls von *D* hingemalten Kreuze Bl. 79 hinter 4006 correspondiert und die Einsatzstelle des Bl. 78 *B* markieren soll.

O 1) *O* setzt im Personenverzeichnis Bl. 80 *v*⁰ ‚mamon' und ‚mater Inferni' ein, die erst von *B* eingeführt sind.

2) *O* ist jünger als *I*, s. *I*.

117.   **11. *I*.**

C Bl. 29 hat *I* einen Scenenvermerk zu 1484 geschrieben. Derselbe ward aber verwischt und zwar wahrscheinlich von *J* selbst, gleich nachdem er ihn geschrieben hatte. Neben dem Klex steht, ebenfalls von *I* geschrieben, ‚eant ad genisium'. Das Verwischte ist aber zum Teil noch lesbar, man erkennt deutlich ‚vadant ad genisi — e — tur — d Imp —'. Oberhalb des Verwischten, noch in den Klex hinein, setzt *C* einen neuen Vermerk ‚eant ad genisium et loquantur ad imperatorem', also bis auf ‚eant' dasselbe wie der 1. Vermerk *I*. Offenbar war ihm der 2. Vermerk *I* nicht genau genug (vgl. § 91), und er gab deshalb den älteren wieder.

D streicht die Correcturen und Zusätze *I* 3461–63.

O streicht Bl. 79 vor 3986 ‚bellahait' *I* und citiert im Register ‚belfegor' und ‚burgibus', die als ‚berfegor' 2088 und ‚burgibuc' 2094 von *I* den übrigen Teufeln zugesellt worden waren.

118.   **12. C.**
D Die sichere Bestimmung des Altersverhältnisses zwischen C und D ist wegen des geringen Materials leider unmöglich. Wohl findet sich Bl. 15 D ein Sternchen, das der Tinte nach von C herrühren könnte. Aber das beweist doch gar wenig im Hinblick auf die häufigen undefinierbaren Kritzeleien (vgl. §§ 12—14), die in unserer Hs. vorkommen. Ich setze daher C gleich hinter I an, da ihre Thätigkeit eine ziemlich gleichartige, sich ergänzende ist.

O Auch über die Reihenfolge von C und O lässt sich nichts beweiskräftiges anführen. Man könnte vielleicht erwähnen, dass, wenn die Ergänzungen O in der Personenliste schon vor C bestanden hätten, dieser bei seiner peinlichen Genauigkeit die Irrtümer O rectificiert haben würde.

119.   **13. D.**
O Die Frage ob D vor oder nach O anzusetzen ist, bleibt leider auch eine offene. Zwar führt O im Personenverzeichnis die Mater inferni an, obwohl ihre Verse von D gestrichen sind, aber das beweist bei der saloppen Weise, in der O arbeitet, so gut wie gar nichts. Denn der Name selbst ist nicht gestrichen, und vielleicht erkannte O diese Streichung auch gar nicht an.

120.   **14. O.**
Aus den Ausführungen der voraufgehenden §§ erhellt, dass O einer der letzten Correctoren sein muss. Ich setze ihn als den allerletzten derselben an, weil seine Thätigkeit, die Ergänzung des Rollenverzeichnisses, mir als eine abschliessende vorkommt. O fügt gleichsam, nachdem die übrigen ihr Werk gethan, den letzten Stein in das Bauwerk unseres Mystère.

121. Fassen wir alles zusammen, so ergiebt sich als Resultat unserer bisherigen Untersuchungen, dass neben dem Copisten A 13 Correctoren an dem Mystère thätig waren: L, K, H, M, F, G, E, N, B, I, C, D, O, durch deren Bearbeitungen das Drama aus einem zur Erbauung dienenden geistlichen Schauspiele zu einem fast weltlichen Unterhaltungsstücke — allerdings mit religiöser Fabel — umgemodelt wurde.

d. Metrisches bei Copist und Correctoren.

122. Als Ergänzung der voraufgehenden Capitel gebe ich im folgenden eine kurze metrische Untersuchung unseres Mystère.

A.

123. Wie schon in § 8 hervorgehoben wurde, ist unser Mystère durchgehends in paarweise reimenden 8-Silbern abgefasst. Jedoch dürfen einige Abweichungen nicht übersehen werden. Mit dem folgenden Verse nur durch Assonanz statt durch Reim gebunden sind: 32, 1029, 1151, 1574, 1723, 1884, 2173, 2412, 3242, 4056.

124. Ueberraschend gross ist die Anzahl der reimlosen Verse. Einige derselben — 226—27, 246—47, 376—77, 860—61, 3797—98, 3965—66 lassen sich auf das Conto des verderbten Textes schreiben, ob aber auf die mangelhafte Ueberlieferung auch das Vorkommen der 23 ‚Waisen'[21]) zurückzuführen ist, dürfte bezweifelt werden. Mehrere dieser Waisen stehen nämlich in so enger inhaltlicher oder syntaktischer Beziehung mit ihren Nachbarversen, dass an ihre spätere Einschaltung, resp. ein Verlorengehen vorhanden gewesener Bindungsverse, gar nicht gedacht werden kann. Oder könnte man sich z. B. 1123—27:

> Mais que les parolles soint *dittes*
> Ainssi comm eles sont *escriptes*
> Par levangille y *enseigny*é
> Au propre jour quil fist la *cene*
> Car la commence la *racine*

ohne 1125 vorstellen! Desgl. drücken 1135—38 einen Gedanken einheitlich und klar aus:

> ... *oncques*
> Pour ce mon frere va t'en *doncques*
> Que l'empereur ne te mal *maynne*
> Je ne voulroy pas que pour *moy*
> Il feust corrocie contre *toy*.

Enger schliesslich als 3653 — durch doppeltes Enjambement — ist wohl selten ein Vers syntaktisch mit den ihn umgebenden Versen verbunden:

> Car puis que adam pechié *avoit*
> Qui estoit homme il *devoit*
> Pareillement la *redempcion*
> Aussi par homme estre *faitte*
> ..... *deffaite*.

Ist nun auch bei allen diesen Waisen — es sind 27, 40, 43, 65, 974, 1002, 1125, 1136, 1270, 1337, 1674, 1716, 1725, 2139, 2154, 2546, 2669, 3246, 3255, 3516, 3653, 4043, 4058 — das Verhältnis zu den Nachbarversen nicht ein gleich intimes wie in den angeführten Beispielen, so glaube ich doch annehmen zu dürfen, dass diese isolierten Verse sich schon in der Vorlage von *A* fanden.

125. Mir scheint es, als ob die Waisen gewissermassen zu technischen Zwecken gedient hätten. Ein solcher reimloser Vers musste in dem continuierlichen Gleichklange je zweier Verse, dessen ewiges Einerlei durch die nur wenig variierende Silbenzahl noch gefördert wurde, gewissermassen wie ein Schlag wirken: er bildete eine Pause, einen Abschnitt. So 40, 974, 1270, 1716,

---

21) E. Stengel, Romanische Verslehre in Groebers Grundr. II. Bd. 1. Abt., 12.

1725, 2669. Auch 27, 43, 1002, 1125, 1136, 1337, 1674, 2154, 2546, 3246, 3255, 3516, 3653, 4058 dienen augenscheinlich einem ähnlichen Princip: Sie enthalten oder bereiten alle vor einen mehr oder minder wichtigen neuen Gedanken, einen Glaubenssatz oder ähnliches. Ich weise nur auf 1002 hin: De sus du ciel volist dessendre', der das im kirchlichen Gesange stets hervorgehobene ‚descendit de coelis' des Glaubensbekenntnisses wiedergiebt. In 65, 2159, 4043 endlich möchte ich etwas ähnliches vermuten wie in den reimlosen Tiradenschlüssen der Epen des Cyclus von Wilhelm mit der kurzen Nase oder in Aucassin und Nicolette: Sie schliessen die vorhergehende Versreihe voltenartig ab.

126. Dem Gebrauche des 14. Jhds. entsprechend ist im Interesse einer glatteren Aufführung der Endvers jeder Rede mit dem Anfangsverse der folgenden gebunden. Abweichungen von dieser Regel zeigen 126, 1725, 2140, 4014.

127. Auf 2 metrische Eigentümlichkeiten möchte ich noch hinweisen. Nach Stengel (a. a. O.) sind Reime, welche sich auf den Gleichgang tonloser Wortausgänge beschränken, in romanischen Versen sehr selten. Dergleichen seltene Reime finden sich in unserem Mystère 5: 52—53, 60—61, 1414—15, 1930—31, 2468—69. In 3589—90 dagegen ist die Flexionsendung dermassen stark, dass sie Träger des Reims geworden ist.

128. Der letztere Fall leitet über zu der zweiten Erscheinung, dem verhältnismässig häufigen Auftreten von Reimbindungen zwischen betonten und tonlosen Vocalen: 16—17, 288—89, 1165 —66, 1201—02, 1582—83, 1719—20, 1738—39, 3228—29, 3539—40, 3908—09. Man könnte hierin einen Anklang an das provenc. finden, wo dergleichen Bindungen öfters vorkommen (Stengel a. a. O., 13).

129. Die durchweg einfachen Reime werden zuweilen gekünstelt. Hier und da reimen dieselben Worte, und 1564—5 bietet eine rime équivoque: a ma part: il m'apart.

F.

130. 353 Verse der Hs. rühren von *F* her. Wie oben (§ 55 ff.) ausgeführt wurde, gehörten *F* und *G* ursprünglich einer anderen Hs. an, in der *G* zu *F* getreten war. Des weiteren wurde hervorgehoben, dass die Vorlage von *F* wahrscheinlich identisch sei mit der von *A*, und dass die Arbeit des Correctors *F* in einer Erweiterung dieser Vorlage bestanden habe. Diese Annahme wird gestützt durch 425, wo ‚genis' am Ende steht, statt am Anfang des folgenden Verses, ein Fehler, der beweist, dass die Vorlage von *F* in fortlaufenden Zeilen geschrieben war. Dasselbe wurde schon § 102 von der Vorlage von *A* constatiert. Für die Identität der Vorlagen spricht aber besonders der Um-

stand, dass 395—461, 773—848 F mit ganz geringen Aenderungen vollständig mit 314—95, 849—903 A übereinstimmen. Diese Aenderungen sind zum Teile kritischer Art. So setzt F 456 ‚mille', wo A 376 ganz dem Sinne und dem Reime zuwider ‚ans' schreibt. Die Verschiedenheiten zwischen A 370, 371, 375 und F 450, 451, 455 erklären sich vielleicht daraus, dass F dem Hiat aus dem Wege gehen wollte.

131. Mit 461, wo F den Boden der gemeinsamen Vorlage verlässt, um allem Anscheine nach auf eigene Faust zu poetisieren, beginnt ein tolles Gereimsel, das allen Gesetzen der Metrik Hohn spricht. In diesen 286 Versen, von denen übrigens die letzten wieder der Vorlage entnommen sind, wie der Vergleich mit A zeigt, sind 31 überhaupt nicht gebunden, weitere 10 nur durch Assonanz. Die Silbenzahl der Verse ist schwankend. Es finden sich 1 3-Silbl., 8 6-Silbl., 32 7-Silbl., 6 9-Silbl., 7 10-Silbl., 3 11-Silbl., 2 12-Silbl. Die Verse machen stellenweise den Eindruck von in abgesetzten Zeilen geschriebener Prosa. Mit dieser Regellosigkeit contrastiert auffallend das zeitweise hervortretende Bestreben Reimkünsteleien anzubringen. So versucht F 487 ff. eine Art Rondell nach dem Schema $A^1 A^2 a - - a A^1 A^2$. Es fehlen also die beiden Mittelverse. Die Rede des Engels Raphael wird durch je einen 6- und 7-Silbler eingeleitet und abgeschlossen, die alle 4 miteinander reimen. Schliesslich sind noch die Kettenreime 563:65 + 564:66 und 779:81 + 780:82 hervorzuheben.

G.

132. Die bei F gemachten Beobachtungen gelten im allgemeinen auch von den 82 Versen des Interpolators G. Wiesen nicht die § 110 geltend gemachten Kriterien deutlich darauf hin, dass G von F verschieden ist, so müssten der metrischen Untersuchung gemäss beide für identisch erachtet werden. Zunächst dasselbe Durcheinander von ungleichsilbigen Versen: Mit den regelmässigen 8-Silblern vermischt kommen 2 6-Silbl., 19 7-Silbl., 8 9-Silbl., 8 10-Silbl. vor. Ohne jegliche Bindung sind 10 Verse.

133. Ein flüchtiger Blick nur auf den von B gelieferten Text lässt erkennen, dass B nicht nach einer Vorlage arbeitete, sondern überall, wo es ihm notwendig erschien, Verse eigener Schöpfung einflickte (vgl. § 79). Dass er dabei nicht allzu sorgfältig zu Werke ging, zeigen die Resultate der Silbenzählung und Reimuntersuchung: In den 306 Versen von B finden sich neben den ordnungsmässigen 8-Silblern 1 4-Silbl., 9 6-Silbl., 42 7-Silbl., 38 9-Silbl., 13 10-Silbl., 2 12-Silbl. An ganz isoliert stehenden, oder wenigstens nicht mit ihren direkten Nachbarversen gebundenen Versen finden sich 19. Nur durch Assonanz gebunden sind 7 Verspaare. Auch B kennt Kettenreime: 3206:8 + 3207:9.

134. Die Verse der übrigen Correctoren sind zu gering an Zahl, als dass sie in metrischer Beziehung eine Beachtung verdienten.

III. Analyse[22].

135. Allem Anscheine nach ging der Aufführung unseres Mystère eine Predigt voraus. Denn 1, 2, 3 reimen mit einander: 1 mit 2, 3 wohl zufällig, während das Reimwort zu 1 in dem letzten Worte der Predigt zu suchen ist[23].

136. Das Mystère setzt ein mit einem Prologe des Nuncius, der die Zuhörer zur Ruhe mahnt, eine kurze Skizze der Fabel des Dramas entwirft und um gütige Nachsicht bittet. [Zum Schluss fordert er den ersten Schauspieler auf zu beginnen. E][24].

137. [Die 1. Scene spielt in der Hölle, wo Lucifer seinen Unterteufeln Sathan, Berith und Astaroth ihre Lässigkeit und ihr Ungeschick vorhält und sie mit Ratschlägen und Drohungen zum Seelenfang auf die Erde schickt.

138. Auf der Landstrasse vor den Thoren Roms treten dann mehrere christliche Arme auf: Primus, Secundus und Tertius pauper, letzterer ein Krüppel, ferner eine blinde Mulier pauper mit einem Kinde und der Quartus pauper juvenis, ein Waisenknabe, die alle ermattet am Wege niedergesunken jammernd um ein Almosen bitten. B].

139. Nach diesen einleitenden Scenen erscheint die Hauptperson, Genisius. Er versichert das Ydolum seiner ergebenen Treue und beklagt die Ruchlosigkeit der falschen Christen, die das Ydolum verspottend Jesu opfern, den sie Gott nennen. Er fordert den Götzen auf, den Frevlern seine Macht zu zeigen und sie von ihrem Irrtume abzubringen. Das Ydolum verheisst G. seine stete Huld, gesteht aber zugleich, dass die Christen zu mächtige Freunde hätten, als dass es ihnen etwas anhaben könnte. Es fordert G. auf den Christen zu befehlen keinen anderen Gott als das Ydolum zu verehren.

140. G. führt diesen Auftrag sofort aus. Der Primus cristianus entgegnet ihm, dass nur die Unkenntnis der christlichen Lehre ihn zu solchen Worten veranlassen könne. G. fordert Aufklärung über den christlichen Glauben und über die Natur Christi. Er spottet über Christus, der, wenn er Gott gewesen wäre, sich nicht von den Juden hätte kreuzigen lassen. Man sucht ihn über die erhabenen Pläne Christi aufzuklären; die Heidengötter seien Teufel. G. droht den Christen entrüstet mit dem Martertode.

---

22) Die von den Interpolatoren herrührenden Erweiterungen schliesse ich unter Zufügung ihres Autors in eckige Klammern.

23) Petit de Julleville a. a. O. I 123 f., II 227.

24) Ein Ueberrest der alten Gewohnheit, dergemäss der sacerdos ludi magister nach den einleitenden Worten die einzelnen Personen aufrief.

Erneute Auseinandersetzungen über den Daseinszweck des Menschen und die Nichtigkeit der Heidengötter steigern seine Wut. Zum Volke gewendet verflucht er den Christengott und seine Anhänger und eilt zum Imperator, um die Christen anzuklagen.

141. Mit erregten Worten hält er dem Imperator vor, dass die Christen in der Stadt zu mächtig seien, so dass das Wohl des Staates auf dem Spiele stehe. In schändlichem Frevel spotten sie der Heidengötter, die sie Teufel nennen. Gott Venus vgl. § 205 heische grimme Rache. Nicht Sohn noch Tochter dürfe geschont werden. Der Imperator sucht ihn zu beruhigen und schwört ihm auf seine beiden Hände, dass er die Ruchlosigkeit der Christen furchtbar ahnden werde.

142. [Sofort befiehlt er seinen Tiranis Caras und Baras alle Christen, die auf ihrem Glauben beharren, hinzurichten. Zwei Christen werden auch ergriffen und gebunden. Nach einigen Spöttereien und Schimpfreden geht der Primus tiranus die Lanistae, Mestre Jenant und Mestre Mallort, holen. Diese, 2 äusserst rüde Gesellen, kommen erst, nachdem ihnen [ausdrücklich *G*] gute Bezahlung zugesichert worden ist: beatus qui tenet. Mit viehischem Behagen, sich in zahlreichen rohen Spässen ergehend, walten sie ihres niedrigen Amtes. [Nur ungerne erlauben sie ihren Opfern ihr letztes Gebet zu sprechen. *G*]. Ein Christ wird enthauptet, [der andere verbrannt. *D*][25]).

143. Auf das Flehen der Märtyrer hin legt die Virgo Maria im Paradiese Fürsprache für sie ein. Gott schickt Gabriel und Raphael zur Erde nieder, die ‚Te Deum laudamus' singend der Christen Seelen in den Himmel bringen. Die beiden Lanistae machen sich über den Wein ihrer Herrn, der Tirani, her ‚et bibant fortiter', wie der Scenenvermerk sagt.

144. G. berichtet dem Imperator, dass sein Befehl ausgeführt sei. Dieser fordert G. höchst befriedigt auf, die Instrumente zu stimmen und ‚mener un peu de feste', da ihm von der Aufregung über die Christen der Kopf schmerze. Nachdem G. einen Wortwechsel unter seinen Genossen, den 4 Mimis, beigelegt hat, wird gespielt. Von dem Spiele selbst erfahren wir nichts, ein Bühnenvermerk spricht nur von dem Erfolg: ‚trepodiant milites et scutifferi'. *F*][26]).

---

25) An Stelle der ‚meselerie' des Mittelalters scheint in jener Zeit die fievre quartayne' als denkbar schrecklichste Krankheit getreten zu sein. Wer jemand etwas Schlimmes wünscht, jemanden als besonders elend darstellen will, spricht von dieser fievre: 549 fievre quartayne F; 608 male fievre G; 742 la fievre quarte D; 2129 de forte fievre A; 3011, 3178 la fievre cartayne B.

26) Die Aufforderung des I. zum Spiel und die Streitscene der Mimi giebt auch A, aber diese Verse werden von E, weil sie eben zweimal vorkommen, gestrichen (s. § 68).

145. Während G. sich nach Hause begiebt und zur Ruhe legt²⁷), kommen ihm allerlei Gedanken über die Unhaltbarkeit der heidnischen Lehre und über den ‚mal pas', den er heute gethan hat. Er beschliesst sich heimlich über die Wahrheiten des Christentums zu informieren. [Desant la columba: der hl. Geist kommt über ihn. *D*].

146. G. begiebt sich sofort (also Nachts!) zu den Christen und wird zum Predicator verwiesen. Dieser erzählt ihm in nahezu 200 Versen von der Schöpfung, dem Sündenfalle, dem Leben und Leiden Christi und dem Messopfer, und versichert ihn bei reuiger Umkehr der gütigen Erbarmung Gottes. G. sinkt in die Kniee und fleht ‚ad celum oculis levatis' um Verzeihung. [Alsbald schickt Gott seinen Engel Gabriel hinunter, *B*] der ihm die Erhörung seines Gebetes verkündet. Zugleich prophezeit er ihm den Martertod und ermahnt ihn im Hinweis auf die Glückseligkeit des Paradieses zu mutiger Ausdauer. G. dankt und nimmt sich vor, möglichst bald durch die Taufe seinen Uebertritt zum Christentume zu besiegeln.

147. Er trifft seine Genossen, die ihren Meister ehrfurchtsvoll begrüssen. Seine Frage, ob der Kaiser die Christen hasse, wird als selbstverständlich bejaht. Da fordert G. die Mimi auf vor dem Kaiser der Christen ‚misteres' zu spielen ²⁸). Sein Vorschlag findet allgemeine Zustimmung. G. bemerkt, dass die Heiden doch eigentlich nicht besser als wilde Tiere handelten, und daran anknüpfend giebt er in einigen 50 Versen einen Auszug dessen wieder, was ihm der Predicator vorgetragen hat. Doch die Mimi halten am Heidentume fest, der eine, weil es die wahre Lehre sei, der andere, weil er überhaupt nicht für Religionswechsel ist.

148. Sie gehen zum Imperator. [Dieser empfängt G. sehr freundlich und fragt ihn nach der Ursache seines verwirrten Aussehens. G. erwidert ihm, dass er schon 3 Tage ‚tout ne say commant' sei. *B*] Der Imperator rät ihm sich zu erholen.

149. G. legt sich denn auch auf sein ‚compcubile' nieder. Den Collegis erklärt er offen seine Absicht sich taufen zu lassen. Auf seine Bitte holt einer derselben spottend den Presbiter herbei. Die Collegae eilen zum Kaiser, ihm das Unerhörte zu verkünden. Dyoclecien hört ihre Nachricht mit ungläubigem Lächeln an: ihm scheint das Ganze nur ein Scherz von G. zu sein, der seine Genossen foppen will. Doch lässt er sich auf ihre erneuten Vorstellungen hin bewegen, sie auf Kundschaft auszuschicken.

---

27) Es ist also mittlerweile Nacht geworden.

28) Das Verhalten des G. ist hier und im folgenden äusserst unklar: Der Autor hat sich zweifellos zu sehr von seiner lateinischen Vorlage beeinflussen lassen.

150. Das Gespräch des G. mit dem Presbiter lässt keinen Zweifel an dessen Gesinnung mehr zu, und auch dem Imperator gehen die Augen auf.

151. Er schickt 3 Milites mit Schätzen beladen zu G. hin, um diesen zur Umkehr zu bewegen. Aber G. weigert sich die Geschenke anzunehmen. Auf's neue entsendet Dyoclecien seine ‚chivaliers' zu G. mit der Weisung, ihm in seinem Namen

Argent robes et joyaulx
Maisons bourgs villes et chateaulx
Et tout quil saura demander

anzubieten. Doch G. beharrt standhaft auf seiner Gesinnung. Er bittet die Boten des Kaisers ihn bis ‚vers my jour' in Ruhe zu lassen, dann werde er nach ihrem Willen handeln ²⁹). Mit diesem Bescheid kehren sie zum Imperator zurück, der nunmehr beruhigt, die weiteren Verhandlungen bis zu dem angegebenen Zeitpunkte aussetzt.

152. Nun vollzieht sich unter Beihülfe des Exorcista die Taufe des G. Wasser wird herbeigebracht, und die Lichter werden angezündet. G. entkleidet sich, der Presbiter holt sein Buch. Während er dem Täufling die Hand auflegt und das Wasser über ihn ausgiesst hält ein Engel das offene Buch. Nachdem G. auf das Geheiss des Exorcista das weisse Taufkleid angelegt hat, verspricht er Gott und der hl. Jungfrau nie mehr davon zu lassen. [In einem besonderen Gebete an die letztere bittet er um Hülfe ‚contre ces mescreans'. Maria zögert nicht Fürbitte für ihn bei Gott einzulegen. Der Herr sendet sofort seinen Engel herab. *B*] Der Himmelsbote versichert G. der Barmherzigkeit Gottes und ermahnt ihn zur Beharrlichkeit im Guten. Zugleich vertauscht er heimlich das Lebensbuch des G. in der Hand des Teufels mit dem durch die Taufe rein gewaschenen Himmelsbuche.

153. Die Pauperes sind unterdessen an dem Orte angelangt und flehen die Vorübergehenden um milde Gaben an. G., der auf die Güter dieser Welt verzichten will, eilt ‚cum pane et aliis bonis' herbei, um sie unter die Bedürftigen zu verteilen.

154. Hohnlachend schaut Satan ihm zu: er ist ja sicher der Hölle verfallen. Triumphierend zeigt er den anderen Teufeln des G. Sündenregister, doch — o Schrecken! — alle Blätter sind weiss. Die ganze Hölle gerät in Aufregung. Astaroth, Leviatan, Berith, alle schimpfen auf Christus, die hl. Jungfrau und G. Das Ydolum jammert, dass es weder ‚aller ne courir' kann. Berith schlägt vor, den Fall Gott selber vorzutragen. Sathan, ‚qui est d'enffer le grant procureur', wird zum Sprecher erwählt, und nun ziehen sie

---

29) Man beachte die echt mittelalterliche Naivetät in der Handlungsweise des G.: Er lügt einfach, um Zeit für die Taufe zu gewinnen.

zum Paradies. Sathan schildert Christo den früheren Lebenswandel des G. und wirft ihm Ungerechtigkeit vor: G. gehöre ihnen. Die unverschämten Anträge Sathans werden von Christus in würdevoller Weisheit zurückgewiesen. Jeder noch so grosse Sünder erhält, sofern er reuig Busse thut, Verzeihung. Unverrichteter Sache ziehen die Teufel wieder ab. [Bei ihrer Rückkehr in die Hölle werden sie von Lucifer mit Fluch- und Scheltworten empfangen, und auch die Mater Inferni keift dazwischen. *B*]. Leviathan giebt den Rat den Menschen gleich nach ihrem Vergehen den Hals zu brechen: dann sind sie der Hölle sicher. Alles stiebt auseinander: [Burgibuc *J*] nach der ‚Bretaignie et engleterre', Astaroth ‚vers Dyoclecien', [Mamon ‚au pais de lenge doc'. *B*]

155. Auf's neue schickt Dyoclecien seine Trabanten zu G., den diese in seinem weissen Gewande unter den Armen finden. G. erklärt ihnen auf ihre erstaunte Anfrage, dass er Christ geworden sei. Ihr Kaiser sei ‚Homme deraysonnable ne bon ne loyal'. Ergrimmt stürzen die Soldaten auf ihn los und schleppen ihn unter Schlägen und Scheltworten vor den Iudex. Doch als dieser hört, dass es sich um einen den Kaiser berührenden Fall handelt, weigert er sich ohne dessen ‚licence' seines Amtes zu walten. Nun führen sie den Neophyten zum Kaiser. Unterwegs bewilligen sie ihm einige Augenblicke zu einer Beichte bei dem Presbiter. Der Kaiser empfängt G. ziemlich freundlich und fragt ihn vorwurfsvoll, warum er sein Bekenntnis gewechselt habe.

156. Mit der etwa 150 Verse langen Begründung beginnt G. eine Disputation zwischen ihm und dem Imperator, die sich durch circa 350 Verse hinzieht [30]). G. erzählt, wie er zuerst die Christen gehasst und verspottet, dann aber ihre Lehre für wahr befunden habe. Bei meiner Taufe, fährt er fort, habe ich eine Hand in den Wolken über mir gesehen, lichtstrahlende Engel erschienen, die mir aus einem Buche alle meine Sünden seit meiner Kindheit vorlasen. Dann löschten sie dieselben mit dem Taufwasser aus, so dass mein Lebensbuch nunmehr hunderttausendmal weisser als der Schnee war. Hierauf ermahnten sie mich zur Beharrlichkeit in der Tugend. Was soll ich da thun? Urteilet selber. Während ich den Menschen gefallen wollte, habe ich die Engel des Himmels entzückt [31]). Deshalb, ihr Fürsten des Volkes, kehret um: die Barmherzigkeit Gottes ist euch gewiss. Und als die Engel mit meinem weissen Schuldbuche mir erschienen, da sah ich über

---

30) Auch hier lässt sich der Autor durch seine lat. Quelle auf Kosten der Deutlichkeit beeinflussen: 2305 ‚De leaue que vehu avés' entspricht z. B. gar nicht dem Vorausgegangenen.

31) Auch diese Worte, die sich deutlich auf das Spiel des G. beziehen, entbehren völlig der correspondierenden Stelle in unserem Mystère, und erklären sich wiederum aus der zu engen Anlehnung an die lat. Vorlage.

mir das Licht des Himmels und die Herrlichkeit und Glorie des
ewigen Gottes vor mir ausgebreitet. Ich erkannte, dass Jesus
Christus die Wahrheit, der Gott der Klarheit und des Lichtes,
des Heiles und der Gnade für alle ist, die zu seiner Barmherzigkeit Zuflucht nehmen. Und diese Erbarmung wird auch euch zu
teil; wenn ihr euch waschet in der Woge, die geheiliget hat der
Vater, der Sohn und der heilige Geist, ein einziger wahrer Gott
in 3 Personen.

157. Ueber die Dreieinigkeit Gottes entspinnt sich nun eine
lebhafte Disputation. Der Imperator fragt höhnend, wie ein Gott
aus 3 Personen bestehen könne: wenn er einen Apfel in 3 Teile
zerlege, so könne 1 Stück nie den ganzen Apfel ausmachen. G.
ereifert sich ob der Lästerungen des Kaisers. Was den Apfel anbeträfe, so müsse man Farbe, Geruch und Geschmack unterscheiden. Wie keine dieser Eigenschaften von der andern getrennt
werde, wenn man den Apfel zerteile, sondern eben jedem Apfelstücke anhafte, so leide auch die Gottheit nichts unter ihrer Dreipersönlichkeit, und jede Person sei Gott wie die andere. Der
Disput wird immer hitziger. Dyoclecien schimpft auf Christus,
G. auf den Kaiser. Dieser befiehlt schliesslich den Abtrünnigen
samt seiner Truppe mit Ruten zu züchtigen. Da aber die Mini
sich als Heiden bekennen, wird ihnen die Strafe erlassen.

158. G. dagegen wird von den 2 [4 *N*, 3 *E*] Tiranis unter
rohen Scherzen bis auf's Blut gegeisselt. Sie bedauern nur, seine
Qualen nicht durch Anwendung von allerhand Substanzen noch
vermehren zu können:

> Il n'y a gingibre ne coumin
> Poudre ne saulse camelline
> qui t'eust si toust fait la poitrine
> Ne le cueur si bien revenir.

159. Dann wird G. dem Imperator wieder vorgeführt. Die
erneute Aufforderung des Kaisers zu den alten Göttern zurückzukehren, lehnt er mit verächtlichen Worten ab.

160. Wütend übergiebt ihn Dyoclecien seinem Prevoust Plustien
mit der Weisung ihn

> En la magniere plus terrible
> Plus deshonneste et horrible

zu Tode zu martern. Auch das Zureden des Prepositus vermag
G. nicht umzustimmen. Der auf Geheiss Plustiens herbeigeholte
Iudex beginnt ein neues Verhör; wieder entspinnt sich eine theologische Disputation, die damit endigt, dass G. sich des Wortes
begiebt. [Da befiehlt der Iudex, dass G. in's Gefängnis geführt
werde *B*], dass er des ferneren

Soit mis sus ung cheval
Trestout nus et quil soit liés
Et que il ait et mains et piés
Perciyies a bonnes alaynnes
A donc luy retrendront les veynnes
Dedans des piés et de les mains.

161. [Der Prepositus lässt denn auch G. bis zum nächsten Tage ins Gefängnis werfen. Dem Carcerator wird eingeschärft, ihm weder Speise noch Trank zu reichen und keinen zu ihm zu lassen. *B*] Die Clientes eilen zu den Carpentatores und bestellen ein ‚cheval bon et fort'. Desgleichen citieren sie die Lanistae [Tirani *E* u. ff.] ³²).

162. Das von den Charpentiers für ‚dix soubs et demy' angefertigte Holzpferd wird herbeigebracht. Die Milites klopfen den verschlafenen Carcerier aus dem Bette ³³) und führen den Märtyrer vor.

163. Unter groben Witzeleien [auch *B*] verrichten die Tirani ihre grausige Arbeit. Vergebens redet der Prepositus dem Gequälten zu vom Christentume abzulassen. G. lobt in seinen Qualen den höchsten Herrn, für den er noch viel zu wenig leide. Dem Iudex entgegnet er auf dessen Vorstellungen, dass hundertfach verdoppelte Schmerzen ihm nicht den Namen Jesu vom Munde, aus dem Herzen reissen könnten. Ratlos überbringen Prepositus und Iudex ihrem Herrn die Worte des Märtyrers.

164. Auf's neue wird G. vor den Imperator geführt. Abermals entspinnt sich zwischen beiden ein theologisches Wortgefecht von einigen 350 Versen und zwar vornehmlich über die Gottmenschheit Christi. Die gegenseitigen Schimpfreden und Verwünschungen werden immer heftiger, bis schliesslich Dyoclecien befiehlt den Abtrünnigen zu enthaupten.

165. In wohlgesetzter Rede verkündigt der Iudex feierlich das Todesurteil. Der Crida Batarin ruft seine ‚crie' ³⁴), und die beiden Lanistae schleppen G. zum Block. G. fleht zu Gott um Verzeihung seiner Sünden und um einen seligen Tod, den ihm Christus selber vom Himmel aus zusichert. In dem Augenblick,

---

32) Hier ist wieder eine Nacht anzusetzen.

33) Das Gähnen des Carcerators ist im Verse dargestellt: 3175 ‚Oulahan, qui estes vous'?

34) Die ‚crie' scheint in jener Zeit bei allen öffentlichen Veranstaltungen gewissermassen als gesprochene Annonce gebräuchlich gewesen zu sein. Ueber eine versificierte crie, welche in Paris die Aufführung von Simon Grebans ‚Actes des Apôtres' ankündigte, vgl. Julleville a. a. O. I, 364. Bei Jull. heisst es ‚le cry', in unserem Mystère dagegen: fere une crie 3768, fere la crie 3775. Es scheint dies ein stereotyper amtlicher Ausdruck gewesen zu sein.

wo das Haupt des Heiligen fällt, erscheinen in überirdischem Lichtglanze mit Schwertern bewaffnete Engel, um den Heiligen zu bestatten. [Die Henker stürzen zu Boden. *M*] Die übrigen stieben entsetzt auseinander.

166. Der Imperator, den der Prepositus von der seltsamen Erscheinung benachrichtigt, bleibt erst kühl. Doch allmählig wird er unruhig, er ruft zu allen Göttern und Teufeln und gerät schliesslich in völlige Raserei, in der er stirbt.

167. Hocherfreut tragen ihn die Teufel in die Hölle, wo lauter Jubel ob der errungenen Beute herrscht. Von neuem schicken sie sich an auf den Seelenfang auszuziehen. [Belphegor *O*] erzählt, dass er ₂en angleterre' grossen Wirrwarr angerichtet habe. [Mamon hat es besonders auf die ₂luxurieulx moyenes et prestres' abgesehen, *B*], während Lucifer in gewohnter Weise über ihr Ungeschick und ihre Lässigkeit schimpft. Sathan aber tröstet ihn:

> Et pourtant maistre taissés vous
> Car se les aultres ont meffait
> Je feray tant que pour effait
> Nostre perte recouvrerons.

168. Mit einer Ermahnung des Predicators, sich das Gesehene zu Herzen zu nehmen und den Heiligen an seinem Festtage recht eifrig anzurufen, schliesst das Mystère.

169. Es folgen noch 21 Verse, in denen der Autor Gott für die glückliche Vollendung seines Werkes dankt, um Entschuldigung wegen der Fehler und seiner schlechten Schrift bittet und darauf hinweist, dass die Anfangsbuchstaben dieser Epilogverse seinen Namen ergeben.

IV. Die Quelle unseres Mystère.

170. Die erste Kunde von einem heiligen Genisius, oder vielmehr Genesius[35]), geben die alten Martyrologien.

171. Im Französischen ist die Form ₂Genis' die gebräuchlichste[36]). In den 62 nach den Heiligen dieses Namens benannten

---

35) In der gesamten von mir auf den Pariser Bibliotheken eingesehenen lat. Litteratur über St. Genesius findet sich stets die Form ₂Genesius' (ital. ₂Genesio', vgl. Anm. 4).

36) Ich bemerke, dass im folgenden nur von dem in unserem Mystère behandelten St. Genesius, der als Mime unter Diocletian den Martertod starb, die Rede sein kann. An dieser Stelle jedoch, wo es sich lediglich um die Form des Namens handelt, fasse ich sämtliche Heiligen dieses Namens zusammen. Betreffs des St. G. exceptor Arelate, des bekanntesten aller heiligen Genesii, St. G. martyr iuxta castellum Tigernense, St. G. episcopus Claromontensis, St. G. Beorritanus seu Bigoritanum martyr, St. G. monachus et martyr, St. G. Sciarensis verweise ich auf die ausführl. Abhandlungen in den Bollandisten und der Encyclopaedie v. Ersch und Gruber.

frz. Ortschaften [37]) zählt die Form Genis 21, Genix 1, Geniez 7, Geniès 15, Geneys 1, Genès 17 Vertreter. Daneben 1 Geneyst, 14 Genest. Leztere beiden Formen aber gehen auf einen Sanctus Genislus [38]) zurück, der wahrscheinlich später (so auch von Desfontaines und Rotrou) mit St. Genesius identificiert ward. Das Gebiet der Form ‚Genis' erstreckt sich fast über das ganze, vornehmlich aber über das östliche Frankreich. In einem breiten Streifen zieht es sich vom Thal der Rhône und Saône aufwärts nach Lothringen und von da allmählich abnehmend quer durch's Land bis zum Kanal. Ich glaube daher annehmen zu dürfen, dass die Form ‚Genis' die vorherrschende war, und dass in ‚Genisius' eine Rückbildung von derselben in's Lateinische zu suchen ist.

172. Ich übergehe die älteren metrischen und prosaischen Martyrologien, in denen sich hier und da der Name unseres Heiligen findet. Desgl. erwähne ich die Heiligenleben des 16. Jhd. ff., die der Bollandisten, des Mombritius, Caesar Baronius, A. Pagius, Ruinartus, Tillemont etc. nur flüchtig.

173. Die erste ausführliche Beschreibung des Martertodes unseres Heiligen, der sachlich die Fabel unseres Mystère im grossen und ganzen parallel läuft, finde ich im ‚Martyrologium Adonis sive Udonis archiepiscopi Trevirensis'. Dasselbe wurde ‚nunc primum integre editum' von Jacobus Mosander in dessen Sammelwerk ‚De Probatis Sanctorum Historiis', die als VII. Band das umfangreiche Werk des Laurentius Surius ‚De Vitis Sanctorum' ergänzen. Aus den zahlreichen Vorreden geht hervor, dass der Bericht Udos gegen Ausgang des 11. Jhd. zu datieren ist. Nicht unwahrscheinlich dürfte es aber auch sein, dass hier eine — vielleicht beabsichtigte — Verwechselung mit Bischof Ado von Vienne (8. Jhd.) vorliegt. Mag nun auch Mosander keine wesentlichen Aenderungen an dem Texte vorgenommen haben, so glaube ich doch, dass das ‚integre', zumal bei der damaligen Art alle Texte zu verwerten, eher mit ‚vollständig' als mit ‚unangetastet, unverändert' zu übersetzen ist. Die Ausdrücke sind dafür zu gewählt, der Stil ist zu glatt, wie dies besonders ein Vergleich mit dem folgenden Texte deutlich empfinden lässt.

174. Allem Anscheine nach in ziemlich enger Beziehung mit dem Originalberichte Ados steht die ‚Passio Sancti Genesii', die sich als No. 22 der Passiones im ‚Codex membranaceus olim sancti Martialis Lemovicensus' findet. Der Codex, Atlassformat, no. 5365 der mss. latins der Pariser Nationalbibliothek, gehört dem Cataloge

---

37) Dictionnaire des Postes et des Télégraphes, Paris 1885.
38) St. Genest: Genistus, bénédiction à Beaulieu (Limousin) † á Aynac (Lot) XI • a. avr. 30, Ul. Chevalier, Répert. des Sourc. hist. du moy.-âge I, 827.

gemäss der Wende des 12. Jhds. an. Den mit mangelhaften Farben roh gemalten Initialen (die zum Teil herausgeschnitten sind) und der Schrift nach zu schliessen glaube ich aber mit Paul Meyer, der auf meine Bitte die Hs. freundlichst einer genaueren Besichtigung unterzog, das Alter des Codex auf den Anfang des 12. Jhds. ansetzen zu dürfen.

175. Inhaltlich stimmen Mosanders Text und der des Codex ziemlich überein. Aber während Ados Bericht bei Mosander allerdings sehr wohl die Fabel unseres Mystère bietet, correspondieren zahlreiche Wendungen des Codex, besonders im Dialog und in der Rede des Genisius, überraschend genau mit den entsprechenden Stellen in unserem Drama. Der folgende Vergleich der Fassung *A* mit dem Texte des Cod. membr., den ich nach meiner Copie Satz für Satz wiedergebe, wird dies des näheren zeigen.

176. *Temporibus Diocletiani imperatoris fuit in civitate roma homo quidam nomine Genesius.*

A nennt Dyoclecien 35, 46, 58, 1627, 1912, 2109, 3935, 3955, 3961. Rom ist der Schauplatz des Mystère: 334 *dedans ceste vostre cité*, 2235 *dedans la cité de Rome*, 3667 *la cité de Rome*. Ueber Genisius statt Genesius vgl. § 171.

177. *qui ignorans ..... irridebat* [39]).

Diesen Satz spinnt unser Autor zu einer langen Scene zwischen G. und den Christen aus. Die Anklage vor dem Kaiser ist freie Erfindung.

178. *Qui dum cuperet imperatori placere diocletiano per artis sue peritiam....*

Hierauf könnten vielleicht 391 ff. [40]) bezogen werden: G. ist hocherfreut, seinem Herrn durch seine Kunst [41]) gefällig zu sein. Der Streit der Mimi ist unabhängig von der Vorlage.

179. *... scrutare cepit per singulos cristianos secreta misterii divini.*

---

39) Durch Herausschneiden der Initiale ist die Zeile verstümmelt. Der Sinn des Satzes ist jedoch klar. Einzusetzen wäre etwa (dem Raume entsprechend) ... Cristi cristianos ...

40) Der Kürze halber citiere ich die Verse selbst nur da, wo eine Gegenüberstellung der beiden Texte erforderlich erscheint.

41) G. wird auch im Drama als gewerbsmässiger Schauspieler bezeichnet: 3980, genis le myme.

Diese Worte können sich nicht auf die erste Unterredung des
G. mit den Christianis beziehen, denn da verspottet G. den
christlichen Glauben offen und denkt auch an nichts anderes,
wie die Anklage zeigt. Ihnen entsprechen vielmehr 935—1190.
An *scrutare secreta'* klingen 916—17 an: *Mais quil soit sage
et discret*‖ *Et quil me die le secret*‖.
An dieser Stelle ist zwischen dem Gange der Handlung im
Text und dem im Mystère ein erheblicher Unterschied zu con-
statieren. Nach dem lat. Berichte begiebt sich G. zu den Christen,
um — man gestatte den kurzen Ausdruck — zu Bühnen-
zwecken ihre Lehre kennen zu lernen. Er ist bei den Christen
Christ, im übrigen Heide. Diese Zwitterstellung unseres Helden
im Drama consequent durchzuführen ging wohl über die
Kräfte unseres Autors, widersprach auch vielleicht seinen re-
ligiösen Gefühlen. Die Unterredung mit den Cristianis und
dem Predicator ist daher G. sehr ernst gemeint, wie auch
nach dem Monologe 885—934 nicht anders zu erwarten ist.
Von der eigentlichen Aufführung, der Verwertung der gesam-
melten Erfahrungen hören wir im Drama nichts, dagegen
heisst es in einem Scenenvermerk vor 885: *,tunc statim lu-
dant mimi et genisius coram Imperatore et tripudient milites
et scutifferi'*. Diese Vorstellung geht also dem eigentlichen
'*scrutare*', das 935 beginnt, voraus. Dies ist wohl der wesent-
lichste Unterschied zwischen dem Drama und dem lat. Text.

180. *Qui cum universa diligentissime cognovisset perrexit ad
teatrum ingressus*

Vgl. *A* 1253—54

sub ornatorium suum a suis minoribus salutatus consedit.

Den feierlichen Gruss der Mimi geben 1255—62 wieder.

181. *Quibus ait: Scitis quia imperatores nostri exosos habent
cristianos?*

1265—68: *Mes compaignyons Je vous demande*‖ *Voir se l'em-
pereur nostre Sire*‖ *A es cristiens moult grande ire*‖ *qui sont
en l'universal monde*‖.

182. *qui responderunt: Ita omnibus notum est ut qui hec
nesciat inveniri non possit.*

1269—1275, besonders die ersten Verse: *Certes maistre je
vous responde*‖ *Ouoy Et si est vois et fame*‖ *Qu'au monde n'a
homme ne femme*‖ *Qui grant mal de mort ne leur vuyllie*‖.

183. *Dicit eis genesius: Si ergo vultis ut placeamus eis venite et de eorum misteriis proponamus:*

1276—79: *Donques se nous vollons complere ‖ A nostre empereur maintenant ‖ Venés yci incontemant ‖ Et proposons de leur misteres ‖.*

184. *Cumque grato animo consensissent...*

1280—81: *A cecy ne demourons gueyre ‖ Car cecy moult fort nos agree ‖.*

185. *.. docuit eos de universis secretis divinis*

Vgl. A 1282—1327.

186. *quid facerent quid vero decernerent diligenter instruxit.*

Hier weicht das Mystère ab, denn in ihm ist die Aufführung, die G. im lat. Texte erst vorbereitet, schon vorüber. Es ist überhaupt hervorzuheben, dass nach dem Codex die Handlung vor Kaiser und Volk auf der Bühne spielt, dass also die Worte des G. bis zu seiner Taufe nichts als Spott sind. Im Mystère dagegen meint es G. mit allen diesen Worten sehr ernst. Kein Wunder daher, dass die Verse unseres Dramas, die auf die zwei ganz verschiedenen Auffassungen der Situation zurückgehen, in ihrer engen Anlehnung an den lat. Wortlaut des öfteren unklar werden.

187. *Veniente genesii spectaculi die*

kommt für das Drama nicht in Betracht.

188. *sedente imperatore Genesius in hec verba proposuit quod se diceret egrotum esse:*

Vgl. A 1353 ff.

189. *et ideo graciam baptismatis flagitare*

passt in diesem Zusammenhang nicht für unser Mystère.

190. *quare factum est ut iaceret in grabato*

1373: *Je men vais mettre sus la couche.*

191. *et ait ad socios suos: Gravem me sentio levem me fieri volo*

1375—80: *Allés compaignyons je suis grave ‖ Et se me sens bien fort pesant ‖ Se je puis je veux fere tant ‖ Que je me puisse allegier ‖ Et vous me ferés bien legier ‖ Se vous voullés a ceste yssue ‖*

192. *At illi responderunt: Quomodo te levem facimus si gravis es? Numquid fabri et ad runcinam (?) te mittentes levare possumus?*

Dies geben 1381—90 weniger genau wieder.

193. *(hec et his similia dicentes risum populo cum fecissent) genesius visitatus ait: Vesani, Cristianus desidero mori.*

1391—1400, ich citiere davon: *Folles gens vous estes bien nices* || — *Que je desire moult forment* || — *Que veux vivre et mourir* || *Crestien.*

194. *Cui college dixerunt: Quare? Genesius respondit: Ut in ulla die velut fugitivus a domino inveniar.*

1401—22, besonders: *Je ne scay commant tu es tel* || *Ne pourquoy tu veux cela fere* ||. — *Et que tant comme fugitifs* || *Envers dieu puisse estre trouvé* ||.

195. *(hec diocletianus imperator audiens risum tenere non potuit). Tunc sicut ordinatum fuerat exorcistam intrare et presbiterum*

Vgl. A 1433—52.

196. *Qui statim ut ingressi sunt sedentes iuxta lectum cius dixerunt: Quid ad nos misisti, filiole?*

1486—91, besonders: *Dieux vous benye beaux filliet* || — *Pourquoy vous avés envoyé* || *A nous que nous venissons cy* ||.

197. *quibus genesius non simulatus iam effectus sed ex corde respondit: Quoniam consequi graciam cupio ut renasci me sentiens liberer a ruina iniquitatum mearum*

1492—1515, ich hebe hervor: *Que j'ay conceu et pris la grace* || — *Maintenant je voulroe renaistre* || *Affin que je soy liberé* || *Et de tout en tout delivré* || *Du grant tourmant et de la ruyne* || *d'ou en enffer font si grant bruyne* || *Car par les grans iniquités* || etc.

198. *(Fit clamor populi) currunt cursores ferentes ei munera ab imperatore transmissa.*

Dieses Motiv der Beschenkung durch den Kaiser giebt unser Autor ebenfalls, aber nicht ohne einige Umdeutung: Die Geschenke sind keine Belohnung für gutes Spiel, sondern ein Lockmittel, das G. von seiner Bekehrung abhalten soll. 1544 ff.

199. *Et cum omnia circa eum sacramentorum secreta complessent indutus est vestibus albis.*

1688—1745, ich citiere nur: *Tu viteras par bonne guyse* || *Cest habit cy qui est tout blanc* ||.

200. *et sedere cepit sedens in terra et dulceamina (?) et cereos erogare.*

1834 ff. und der Bühnenvermerk zu 1845 ff.: *Hic veniat ad pauperes cum pane et aliis bonis.*

201. *Ecce autem repente dum erogat venerunt milites*

Vgl. A 2188 ff.

202. *qui iubente imperatore*

Vgl. A 2180—81.

203. *tenentes eum ad iudicem ducunt*:

2223: *Menons le au juge pour juger.*

204. *Qui cum ad falsam passionem fuisset adductus* [42]) *ad veram ponit confessionem. Tunc in albis vestibus vadit ad locum ipsum ubi spectabat imperator*

Dem entspricht die Vorführung vor den Kaiser 2274—75.

205. *Et ascendit in locum ubi fuerat statua veneris.*

Die statua veneris ist bei unserm Dichter im ausgiebigsten Maasse benutzt. Merkwürdigerweise ist Venus bei ihm ein dieu: *nostre dieu venus* 176, 357, 363, 2846, 3446; *mon dieu venus* 301, 3917; *dieu venus nostre sire* 3401; *mon treschier sire dieu venus* 3723; *adorer venus* 3453. Wahrscheinlich kannte unser Autor die Göttin nicht, und der Genetiv gab ihm keinen Aufschluss über das Genus. Dass es eine statua ist, betont er ausdrücklich: er redet stets vom ‚Ydolum', Bl. 3 f., Bl. 38. ‚In den Versen: *Et sachés que je suis a tant* || *Que ne puis aller ne courir*' lässt er das Ydolum selbst über diese Form seines Daseins seinen Kummer ausdrücken.

---

42) Im folgenden (bis ‚Tanto autem hodio') ist der Text des Cod. membr. durch Herausschneiden der Initiale verstümmelt. Ich ergänze ihn durch die correspondierende Stelle des Mombritius ‚Sanctuarium' von 1479, der unserem Text bezüglich des Wortlauts von allen Berichten am nächsten steht. Die Form ‚veneris' ist auch für den Text des Codex gesichert, indem sie gerade auf dem schmalen Streifen steht, der nach dem Herausheben der Initiale zurückblieb.

206. *ita concionatus est: Audi imperator*
2282: *Empereur vueilliés escouter.*

207. *et audite omnis exercitus eius sapientes et omnes populi huius urbis qui sani estis.*
2283: *Et vous trestous qui estes sage.*

208. *Ego quotiescumque mihi cristianum vel nominatum audivi exsorrui.*

2288—93: *Toutesfois qu'il m'est advenu ‖ D'oyr nommer le nom crestien ‖ Je estoy vous le scavés bien ‖ Deceveus pour tresgrant erreur ‖ Et si avoy haynne et dolleur ‖ Quant des crestiens parler veoy ‖.* (Die Anlehnung an den Cod. membr. muss noch enger gewesen sein, denn in einer der verstümmelten Zeilen lese ich.. *ducebar errore,* woran 2291 anklingt.)

209. *et inter poenas in eadem confessione permanentibus insultavi*

entbehrt der Wiedergabe.

210. *Tanto*[43]) *autem hodio nomen istud exorrui ut etiam parentes meos et affines hac de causa desererem. Et malui peregrinationis onus et egestates assumere quam in patriam propriam inter parentes cristianos aliqua ratione durare.*

Zu dieser Stelle fehlt jegliche Beziehung im Mystère. Sollte der Autor vielleicht nicht Gründe gehabt haben, sie zu unterdrücken? Die Bekehrung ist minder wunderbar und überraschend plötzlich, wenn G. schon in seinen Jugendjahren mit Christen in Beziehung stand. Und warum brauchte G. erst die ‚misteria' der Christen zu ‚scrutare', wenn er bei christlichen Eltern, in christlicher Umgebung gelebt hatte, die er doch naturgemäss erst in gereifterem Alter verlassen haben konnte!

211. *Denique huius causa hodii volui scrutare secreta et abdita non ut crederem sed ut de his misteriis risum populo exhiberem.*

2295—2302, besonders: *Pour la cause de celle hayne ‖ Ay vouleu c'est chouse certaynne ‖ Leur sogrès moult fort enserchier ‖.*

---

43) Hier setzt der Text des Cod. membr. wieder ein.

212. *Mox autem ut me nudum in conspectu vestro aqua illa perfudit*

2303—05: *Pourquoy encontinant que feus ‖ Devant eulx lavés trestout nus ‖ de l'eaue que vehu avés ‖.*

213. *et interrogatus credere me ad interrogata respondi*

2307—10: *Affin que se enterrogué feusse ‖ Que seuremant croyre je deusse ‖ Et aulx chouses interrogue[e]s ‖ Respondisse raysons prouve[e]s ‖.* Die Construction ist zwar eine andere, aber die Worte sind genau die entsprechenden.

214. *vidi super me manum de celo venientem et dei angelos flammeo radiantes aspectu iuxta me stantes qui universa facinora mea que in iuventate commisi scripta recitantes de libro dixerunt mihi*

2311—19: *En après j'ay vehu de certain ‖ Dessus moy venir une main ‖ Dessendant du cyel en luanges ‖ Et si ay vehu venir les anges ‖ Rayans de flandeurs par regart ‖ Qui estoint de chescunne part ‖ De moy a haulte voix lisans ‖ En ung livre en recitans ‖ Tous mes pechiés par tel magniere ‖.*

215. *Aqua delet ista omnia que te fecisse cognovisti*

2320—25: *Genis t'as fait bonne priere ‖ Car cesteeaue t'a lavé ‖ Tous tes pechiés et anullés ‖ Que tu cognois par cognoissance ‖ Toy avoir fait de ton enffance ‖ Ainsi que se fait ne les eusses ‖.*

216. *Cumque ego aqua babtismatis fuissem perfusus simul etiam liber ille perfusus candidior nive effectus est: ita ut non etiam signum scripture pertineret demonstrare*

2327—30: *Par l'eaue du batiesmant ‖ Ce livre aussi pareillimant ‖ Feust si tresblanc et si tresnet ‖ Que s'il n'y eust oncques si net ‖ Ne demonstra non d'escripture ‖ Et feut fait plus blanc sans laydure ‖ Que la nyege cent mille fois ‖.*

217. *Tunc dixerunt mihi angeli: Scias te ab omni peccato mundatum. Age nunc ut gratiam quam accepisti conserves. Tanta enim est virtus misteriorum dei ut ludibriis subiacere non possit.*

2334—42: *Adonc les anges a grant vois ‖ Moy disrent sachés de certain ‖ Da par dieu le hault soverain ‖ Que tu es tout purifiés ‖ Et de tout pechié netïés ‖ Fay maintenant par tel maniere ‖ Que tu ne perdes en derriere ‖ La grace que tu as acquise ‖ Mais lagarde tres bien tandis ‖.* In 2346 ist, allerdings in etwas anderem Zusammenhange, ‚subiacere' untergebracht.

218. *Quid ergo faciam ipsi iudicate*

2347—48: *Empereur que feray je doncques ‖ Jugés en vous mesmes.*

219. *Dum vobis terrenis imperatoribus placere cuperem celesto regi complacui. Et cum omnibus risum extorquere studui angelis gaudium feci.*

2350—58: *Quar j'ay vehu par experience ‖ Que quant je n'ay voleu complaire ‖ A vostre voloir ne rien faire ‖ Destruses (?) ce que avés fait ‖ J'ay au roy du ciel bien complait ‖ En après j'ay fait tresgrant jouye ‖ Es angels quant je ne voloye ‖ Que les hommes ne rissent riens ‖ De les chouses que ....*

220. *Ex hac itaque hora vos domini imperatores et vos populi universi sicut mecum increduli de his sanctis misteriis risistis per ignorantiam ita mecum credentes ab irrisione cessate*

2362—74: *Pour ce vous prie en requirans ‖ A vous nostre sire empereur ‖ Et aussi a vous mes seigneurs ‖ Du peuple qui estes incredule ‖ Et aussi vous tenés a nulles ‖ Des bons crestiens les bonnes euvres ‖ Et certes vous estes bien pouvres ‖ De sen et si avés grant tort ‖ De ce que vous riés si fort ‖ Par ces misteres a oultrance ‖ Mais c'estoit par grant ignorance ‖ Pour quoy avecques moy creans ‖ Vous vueilliés estre confessans.*

221. *indicante me vobis quod apertum viderim celum nec non et manum de celo super me positam hora qua perfundebar et visos anglos et peccata universa deleta et lumen e celo et anglorum monita et dei gloriam meo corde expressam*

2378—90: *Mais a vous pour ce demonstrant ‖ don ce que j'ay vehu en apert ‖ Car j'ay vehu le ciel tout ouvert ‖ Et la main du ciel sus moy mise ‖ Par grace que dieu m'a tramise ‖ A l'eure que je feus lavés ‖ Et ay vehu les anges levés ‖ Dessus moy et tous mes pechiés ‖ De tout lavés et effaciés ‖ Et si ay puis vehu la lumyere ‖ Du ciel et des anges la chiere ‖ Et la gloere de Dieu celeste ‖ Devant mes yeulx expresse estre ‖.*

222. *per quam didici verum deum esse dominum jhesum cristum. hunc esse lumen hunc esse veritatem hunc esse pietatem et salutem omnium qui eius misterio fuerint ut consequuti*

2391—96: *Par la quelle j'ay bien apris ‖ A cognoistre ce m'est advis ‖ De jhesus crist la verité ‖ Vray dieu clarté et lumyere ‖ Pitié et salu de trestous ‖ Qui a sa grace auront recors ‖.*

223. *Qua propter deprecor et exhortor atque obsecro ut amore salutis vestre dediti credatis dominum ihesum cristum hunc esse verum deum.*

2399—403, 2405: *Pourquoy a trestous je vous prie || Humblemant de cueur et supplie || Que chescun de vous soit solu || Et ensegant pour son salu || Et ainsi tres parfaittemant || En jhesus estre propremant ||.*

224. *Quod probare non potestis nisi vos unda illa perfuderit quam pater et filius et spiritus sanctus nominis sui invocatione consecraverit*

2408—15: *... ceste chouse ne porrois || Jamais prouver se vous n'estois ||. Lavés et neist. Je vous affie || De celle unde que vous dye || La quelle le pere et le filz || Et le benoït saint esperit || Ung vray dieu seul en trinité || Ordonna ...*

225. *Tunc diocletianus nimio furore accensus*

2417—18: *Tu as mainti maulvaisemant || Traistre ribault plain de malice ||.*

226. *iussit ante se adduci omnes qui cum eo lusos meditati fuerant et virgis fortiter cedi existimans eos similiter credere.*

2600, 2602—15: *Prennés le moy incontenant || Ce faulx garson veés le cy || Et tous ses compaignyons aussi || Car je crois qu'il sont de su bande || Et gardés bien que chescun tende || A ly fere tresgrant martire || Car je voy qu'ung chescun d'eux tire || A laisser nostre bonne loy || Et tendent a la faulce foy || De jhesus crist ce faulx palliart || Je veux avant qu'il soit plus tart || Qu'il soint despouliés tous nus || Et qu'il soint tresbien batus || Et destrachiés par tel maniere || Qu'il n'y demore pel entiere ||.*

227. *Tunc illi ceperunt blasphemare nomen sanctum cum exprobratione dicentes: Nos aliter meditati sumus; iste autem insanus effectus dimisit leticiam pietatis vostre et totius populi; et planctum sibi cristianitatis assumpsit. Ac per hoc quod solus fecit solus expiatur*

2628—84, besonders: *Car ce faulx jhesus deputaire || Je renye tout de present || — Et s'est voleu habandonner || A pleurs et a doloyreus plains || Des cristiens ... — Et pour ce que ce dollereux || Tout seul il a fait le pechié || Il en doit bien estre empechié || Tout seul et en porter la charge ||.*

228. *Tunc imperator furere ac sevire cepit in genesium ut si non prohiberetur orrore sanguinem eius biberet.*

2560—83, ich citiere nur: *De ton sang il me fauldra boyre,| Garson maulvais sanglant ribault ||*.

229. *In conspectu igitur populi fecit fustibus eum cedi iracundie sue satisfaciens*

Vgl. A 2689—2752

230. *Altera vero die iussit eum a plusiano prefecto suo ad sacrificium cogi et tamdiu tormentis affici quamdiu ad eius pervenire posset consensum.*

Unser Autor rückt alles auf einen Tag zusammen, erst *B* führt 2 Tage ein (s. § 74). 2753—69, besonders: *Haro mon prevoust plustien || Avés vous ouy ce truant || Oustés le moy d'yci devant || Et le faittes sacriffier || Et a nostre loy relier || Par force ou a le boutter || Et le pansés de tormanter ||* etc.

231. *Qui cum positus esset in eculeo*

3221 ff., besonders: *Vous le mettrés sus ce cheval ||— Premier soit mis sus ung cheval ||*.

232. *et plusianus ei diceret: insane et miserrime sacrifica diis ut et ad animum nostrum possis iterum et ad graciam revocari dominorum*

3285—96, ich hebe hervor: *Ignorant meschant miserable || Sacriffie a nostres dieux ||— Affin que a nostre corage || Puisses oncores retorner || Et la grant grace recouvrer || De nostre sire l'empereur ||*.

233. *genesius dixit: Ad istorum dominorum amorem redeunt qui dominum iustorum ignorant*

Vgl. A 3296—3302.

234. *verum enim ille rex est quem ego celum petentem vidi*

Vgl. A 3305—9.

235. *qui mihi dignatus est ostendere misericordiam suam*

3310—11: *Et qui par sa benignité || M'a monstré sa misericorde ||*

4

236. *et me indignum*

3313—14: *Car je estoy ung grant bourdeur* || *Ung incredule et moqueur* ||

237. *ex irrisione in suis misteriis illuminare ut qui cecus eram verum lumen aspicerem et eius agnoscerem claritatem*

1318—24: *Et sy ma fait illuminer* || *De sa grace et mis en voye* || *Car par avant avuegle estoye* | *Et affin de ce que je visse* || *La vray lumyere et que je fisse* || *Ainsi comme ma devisé* || *Et que cogneusse verité* ||.

238. *Unde me miserum lugeo quoniam vobiscum ante erravi quod crimine mihi reputabo universa supplicia quoniam satis tardius ad verum regem adorandum accessi*

3326—43, besonders: *Et pour ce oure je me plaing* || *Car avec vous par cy devant* || *Ie avoy mespris bien souvant* || etc. — *Et a moy je reputeray* || *Tous les tourmans que tu me fais* || *Car puisque je me suis meffais* || *Envers dieu scelon qu'il m'apart* || *Ie y suis bien venu trop tart* || *Pour l'ourer comme vray roy.*

239. *Dicit ei plusianus: Quis iste rex est preter regem nostrum*

3344—45: *Ribault truant que dis tu quoy* || *Est il aultre roi que le nostre* ||.

240. *Genesius respondit: Rex iste homo est. Rex autem quem ego adoro deus est. Et iste rex per incerta spacia terre imperat et intra certa tempora finem accipiet: cristus autem rex gloriosus semper vivit et regnat in secula seculorum*

3346—73, besonders: *Prevoust je toy dis que le vostre* || *Est homme mortel et pecheur* || — *Mais le roy que je dis sans faillie* || *Lequel je aoure de present* || *C'est le vray dieu trestout puissant* || *Qui n'a comancemant ne fin* || — *Mais vostre roy sans point de fable* || *Prenra fin dedans certain temps* || *Jhesus crist est roy tous puissant* || *Et sera glorieulx toudix* || *En la gloyre de paradix* || *Lequel regne tous jours et vist* ||.

241. *Igitur cumdiu in eculeo suspensus ungulis attrectatus lampadibus inflammatus*

2995—98, ferner: *Puis après que vous luy perciés* || *Les ongles des mains et des piés* ||·
Der ‚lampades' geschieht nirgends Erwähnung.

242. *in confessione sancta persisteret, hec dicebat iudici: Si centuplicaveris circa me ista tormenta cristum mihi de ore cristum mihi de corde tollere non poteris.*

3380—89, namentlich: *Juge je te dis tout en somme* || *Que se cent fois tu me doublois* || *Tous ces tormans et les mettois* || *Tout autour de moy a la touche* || *Que le roy jhesus de ma bouche* || *Ne de mon cueur tu n'ousteras* ||.

243. *hec omnia diocletiano imperatori ad palatium relegenda portavit*

Vgl. A 3390—3417.

244. *Que cum lecta fuissent*

erweitert und ersetzt unser Autor durch eine zweite Disputation zwischen dem Imperator und G.

245. *iussit eum diocletianus occidi*

3766: *Faittes luy moy copper son chiefz.*

246. *Qui cum sententiam cum omni gaudio consecutus esset*

Vgl. A 3853—54.

247. *Sanctus genesius capite truncatus est.*

Bühnenvermerk zu 3892: *hic scindant sibi caput.*

248. *Complevit autem martirium suum in bona confessione sanctus genesius*

Sterbegebet 3851—77.

249. *sub die VIII. K. Septembris sub diocletiano imperatore regnante domino nostro ihesu cristo.*

Explicit Passio Sancti Genesii Martiris.

250. Der vorstehende Vergleich lässt erkennen, dass unser Mystère in engster Beziehung zu dem lat. Texte steht. Nicht nur alle Motive des lat. Berichtes sind in unserem Drama zur Verwendung gelangt, sondern selbst zahlreiche Worte und Wendungen finden sich an der correspondierenden Stelle in frz. Uebertragung wieder. Es ist daher sehr wahrscheinlich, dass der Dichter der Vorlage von *A*, Dompnus Johannes Oudini, nach einem lat. Berichte in der Fassung des Codex membranaceus gearbeitet hat.

Vorbemerkung.

Bei der Wiedergabe des Textes wurde versucht innerhalb der angemessenen Grenzen möglichst grosse Verständlichkeit zu erzielen. Daher wurden die Unterscheidungsmittel der heutigen Schriftsprache, Accent, Trema und Apostroph angewendet. Eine consequente Durchführung der Interpunktion musste an dem Durcheinander der zahlreichen eingefügten und weggestrichenen Sätze und Wörter scheitern. Es wurde daher von der Verwendung derselben Abstand genommen. Über Einzelheiten berichten die dem Text folgenden Anmerkungen. Ein * im Text bezeichnet die Stelle als Gegenstand einer dieser Anmerkungen. Der Einheitlichkeit halber wurden die grossen Buchstaben aus dem Inneren der Verse verbannt und nur die Anfangsbuchstaben, gleichviel ob entsprechend der Hs. oder nicht, als Majuskeln wiedergegeben. Im übrigen wurde an dem Texte nichts geändert: kritische Betrachtungen, Besserungsvorschläge — nur bei *A* (§ 39 ff., § 102, § 123 ff.) — kommen in gedrängter Form erst in den Anmerkungen zur Sprache. Die im Texte angebrachten Klammern beziehen sich nur auf die von den Interpolatoren herrührenden Änderungen. Eckige Klammern in Fettdruck, die bei einem grösseren Verskomplex durch einen ununterbrochenen Strich verbunden sind, bezeichnen die Verse als eingeschaltete, runde Klammern — bei grossen Stellen punktierte Linien — als weggestrichene. Die Noten am Fusse jeder Seite berichten über den jeweiligen Urheber der Änderung. Sie sind im Hinblick auf die voraufgehenden Untersuchungen sehr knapp gehalten und fussen auf den in *b. Thätigkeit des Copisten und der Correctoren*, § 39 ff., gegebenen Auseinandersetzungen.

Ihesus

Adsit principio Sancta maria meo
Ne laborem in vanum Genisi sancte porrige manum
Cy en après s'en suyt l'ystoyre et la vie du
glorieux corps saint genis a x l m personnages
comme cy après vous trouverés.

Nuncius

Or faittes pais vous aultres tous
Que pais joye lyesse et bon jours
3 Soit donné a trestous vous*
Sainte bonne vie et grace
Et de bien vivre a tous espace
6 Vous donne dieu tout maintenant
Je vous supplie de presant
Qu'il vous plaise de nous entendre
9 Et* porrés yci bien prendre
Bon exemplaire et notter
En ce la que vous veux compter
12 Escoutés tous par devocion
Et y mettés vostre intencion
Commant saint genis a vescu
15 En ce monde s'est maintenu
Sa male vie et puis la bonne
Comme cy après soy ordonne
18 Comant* il feust premierement
Vers dieu incredule et mescreant
Mais il feust puis tout propremant [1b
21 Pour vray* introducion
Des crestiens* parmehu a devocion
Et puis après par le voloir
24 Y enstigacion* d'ung religieux
Qui luy va tresbien declarer
La foy crestienne et* monstrer
27 Par la inspiracion divine*
A dieu se volyst retourner
Et briefmant se fist batier
30 Et feust bon crestien et parfait
Et puis s'en va tout en effet
Ses biens es pouvres dispargir
33 Puis après changa son abit
En signe de parfait crestien
Mais l'empereur dyoclecien
36 Qu'il avoit longuemant servy
Feust de son fait bien esbay
Et le fist prendre et lyer
39 Puis après les mains et les piés
Perser d'aleynnes bien poentues

Mais pour riens saint genis le sage
42 Ne voulist oncques fere homage
Es ydoles ne sacrifier
Ne pour nulle chouse obeïr
45 A l'empereur ne consentir
Et dyoclecien feust plain d'ire
Et luy donna plus grant martire [3a
48 Il le fist batre eygremant
De grosses verges jusqu'au sang
Puytes(?)* après par grant moleste
51 Du martir fist ouster la teste
Par la sentence de son juge
Lequel ne fist point comme sage
54 Quant il ne voulist recognoistre
Dieu le hault createur celeste
Mais le juga maulvaisemant
57 Et le fist comme mescreant
Puys l'empereur dyoclecien
Morust pouvremant comme ung chien
60 Son ame ala a tous les dyables
Pour ce mes bonnes gens devotes
Prennés* exemple et notes
63 En excusant toutes nous faultes
[Que . . . . aultes]*
Pour honneur du roy tout puissant
66 [Dont le premier comancet vitemant]
[Vide post versum folium vitemant] 2a

Lucifer

Diables d'enfer venés a moy
Je vous assure par maffoy
69 Se deligence ne prenés
Et aultre chemin ne tenés
Que nous perdrons beaucob de gens
72 Nobles gentils et villains
Homes femes grans et menus
Puisque le temps est venu
75 Besoignier fault sans plus tarder
Sathan il te faut aler
Et a toy beruth et astaroth
78 Gardés et ne demorés trob

```
     Vesités moy tout le monde
     L'un pour l'autre nesse esconde
 81  Royaines duchaines bas et hault
     Aller ensanble ne vous fault
     L'un pour devant et l'aultre pour
                               derriere
 84  Pour mieulx trouver la maniere
     Se aulcun porrés atraper
                Sathan
     Sire il ne vous en fault dobter
 87  A tout mal fere jessuis octeur
     Et mestre de toute finesse
     An lue de bien je met tristesse
 90  La ou est pais je met guerre
     Et les riches je deserete
     Et encour plus en verité
 93  Tout ceulx qui sont en bone vie
     A mon povoir je les devie
     Et si les fais dessandre a bas
 96  Et m'avance plus que de pas
     Por revenir a vous parler
                Lucifer
     Allés vous troes sans demourer
 99  Ou de moy vous serés maudis
            Primus pauper        [2 b
     Et que ferons nous mes amis
     A quant de moy je murs de faim
102  Par maffoy jay le cueur si vain
     Que je ne puis plus cheminier
            Secundus pauper
     Je me desinne de ballier
105  Par maffoy jessuis bien debille
     Je croy qu'en tote cele ville
     Nul ne nous voudra rien doner
            Tercius pauper
108  Entendés que vous vuil conter
     Jessuis boeteulx et contreffais
     Et si n'est pas par mes meffais
111  J'amasse mieulx ma feme morte
     Que mener la tant alla corde
     Et si le die a bon essiant
            Mullier pauper
114  Las que feray je bones gens
     Vous voiés que je n'y voy guote
     Et puis fault que tous jors je porte
117  Cest anfant qui me rout le bras
     Que feray je hellas hellas
     Bones gens faetes nous du bien
            Quintus pauper juvenis
120  Et moy je ne trovay y rien
     Et si suis pouvre anfant orphnie
     Je vous prie que quelqu'un me done
123  L'auxmone pour l'amor de dieu
            Primus pauper
     Nous ne gaignions rien in cellue
     venés vous en avecque moy

                Genisius
            ad Ydolum loquens
126  Mon dieu en qui je croy*
     De bon cueur je me rens a toy
     Et te veux amer et servir
129  Helas comme peus tu souffrir
     Ces faulx cristiens plains d'ignorance
     Car certes t'as bien la puissance
132  De t'en vanger s'il te playsoit
     Or t'en vange comme qu'il soit
     Et les fais venir a grant honte [3 b
135  Car de toy il ne tiennent compte
     Ne plus que d'une beste mue
     Et si te font tousiours la mue
138  Et* moquent en toutes guise
     Puis il font aultre sacrifice
     Et appellent dieu jhesu crist
141  Et dient qu'il on en escript
     La loy qu'il doyvent maintenir
     Pour quoy je ne me peus tenir
144  Que je n'en parle aulcunnemant
     Car l'on peut croire seuremant
     Qu'il sont bien foulx et pis que bestes
147  De mettre ce fait en leur testes
     Que jhesu crist soit tout puissant
     Et qu'il soit dieu c'est peu de sens
150  A eulx de croire tel simplesse
     Pour ce te prie que t'adresce
     De leur fere quelque damnage
153  Affin qu'il ayent bon corage
     De toy amer sans fiction
     Car c'est tresgrant abusion
156  De croire en tel faulce maniere
     Pour quoy je te prie et requiere
     Que tu leur monstre leur erreur
            Ydolum ad genisium
159  Genis genis tien tout seur*
     Que t'es a nous bien agreable
     Car tous jours as esté feable
162  Envers nous sans toy riens meffere
     Mes vengance ne porroy fere [4 a
     De ces maulvais cristiens mauldis
165  Car il ont de si grans amys
     Que je ne leur puis rien offendre
     Va t'en et leur yrus deffendre
168  Qu'il ne croint* dieu forsque moy
     E que je leur mande par toy
     Qu'il facent mon commandemant
            Genisius ad Ydolum
171  Je m'en vois donc activemant
     Et leur monstreray leur follie
            loquatur ad Cristianos
     Venés sa gens plains de desordre
174  D'où vous vient ceste oultrecuidance
     Que non faittes obeyssance
```

Du tout a nostre dieu venus
177 Sachés que suis yci venux
D'a par ly et je vous demande
D'où ce vient ne qui vous commande
180 A tenir ceste faulce loy
    Primus cristianus
Sire se vous savoés la foy
De jhesu crist que nous tenons
183 Et le bien que nous attendons
D'avoir a l'eure de la mort
Vous dirés* que vous avés tort
186 De nous ainsi forment blamer
    Genisius ad cristianos   [4 b
Or sa je vous veux demander
De vostre foy que vous tenés
189 De jhesu crist que vous creés
Est ce ung homme ou une beste
Je vous prie a ma requeste
192 Que vous me dittes sa nature
    Secundus cristianus
Se je savoy a l'aventure
Que vous vous puisses convertir
195 Je vous diray sans point mantir
De jhesu crist sa sainte vie
Mais vous n'avés pas grant envye
198 De ly ne de point de ses euvres
    Genisius
Je te prie que tu me trouves
Rayson pour quoy je le doy croire
201 Et se tu me peus fere a croyre
Qu'il soit dieu je croiray en ly
Mais je croy que ce feust celly
204 Que les juifs myrent en la crois
Et je croy bien que touteffois
S'il feust dieu qu'il s'en feust gardés
207 Et pour ce bestes regardés
Qu'il n'a puissance ne povoir
    Primus cristianus ad Genisium
Sire je te fais a savoir
210 Qu'il feust crucifié sans faillie
Et gaignya pour nous la bataillie
Contre le dyable lucifer
213 Et puis alla rompre enffer
Après sa resurrection
Et pour celle occasion   [5 a
216 Seront les bons crestiens sauvés
Et les faulx mescreans dampnés
En enffert pardurablement
219 Mais se tu veux tout seullement
En jhesu crist mettre t'entente
Je te certiffie et me vante
222 Que tu possediras sa gloire
Mais il te fault avoir memoyre
De sa benoitte passion
225 Et tu prendras possession

Du royalme de paradis
La où les bons yront tout dix
228 Sans avoir tristesse ne dueil
Mais il te fault laisser orgeuyl
Et les vanités de ce monde
231 Auquel toute malice habunde
Et tu feras comme bon homme
Et si toy dis a briefve somme
234 Sans toy fere tant de parolles
Qu'il te fault laisser ces ydolles
Que tu as long temps adoré
237 Car ce sont dyables qu'on tempté
A tous temps pliseurs creatures
Qui croyent en tels* ordures
240 Pourquoy mon amy je toy prie
Qu'en ces ydolles ne croy mye
Car ce sont dyables par mon ame
    Genisius ad plebem
243 Haro haro alarme alarme
J'ay maintenant le sens perdu
Et por quoy a tant atendu   [5 b
246 L'empereur de vous fere ardre
Je vous fais a tous a savoir
Que vous morrés sans plus attandre
249 Male mort vous peusse tous prandre
Comant avés vous tel corage
De dire si tresgrant oultrage
252 De nous dieux qui sont tous puissans
Il apart bien que vostre sans
Par mon seryment est bien nyce
255 Je ne scay comant fere puisse
Venir vostre corps a martire
    Secundus cristianus
Amy entent que te vueil dire
258 Tu as ton corps et tous tes membres
Je te prie que tu* t'en remambres
Qui tu es ne d'où t'es venu
261 Et qui t'a tousiours maintenu
En l'estat où tu as esté
Et qui a fait l'yvert et esté*
264 Et qui a fait fructiffier
La terre et ediffier
Ton corps et creature humaine
267 Et qui a fait l'ame mondaine
Ne qui fait vivre et mourir
Car nul ne se peust sousternir
270 De mort que grant maistre qu'il soit
Qu'y ne faillie seul qu'i passoit
De vie a mort c'est tout certain
273 Je te demande se demain
Morir te failloit sans doubtance
Se tes dieux ont tant de puissance
276 Qu'il te puissent de mort garder   [6 a
Puis après te vueil demander
Quant t'arme du corps partira
279 Sces tu quel voye le* tiendra

Je te dis tout pour verité
Que se tu as amerité
282 La gloyre tu seras sauvés
Et aussi seras tu dampnés
Se tu meurs en pechié mortel
285 Et commant peux tu estre tel
Que tu ne recognois ton dieu
Qui t'a fait de rien et ton lieu
288 En son royalme* t'a pareillié
Tu deusses avoir grant merveyllie
De tant adourer le dyable
291 C'est chouse qu'est bien detestable
D'adorer ce qui riens ne vault
Tes dieux n'ont jamais froit ne chault
294 Et si n'ont point de mouvemant
Mais je te dix certaynnemant
Que les dyables parlent par eulx.

Genisius ad plebem
297 Haro escoutés les baveux
Coumant il se moquent de nous
Par ma teste vous serés tous
300 Decollés avant qu'il soit nuyt
Per mon dieu venus tu m'as nuyt
Plus que homme que jamais visse
303 Cuydes tu que je soy si nyce
De croire en ton dieu jhesu
Je te promet que ja pandu
306 N'eust esté s'il ne feust larron
Je le renoy et tout son nom [6 b
Et dis que mauldit puisse il estre
309 Car c'est ung truant de maulvais estre
Qui ne sert que d'enchantemant
Je vous promet certaynnemant
312 Que vous en aurés mal meschié
Et pareterés le pechié
Des oultrages que m'avés dit
315 Car nul mais ne me respondit
Si malgracieuse parolle
J'en ay toute la teste folle
318 Dire le vois a l'empereur

vadat ad Imperatorem et dicat ei
Ha mon tres redoubté seigneur
Nous sommes perdus je le cuyde
321 Je croy se n'y mettés remède
Que nous et vous serons gatés

Imperator
Genis doulx amis escoutés
324 Je vous prie n'en faittes noyse
Dittes moy seul comant qu'il voyse
Se vous avés aulcune chouse

Genisius
327 Mon seigneur a paynne que je ouse
Dire vous ce que j'ay vehu
Car je suis si treffort esmeu
330 Qu'a peu que dire le porray

Mais non pourtant je le diray
Mon seigneur sachés tout pour voir
333 Qu'il a de crestiens a povoir
Dedans ceste vostre cité
Et saches qu'il y ont esté
336 Long temps sans se fere cognoistre [7a
Et ne veulent point recognoistre
Nostre dieu en nulle maniere
339 Mais s'en moquent bien par derriere
Et dient qu'il sont dyables vraymant
Et puis se vous savyés comant
342 Les faulx crestiens les tiennent vils
Il n'y auroit fillie ne filz
Que vous ne fissés escourchier

Imperator
345 Ne te vueilliés point corrocier
Genis car bien m'en vengeray
Et saches que je les feray
345 Morir d'une mort tres honteuse
Ce sera de la plus hydeuse
De quoy me peusse adviser
351 Puisque je y devroe muser
Ung jour au* deux hardiemant trois
Je te certiffie touteffois
354 Qu'il lu comparront cheremant
Car femme ne home vraymant
N'echappera que mort ne preignye

Genisius
357 Nostre dieu venus vous mainteyne
Sire empereur plain de noblesse
Vous aurés honneur et richesse
360 Car vous maintennés bien rayson
Or faittes mourir a foyson
Des crestiens qui* sont tant
363 Que nostre dieu venus n'atant
Si non vostre vengance dure
Comant sont il si plain d'ordure [7 b
366 Qu'il vueilliant nous dieux blaffemer
Et encor vueillent affirmer
Qu'il sont dyables a toutes mains*

Imperator
369 Je te jure a ces deux mains
Que avant qu'il soint trois jours d'uy
Je leur donray tant de ennuy
372 Qu'a bon droit se repinteront
Et voluntier sacrifferont
A nous dieux qu'il prisent si peu
375 Car je feray fere ung feu
Que puisqu'il* y seroint xxx ans
Il n'y aura nul* tant soit austille
378 Qui d'ardre se puisset escondre
Et puis après feray confondre
Tous leurs moustiers et leurs eglises
381 Bien leur feray changier leur guyses
Amis genis je te promet

	Mais je te prie que tu met			Morir d'une mort tres hontuese
384	Ton instrument en bon acort	429		Car vrayment de la plus ydeuse
	Car je vueil prendre aulcun disport			Mort que je puyse aviser
	Et menner ung petit de feste			Se je devoy bien muser
387	A peu que ne me doult la teste	432		Ung jour ou deux ardimant troys
	Et cecy est pour le correux			Je te certiffie toutes foys
	Que mauldit soint* il trestous			Que le compareront brefmant
390	Et le maistre qui les soustient	435		Quar feme ny home vraymant
	Genisius			N'echapera que mort ne pregnye
	Mon cuer en grant joye se tient			Genisius
	Par les parolles qu'avés dittes			Nostre dieu venus vous mantiegnie
393	Je croy que jamais ne me fistes	438		Sire impereur pleyn de noblesse
	Plus joyeux que suis a ceste heure			Vous aurés honeur et richesse
	Des outrages que m'avés dit [8 a			Car vous meyntenés* bien rayson
396	Car onques nul ne me respondit	441		Or feytes morir a foyson
	Sy mal gracieuse parolle			Ces faulx crestiens qui sont tant
	J'en ay la teste toute folle			Car nostre dieu venus n'atant
	vadat ad Imperatorem et dicat ei	444		Sy non vostre vengence dure
399	Ha mon tresredouté segnieur syre			Comant son yl sy pleyn d'ordure
	Nous sumes pardu je le cuyde			Que volliant nous dieux blafamer
	Je croy se n'y mectes remede	447		Et encores volent affermer
402	Que nous et vous seront gasté			Que sont diates* a tout le meyns
	Imperator Deoclicianus incipit			Imperator
	Genis doulx amys escutés			Je te jure par ces deux mayns
	Je vous prie ne feytes plus noyse	450		Que premier que soyent troes jours
405	Dicte moy seulemant comant que			d'uy
	voyse			Je leur donray tant de l'enuy
	Sy vous avés aucune chose			Qua bon droyt s'en repenteront
	Genisius	453		Et volentiers sacrifieront
	Monseigneur a poyne que jose			A nous dieux qui prisent sy peu
408	Dire vous ce que j'ay veu			Car je feruy fere ung gros feu
	Car j'en suy si tresfort esmeu	456		Que puysque y seriont xxx mille
	Que a poyne dire le porray			Y n'y aura home tant soyt abile
411	Mays-non portant je le diray			Qui de ardre se poysse escondre [9 a
	Monseigneur vous devés scavoyr	459		Et puys après feray confondre
	Qu'il y a de crestiens a povoyr			Leurs moustiers et leurs eglises
414	Dedans ceste vostre citté			Bien leur feray changer leur guyse
	Et sachés qu'il on ja ysté	462		[Sa] tirans (caras et baras)
	Long temps sans soy fere cognyetre			Sus poyne de la vie
417	Et ne vollent poynt recogniectre			Ung chacun de vous soyt abille
	Nostre dieu en nulle maniere	465		A prandre ces mauvès garsons
	Mays s'en mocquent bien pour			Car je vous dix qu'a grant foyson
	derriere			Yl ont la mort amerité
420	Et dient qu'i sont dyables vraymant	468		Pour tant sans actandre autre sen-
	Et puys se vous scaviés comant			tence
	Les faulx crestiens le tiennent vil			A vous deux que sces* l'ordonance
423	Il n'y auroyt fillie ne filz*			Je vous done pleyne poyssance
	Que vous ne fisiés eschorchier	471		De leur feyre copper leurs testes
	Imperator [8 b			In après par derysion
	Ne te vuyllies poynt corrocer genis	474		De celluy qui tiennet la foy
426	Car bien m'en vengiray			Je vous comande de par moy
	Et saches que je les feray			Sus la poyne d'obeysance
		477		Que soyent mix tous ensamble
				En ung gibet tout au presant

383 ff. E — 395 ff. F vgl. 314 ff. — 462 E, E

```
        Car il ont feyt trayson grant
        De venus regnier la loy
            Caras primus tiranus incipit
480     Syre impereur come je croy
        Nostre office feront briefmant
            capiant cristianos
        Or sa ribaux venés avant
483     Vous serés tenuz* mentenant
        De puysque l'empereur s'y accorde
        Bellie moy cza (?) de celle corde
486     Car je leur vuyl lier les meiyns
            Baras secundus tiranus incipit
        Tiens le toy et je veys briefmant
        Aprester tou quant que nous fault
            Primus tiranus
489     Je les lyeray sy roydemant
        Que ne volerant gueres hault
            Secundus tiranus
        Tien le toy et je veys briefmant
492     Aprester tout quant que nous fault
        Caras compens treffort         [9 b
        Je me recomende a venus
495     Y a l'empereur nostre mestre
            Primus tiranus
        Les dyables vous ont bien fayt mestre
        A la loy de cest jhesus crist
498     Mentenant estes vous bien pris
        Et croyés que vous serés mys
        Mentenant en lieu de justice
501     Car vous serés tous deux ensemble
        En ung gibet mys au present
        Car nous avont comandemant
504     De par l'empereur nostre syre
        De vous feyre livrer a mort
            Secundus tiranus
        Par nostre dieu venus je croy
507     Que nous vous tiendront bien de rire
        (Vraymant) avant sans rien con-
                                    tredire
        Que l'empereur ne nous menace
            Primus tiranus
510     Mes amys vous n'estes pas sages
        D'ansy vous fayre tormenter
        Que ne croyés en nostre dieu
513     Et regniés cest jhesus crist
            Primus cristianus
        J'ayme plus la mort soffrir
        Que regnier le roy de gloyre
            Secundus cristianus
516     Et je recomande a sa mere
        508 F [Or]
```

```
        M'ame et mon corps en sospirant
        Et plus tost sofryray torment
519     Que regnier la foy crestiene
            Primus tiranus
        Je croy que le diable vous meyne
        Ribaux pautoniers* depuctayre
522     Vous serés penduz* ou brulés
        Puys que l'empereur l'a comandé
            Secundus tiranus
            ad Imperatorem
        Les volés vous bruler ou pandre
525     Dictes nous seulemant ung mot
            Imperator         [10a
        Menés les tout droit au gibet
        Come je vous ay ja dit devant
528     Et que soit feyt sans plus actandre
            Primus tiranus
        Compayns baras ardy et habile
        Je te requiers par cortosye
531     Que ces truans vuylles garder
        Car je m'en ves sans arrester
        Querre les deux mestres borreaux
            Secundus tiranus
534     Or y va donc plus tost que l'eau
        Y n'auront garde de moy echaper
        Puysque a ma guyse y sont liés
            Dum Primus tiranus ibit
            ad borrellos dicat interdum
            Secundus tiranus
537     Vous estes mal avysés
        Meschans crestiens etremydés (?)
        De croyre ansy follemant
540     En cest jhesus meschant truant
        Mès vous serés tresmal menés
        Avant que soyt le jort passé
            Primus tiranus
            dicat Magistris borrellibus*
543     Mestres borreaus mes amys chiers
        Il vous fault venir fere office
        Et gardés que ne soyés nyces
546     A venir tout prestemant
        Que maudys soés meschans gens
            Magister Jenant primus lanista
        Mal soyés venu desloyal gallant
549     Dieu vous envoye fievre quartayne
        Dictes nous rayson pour que
        Nous blamés sy formant
552     et venés cy feyre noyse
            Mestre mallort secundus lanista [10b
                        incipit
        Par les deux yeux que j'ay en la teste
```

Sy ne m'estoyt par noblesse
555 Je vous feroy chancher lange
Vous samblés plus foz* que sage
D'ansy roydemant sus nous venir
Primus tiranus
558 Par dieu je ne vous puys mantir
Car de meschans gens mechante fete
Ansy y amprandra de nous
561 Venés vous en avecque moy
Car y vous fault copper deux testes
A deux ribaux crestiens glorieux
564 En la presance des segnieurs
Primus lanista
Tu porries bien estre de ceux
L'a y comandé l'empereur
Primus tiranus
567 Voyre dea par mon seremant
Secundus lanista
Et qui fera le paymant
Beau cossin
570 J'ay aprix ung mot de latin
Beatus qui tenet que c'est a dyre
Primus tiranus
Vous parlés tresbien sans boere
573 Vous serés poyés tout contant
Sy tost que aurés feyt vostre office
Primus (Secundus) lanista
Par dieu nous seront out* le prandre
576 Avant qu'on y bucte la meyn
Car y a plusieurs foys perdue
Por actandre a dymeyn

Primus tiranus [11a
579 Je vous promet sux vous sayntes
mayns
De vous contanter tresbien
Et vous done pour fiance
582 Ma persone et toux mes biens
Secundus lanista
Plus aymont la persone que les biens
Car plus tost n'auront argent*
Primus lanista
585 Mestre mallort vous parlés bien
Alons y donc activemant
Puysque avont bone fiance
Secundus lanista
588 Mestre jenant de grant valliance
A vostre grace moy recomande
Je suis bien joyeux et tout prest
591 Puysque avont testes a copper

Primus lanista
Ha dea out sont yceux qui fault
        gatter
Qu'on les tienne sans plus actandre
Secundus lanista
594 Je les aymeroy plus tenir que querre
Pour les gatter a l'avegniant
Primus tiranus
Voyés les vous cy les meschans
597 Qui vous convinnt festoyer
En leur monstrant vostre mestier
Tout ansy come a isté ordoné
600 Nous vous en donons la charge [11b
Et gardés que n'y falliés pas
Secundus tiranus
Je les vous remetz* par ces las
603 Ces deux nobles palliars
Affin que leur feytes leur cas
En leur buctant les testes bas
606 Et qu'i soyt feyt plus tost que tart
Primus lanista
Que do feu d'anfer fusiés vous art
Or venés sa que de male fievre
609 Puysnés vous estre etreynés
Vous estes bien de forsenés
De tenir la foy crestienne
612 Que nous donet tousiors poene
Pour vous deroumpre le dos
Mays vous viendrés a mal propos
615 Puysque vous estes en nous mayns
Secundus lanista
Vous ne n'aurés jamès mcyns
Que je ne vous monst·e le poynt
618 De nostre meschant metier
Primus lanista
Puysque vous estes bien liés
Vous serés mal estrenés
621 Par ma loy je vous promet
Secundus lanista
Mener les conviant au gibet
Lay leur feray ung chapellet
624 Tout a l'antour de leurs testes [12a
Primus lanista
Aler y fault sans arester
Pour les oster de ceste place
Secundus lanista
627 Passe avant passe de par le dyable
Et de par sa mere mechance*
Aler faut plus* que le pas
630 La out je vous feray dire belas

vor 575 F — 579 ff. G

60

            Primus lanista
Meschans gens voyés cy la place
Où l'on gueret du mal de teste
633 Pour tant cy conviant fere feste
           Secundus lanista
Nous vous gueriront de la rache
N'est y pas ung noble cas
           Primus lanista
636 Bon prophete aboche toy si verras
Tantost ta teste dancer par terre
Ce sera ung bel ebatimant
           Primus cristianus
639 Je te prie en sospirant
Que je puysse en plorant
Deux motz* dire seulemant
642 Devant mon diffinemant
A jhesus crist devotemant
           Primus lanista   [12 b
Or toy depache victemant
           Primus cristianus
645 Vray dieu qui fit le firmament
Je toy recomande mon ame
Je suys mentenant in la place
648 Out je feys mon diffinemant
Je te prie humblemant
Que toy playse de pardoner
651 A ceux qui nous font tormenter
Helas mon dieu jhesus
Je me recomande a toy
654 Je meurs por croyre in ta foy
Et pour a toy avoyr fiance
Je me rans a toute ta poyssance
657 Mon corps et mon ame devotemant
Affin que tu les recès in ta gloyre
Carnacier ou* presant m'acorde
660 Que tu frappes quant tu voudras
        [ne te vault rien]
           Primus lanista   [13 a
    ... quant tu vauldra
Monte en hault et tu verras
De gens beaux cop en ceste place
663 Mort bieu tu fais or de grimasse
Sa, bander te veux ycy les yeux
En despit de ton dieu jesus
           Le bende
666 Or t'avance legieremant
Il ne te vault rien maintenant
Le prechemant que tu fait as
669 Abache toy si rescevras
Ung petit cop etc.

    Ibi dum actabuntur* capita
    loquatur paradisiis ut infra
    primo virgo maria

           Primus lanista   [14 a
J'en seroy bien contant
672 D'en avoer le paymant
Car nous seryons riches gallans
           [Sillete]
     Virgo maria incipit
O vray dieu de paradix
675 Mon treschier filz* et vray segnieur
Je te prie par ta doulceur
Qu'i toy playse par ta sancte passion
678 D'avoyr au jort d'uy compassion
Des ames des bons crestiens
Que l'empereur deoclicien
681 Au jor d'uy sy roydemant
(A) feyt morir iniustemant
Pour ce qu'i maintiennent ta foy
           Deus incipit
684 O mere glorieuse quant a moy
A vous vuyl bien complayre
Pour ce que fetes tous iors iuste
                  requeste
687 Levés vous sus et retornés
In vostre beau syeche
Mes beaux anges gabriel et rafael
690 Alés prest sans sejorner
Ley bas au monde por recevoer
Les ames des bons crestiens
693 Que mentenant deoclicien
Feyt morir cruellemant
Pour ce qu'il croyen en ma foy
           Gabriel incipit
696 O excellant dieu et sovereyn roy
Qui toutes choses as feyt par bon
                   accort
Mon cuer soyesioyt en moy
699 De fere ton comandemant
           Raphael incipit   [14 b
O vray dieu tout puysant
Qui as feyt le firmament
702 Et toutes choses justemant
Au quel seul toute creature
Celestielle et mondayne
705 Doet honeur et reverance
Louyés soy tu et ta puyssance
Ton beau comandemant
708 Sera feyt incontmant
descendant angeli et vadant ad
capiendas animas crostianorum
           Primus lanista
Y ne te vault rien en cest cas
Le prechimant qu'i tu as feyt
711 Aboche toy sy recevras

ne te ... hinter 660 auf 12 b D — 13 a: 661-70, 13 b ist leer, D — hinter 670:
Ibi dum... G — 671 ff. F — 671-73 G — Sillete E — 682 F

```
       Ung petit cop que oncques ne santx
       (Or tien semble yl qu'i soet abux)
714    (Or tien semble yl qu'i soet abux)
       Or tien n'est yl pas bien assix
       Samble yl qu'i soet abux
              Secundus lanista
717    Par ma foy vous scavés plux
       De cest mestier que home du monde
       Or venés sa gros camux
720    Et nous joyront entre nous deux
       Ung jeu noveau playsant es dames
       Puys t'aproche ung peu de moy
723    Et je te motreray de quoy
       Je coppe testes bien sovant
       Or vous mectés cy devant
726    Et ne faytes pas reffux
       Et vous vouldrés de moy myeux
       Tous les jors de vostre vie
              Secundus cristianus
729    Atans quar premier vuyl requerre
       Celluy por qui je suys cy mix   [16 a
       Qu'i me soet amy tous (temps) jours
              Secundus lanista
732    Y ne me playt pas lonc (prech ser-
                             mont) sejour
       Depeche toy victement
              Secundus cristianus
       Glorieux dieu tout puyssant
735    Et vous ausy vierge marie
       Helas puysque je pers la vie
       Vuyllés moy toux estre amys
738    Et de moy avoir memoere

            Le second borrelier      [15
                    .... memoyre
       Vien apprès moy y te fault boyre
       Sa dessus ung bien bon tattain
741    Sé tu je suis bon medescin
       Pour garir de la fievre quarte
       Avancé vous le fue vous arde
744    (De ceste bande) te benderay
       De ceste bande que ycy ay
       Affin que de moy ne te mouques
747    Regardes que beau yqui vera

              Pausa              [16a
              Secundus lanista
       Recomande moy a ma mye
       Et luy porte ceste letre
750    Au plus pres de ton* orellie
       Or tien sela metre gallant
       Que fussiés vous dix foys au tant
753    A tondre puysque avont comancé
       Pour gagnier plus de l'argent
              Primus lanista
       Nous seryont riches marchans

       capiant Angli animas et recedant
                             cantando
            Te deum laudamus
756    Mes y nous conviant quant bien
                             advise
       Les corps de cest mors porter
       En quellque part hors de la vile
759    Out les oyseaux et bestes villes
       Les mengeant come charognies
       portent retro corpora
              Secundus lanista
       Et de boere n'est y poynt memoere
762    Mestre genant a peu que le cuer
                             ne me fault
              Primus lanista
       Je scay bien que je panse mestre
                             mallort
       Venés vous en avecque moy
765    Je croy que nous donront (?) l'as-
                             sauot (?)
       Ou vin cler de nostre mestre
       vadant et bibant fortiter ubi
       erant Tirani
              Genisius            [16 b
       Sire impereur prince tresdigne
768    Sachés qu'i est feyte la justice
       Des faulx crestiens ansy come
       Vostre magesté l'a ordonné.
              Imperator
771    Vous avés feyt ma volenté
       Et suys bien ayse par ma foy
       Amy genis je toy promet
774    Mays je te prie que tu metz
       Tout instrument en bon accort
       Car je vuyl prandre mon deport
777    Et mener ung peu de feste
       A peu que ne me ront la teste
       Voy tu bien c'est par le corroux
780    Qui j'ay eu par ces crestiens
       Que maudit soyant il trestoux
       Et le mestre qui les sostient
              Genisius
783    Mon cuer in grant joye se tiant
       Monseur pour ce que vous dictes
       Je croy que uncques ne me fistes
786    Plus joyeux que je suys a l'eure
            dicat Primo mimo
       Or sa compagniont sans demoure
       Tout instrumant soyt mix en poynt
789    Car mentenant est le droyt poynt
       De mener liesse et joye
              Primus mimus
       Autre chose ne desyroye
```
713-14, 31, 32 *F* — 734-38, 739-47 (Bl. 15), 744 devant tes yeu *D* — 748 ff. *F*

5

792 Sy dieu me vuylliet conforter
    Je vuyl comancer a acorder
    Mon instrument puisqu'y vous pleyt
795 Comancés donc quar temps y] est[17a
    De demener ebatimant
              Genisius
    Ne vous challie joyés seulemant
798 Je vous mectray bien ou chemin
              Secundus mimus
    Le dyable ayet part ou quoquin
    L'une de mes cordes est rompue
              Primus mimus
801 Ton dayn compens et tu la nues
    Cuyde tu que je la te paye
    Bien suys foux quant je te reponde
              percuciat
804 Va t'an alieurs fayre ton fayt
              Genisius
    Qu'y avés vous de quoy est cest pleyt
    Vous ne feytes que rechanier
              Secundus mimus
807 Voyés cy qui ma volu ensegnier
    Que je face ung neu in ma corde
    Et puys m'a dit que je decorde
810 Ou que j'acorde se je vuyl
    Vraymant en ly a plus d'orguel
    La moytié que in vous mestre
              Tercius mimus
813 Je voudroy que fusiés a naytre
    Trestoux et vostre ganglerie
    Par vostre tartavellerie
816 Mon instrumant est in decort
              Quartus mimus
    Par mon sermant vous avés grant
                                tort
    De mener si grant fringon
819 Ne feysons pas lonc sermon
    Mes pensons de bien jouer
    Puysque l'empereur le veult
822 Et nostre mestre l'a comandé
    Pensons toux d'estre d'acort
              Genisius
    Or pays que de sanglante mort
825 Puyssés vous estre sobterrés
    Je croy que vous estes ferrés
    Les testes du vin de mon sire
828 Or avant sans rien contredire
    Que checun de vous se delivre
    nunc statim ludant Mimi et [17b
    Genisius coram Imperatore et
    tripodiant Milites et Scutifferi
    postmodum dicat Genisius ad se
    met ipsum eundo et meditando
830 ff. E

              incipit Genisius
    Helas et qui est cel qui doyt vivre
831 En cest monde sans cognissance
    J'ay grant peur que quelque mes-
                                chance
    Ne m'aviynie par ceste vie
834 Vraymant j'auray grant envye
    De savoir tout secretemant
    Se les crestiens communelmant
837 Tyennent mellieur foy que nous
                                autres
    Car nous feyssont beaucop de fautes
    En nostre loy ce sayge bien
840 Et ce croy firmement et tiens
    Que nostre loy n'est pas trop bone
    Car entre tous nous n'y a persone
843 Qui panse en ses derniers jours
    Mays ne font que panser tousiors
    De vivre in joye et delit
846 Mais puysque je suys in mon lit
    Soventeffoys je ne dors pas
    Quant je panse en cest mal pas
849 Or sa compaignions sans demore [18a
    Les instrumentz sont mis en point
    Car maintenant est le droit point
852 De menner llesse et joye
              Primus mimus
    Aultre chouse ne desiroye
    Se dieu me vueillie conforter
855 Je veux comencer a corder*
    Mon instrument puisqu'il vous plait
    Commencés donc car temps en est
858 De menner grant esbatemant
              Genisius
    Ne vous chault jouyés seulemant
    Je vous mettray bien in acort*
              Secundus mimus
861 Le dyable ait port au chemin*
    L'une des cordes est rompue
              Primus mimus
    Ton dan compains et tu la nue
864 Cuides tu que je la t'aponde
    Bien suis foux quant je toy responde
    Va t'en aleurs fere ton fait
              Genisius
867 Et qu'avés vous de qu'est ce plait
    Vous ne faittes que rechannyer
              Secundus mimus
    Voyci qui me veult enseignyer
870 Que je face ung neu in ma corde
    Et puis me dist que je discorde
    Ou que j'acorde se je vueyl
873 Vrayment en toy a plus d'orgueil

La moytié qu'en vous nostre maistre
       Tercius mimus   18 b
Je voulroy que fuissiés a naistre
876 Trestous par vostre janglarie
Par vostre tartavellerie
Mon instrument est indiscort
      Genesius* ad Mimos
879 Or pais que de sanglente mort
Puissés vous estre soubterrés
Je croy que vous estes ferrés
882 Les testes du vin de mon sire
Or avant sans rien contredire
Que chescun de vous se delivre

    Tunc statim ludant Mimi et Ge-
    nisius coram Imperatore et tripu-
    dient Milites et Scutifferi post-
    modicum dicat Genisius ad semet
    ipsum eundo et meditando [de
    sant la columba]
885 Helas et qu'est ce qui doit vivre
En ce monde sans cognoissance
J'ay grant paour que quelque mes-
                       chance
887 Ne m'avyennet par ceste vie
Vraymant j'auray grant envye*
De savoir tout certainnemant
891 Se les cristiens communelmant
Tiennent meillieur foy que nous
                       aultres
Car nous feyson beaucop de faultes
894 En nostre loy se say je bien
Je le croy firmemant et tien
Que nostre loy n'est point trop bonne
897 Car entre tous nous n'a personne
Qui panse en son dernier jour
Il ne font que panser tousiour
900 De vivre en joye et en delit
Mais puisque je suis en mon lit
Touteffois je ne me dors pas
903 Quant je panse en ce mal pas
Qu'a ung chescun passer convient[19a
De la mort las quant elle vient
906 Qui est tant ydeuse et horrible
Car il n'est chouse si terrible
Ne que soit mieulx a redoubter
909 Et pour ce je me vueil buter
En toutes manieres sans blasme
Pourquoy puisse sauver mon ame
912 Car du corps guyre ne me chault
Et pour ce vraymant me fault*
Trouver quelque personne sage
915 A qui je die mon corage
Mais qu'il soit sage et discret
Et qu'il me die le secret

918 De celly qui a formé tout
Et sans faillie je feray tout
Cela qu'il me commandera
921 Car je ponse* que ce sera
Cause de ma salvacion
Les crestiens ont devocion
924 En jhesu crist et en chantant messe*
J'ay bien le cuer en grant detresse
De savoir pour quoy il le font
927 C'est chouse qui vient de profont
Je le cognois bien a leur signe
Car il font chanter au plus digne
930 La messe qu'il veullent ouyr
Et pour ce il me fault voyr*
Quelque cristien bien devoust
933 Et si yray tout le plus toust
Que je porray sans plus tarder
    vadat ad Cristianos [Sillete]
Mes seigneurs je viens regarder
936 Vostre estat et vostre priere   [19 b
Et voulroy savoir la maniere
De la messe que vous chantés
      Primus cristianus
939 Gardés que ne soés temptés
De vostres ordures de dieux
Et vous rendés au roy des cieux
942 Qui est puissant de vous ayder
         Genisius
Mes amis je vous vueil prier
Que vous m'avisés de mon fait
945 Car je cognois que j'ay mesfait
Souvantesfois en mon vivant
Don je vous prie en souspirant
948 Que me dittes se dieu vous voye
Commant porroy tenir la voye
De quoy mon Ame soit sauvee
    (Primus cristianus)
951 Benoîte soit la journee*
Que viandrés a repantemant
Allés vous en devotemant
954 A cest seigneur qui dist ses heures
Il vous monstrera raysons seures
Pour vous sauver se vous voullés
957 Et pour dieu que vous y allés
Que quelqu'empache ne vous vienne
         Genisius
Je m'en vois quoy qu'il en advignye
960 Et luy diray ce que je panse
    vadat ad Predicatorem Genisius et dicat
Sire dieu vous gard de grevance
Je vous prie pour amour fine
963 Que vous m'enseigniés la doctrine[20a
De sauver m'ame s'il vous plait

hinter 884: desant ... D — hinter 934: Sillete H — vor 951 H: Secundus cristianus.

Predicator ad Genisium
Mon amy point ne me desplait
966 Certes mais en suis tres bien ayse
Mais je te prie qu'il te playse
D'entendre en ce que diray
969 Car vrayma*n*t toy prescheray*
Le coma*n*cema*n*t et la fin
Or enten donc de bon cuer fin
972 Dieu premierema*n*t a creé
Le ciel et la terre formé
Et puis il fist secundema*n*t
975 De terre nostre premier pere
Et de ly eve nostre mere
D'où tout le pueple desce*n*dit
978 Et a ces deux dieu deffe*n*dit
Et leur donna comma*n*deme*n*t
Qu'il ne menge*s*sant nulleme*n*t
981 Du fruyt ne de l'arbre de vie
Mais tantoust après par envye
L'ennemy alla tempter eve
984 Pour ce qu'elle estoit plus legere
(Et ly fist manger d'une pome)
A consentir que n'estoit l'omme
987 Et ly fist manger de la pomme
Puis en fist manger a adam
Don il en fist son tresgrant dang
990 Car il fist ung tresgrant pechié
Et aussi toust qu'yl en eust mengié*
Il eust perdu toute ignocence
993 Mais le dieu qui a toute puissance*
[20 b
Si le venga moult durema*n*t
Car il n'estoit tant seulement
996 Homme seul qui se peust vanter
Qu'a la mort n'alast en enffer
Tant grande estoit la inimitié*
999 Mais après dieu par sa pitié
Nous remena tous a concorde
Car par sa grant misericorde
1002 De sus du ciel volist dessendre
Au ventre d'une vierge pure
Qui le conceust sans corrumpure
1005 Et l'enfanta virginelmant
Et aussi feust si propremant
Vierge après comme devant
1008 Et encor te dis plus avant
Car ceste vierge estoit si sainte
Qu'aussi toust qu'elle feust encainte
1011 L'angel de dieu ly annuncia
Le nom de l'enffant et cria
Qu'elle l apelleroit jhesus
1014 Et seroit grant maistre tenus
Par tout le monde et renommés
Et fil du treshault dieu nommés
1017 De ceux qui le vouldroint cognoistre

Puis l'enffant commenca a croistre
Jusqu'a tant qu'il feust en eage
1020 Des hommes estoit le plus sage
Quant il eust environ xxx ans
Adonc il se monstra prechant
1023 Et se manifesta publique
Et commanda la loy antique [21a
A garder comme on soloit
1026 Puis après il dist qu'il voloit
Premierement avoir batisme
Pour nous deffendre de l'abisme
1029 Et ouster de pechié le tytre
Luy et le bon saint johan* baptiste
Allèrent au fluyve jourdain
1032 Et saint johan* de sa propre main
Le doux jhesu crist batia
Adonc jhesu crist devisa
1035 Nostre loy et nostre créance
Car il avoit toute puissance
Comme dieu et homme qu'il estoit*
1038 Et saches que tout ce feysoit
Pour nous monstrer a tous exemple
Et puis il s'en alla au temple
1041 Et aux pecheurs generalmant
Il dist a tous que briefmant
Quicu*n*ques de bon cuer croyra
1044 En moy et se baptisera
Sauvés sera sans nulle doubte
Et puis leur dist une aultre note
1047 Que ceux qui croire ne vouldra
Estre conda*m*pnés le fouldra
Au feu d'enffer a grant martire
1050 Mais les fellons juifs tous plains d'yre
Le comencèrent a hãyr
Et le cuydèrent esbaïr (par)
1053 Par argumens qu'il ly faysoint
Mais certes riens il ne savoint
Que ly parler ne quoy respondre[21b
1056 Car tousiours les faisoit confundre
En leurs argumens propremant
Car fil de dieu estoit vrayma*n*t
1059 A qui crainte estoit donnee
Et puissance atribüee
De dieu son pere glorieux
1062 Mais le faulx juīfs envyeux
Destrois et estoint* plains d'orgueil
Allarent tenir leur conseyl
1065 Pour le condampner a la mort
Ja se soit qu'il eussent grant tort
Mais il estoit prophetisé
1068 Qu'il deust estre crucifié
Et te dis a parler briefz
Que l'on ly coronna le chiefz
1071 D'une grant coronne d'espines
Et ses mains qui estoient* si dignes

985 *A* — 1052 *A*

Qu'avoint tout le monde formé
1074 Les faulx juifs les ly ont percyé
De gros clos et les piés aussi
Et puis crioint veés yci
1077 Celly qui se fait fil de dieu
Helas et en ce propre lieu
Estoit sa glorieuse mere
1080 La quelle de dolleur amere
Cheysoit souvanteffois pasmee
Et si croy qu'ell'eust myeulx amee
1083 Morir a celle heure que vivre
Briefmant elle feust seul delivre
De son filz quant est par celle
    heure [22a
1086 Et puis les juifs sans grans demeure
Luy myrent la lance au cousté
Et puis après il l'ont bouté
1089 Si fort qu'il entre juqu'au fège
Et tantoust en saillit ung roye
A grant quantité sang et aygue
1092 Don je te prie que tu lave
Ton cueur de ce sang precieulx
Et que tu euvre ung peu les yeulx
1095 Ton cueur vers sa mere piteuse
La quelle estoit tres angoisseuse
Tant que le cueur luy cuyda fendre
1098 Et puis après il vont dessendre
De la crois le precieux corps
Et l'alèrent mettre alors
1101 Dedans ung noveau monimant
Ouquel* il estoit seulemant
Trois jours. et puis resucita
1104 Et les armes d'enffer getta
Et les en menna a sa dextre
Avec dieu son pere qui tous estre*
1107 Nous doint par sa grant cherité
Et puis viendra c'est verité
Bons et maulvais juger cza bas
1110 Ainsi je te pry ne met pas
Ce que je t'ay dit en oubly
Mais le retien je te supply
1113 Et tu feras tresgrant sagesse

Je te vueil dire de la messe
Que chescun prestre doit chanter[22b
1116 Tu dois croire sans riens doubter
Que quant tu vois les chapellains
Qui tiennent l'ouste en leurs mains
1119 Et la monstrent devotemant
Que dieu y est tout propremant
Ainsi en cher et en corps et en ame*
1122 Comme il naisquit de nostre dame
Mais que les parolles soint dittes
Ainsi comm' eles sont escriptes
1125 Par l'evangille et enseigne
Au propre jour qu'il fist la cène
Car la commence la racine
1128 Du saint sacremant de l'aulter

Une aultre fois te vueil compter
Plus a plain la sainte escripture
1131 Car je ne scay a l'aventure
Se t'aurus cy demoré trop
Car oncor y a yl beau cop
1134 A dire que tu n'oys oncques
Pour ce mon frere va t'en donoques
Que l'empereur ne te mal maynne
1137 Je ne voulroy pas que pour moy
Il feust corrocié contre toy

Je te pry met en ta memoyre
1140 De jhesu crist toute l'ystoere
Ainsi comme je t'ay monstré
Car il nous est tout demonstré
1143 Beau frere par les evvangilles
    Genisius ad Predicatorem
Sire je n'ay cure de villes
Ne de chateaulx ne de maysons [23a
1146 Mais je vous prye que nous faysons*
Une chouse que vous dyray
Mais empereur ne serviray
1149 Ne homme qui soit dessus terre
Je vueil la mort de dieu conquerre
Et obeyr de tout a sa mere*
1152 Car quant je regarde mon estre
Que je ne suis que porriture
Et si ay pris ma norriture
1155 De pechés et de grans meffais
Et me suis bien souvant meffais
Je ne seroy dire le nombre
1158 Don j'ay grant paour que quel-
    qu'encombre
Ne me viengne secretemant
Et que ne puisse aulcunnemant
1161 Fere a dieu satisfacion
Las en quelle habitacion
Porray je jamais demorer
1164 En quoy je peusse endurer
Penitence et discipline
Car j'ay tousiours esté incline
1167 A mal fere non pas a bien
J'ay tousiours vescu comme ung
    chien
En ordure et en pechié
1170 Mais ce que vous m'avés prechié
M'a mis a grant repantemant
Je ne scay pas se nullemant
1173 Dieu le me voulra pardonner
    Predicator ad Genisium
Amis il ne fault ja doubter
Mais te vueillies tenir tout seur
1176 Car se t'estois plus grant pecheur
Cent mille fois que tu n'es une* [23b
Que jhesus crist ne te pardonne
1179 Je veux estre fiance* pour toy
Maisque tu crois en sa foy*

	Et que tu te fais baptier
1182	Mais certes il te fault laisser
	Celle ydolatrye maulvayse
	Et que ne faces par mal ayse
1185	Ne pour tourment qui toy adveignye
	Que de jhesus ne souveignye*
	Cryant ly de bon cueur mercy
1188	Et se tu veux fere cecy
	Tant que la vie te durera*
	Vraymant il toy pardonnera
1191	*Et* toy prendra a sa partie
	Genisius ad celum oculis levatis
	Las a celly sans despartie
	Veux m'ame *et* mon corps ouffrir
1194	*Et* pour ly martire souffrir
	Et maintenir la foy crestienne
	Je veux laisser la loy payenne
1197	Et le doulx jhesu crist amer
	genibus flexis [Sillete]
	Ha jhesu bien me doys blamer
	Pour ma vie abhominable
1200	Car j'ay tousiours servy le dyable
	Et t'ay laissé mon treschier sire
	Je te pry que ne sois ire*
1203	Vers moy mais me donne ta grace
	Las jhesu a ta doulce face
	En contemplans je me retourne[24a
1206	Je te prye* que plus ne retourne
	En peché où j'ay tant esté
	Je cognois ma deloyaulté
1209	Et ma tres deshonnete vie
	Don humilement te supplie
	S'il toy plait que tu me pardonne
1212	Car du tout a toy m'abandonne
	Et de presant me rens a toy
	Deus
	O gabriel devers genis te faut aler
1215	Qui m'a requis de si bon cueur
	Et luy diras de par moy
	Que ne cregniet point la mort
1218	Que l'empereur lny fera prandre
	Qu'après sa vie mondayne
	Je le remetray in ma gloire
	Gabrel
1221	Chier sire segnieur *et* roy
	Qui toutes choses as creé
	Gloire *et* honeur toy soit
1224	D'envi de toy servir je suis tout prest
	Anglus ad Genisium
	Genis genis enten a moy
	Et si fais par ceste magniere
1227	Ihesus a ouy ta priere
	La quelle moult forment ly plait

	Et si te dis que t'auras plait
1230	Avec ton maistre l'empereur
	Pour garder le nom *et* le honneur
	De jhesu crist nostre bon roy
1233	*Et* si maintyendras tant sa foy
	Que l'on toy mettra a torment
	Mais a la fin certaynnement
1236	Tu seras en gloyre toudix
	Genisius
	Loué soit dieu de paradix
	Puisque luy plait de moy entendre
1239	Nullemant ne me vuyl deffendre
	De la mort pour ly soustenir
	Car sa foy je veux maintenir [24b
1242	Et morir s'il est necessaire
	Car je ne porroy pas tant fere
	Por ly comme il a fait pour nous
1245	*Et* pour ce veux je estre tout
	A ly *et* fere son service
	Mais pour ce que non deservisse
1248	Chouse don il me puisse nuyre
	A baptesme me vueyl desduyre
	Et si veux devenir crestien
1251	Car certaynnement je me tien
	Trop longuemant en ce estat
	Primus mimus ad Socios dicat
	Ne menons pas trop grant desbat
1254	Nostre maistre vient voy le la
	Or sa nostre beaux maistre sa
	Que vous sois* le bien venus
1257	*Et* a grant joye receveux
	Tout ainsi qu'il vous apartient
	Chescun de nous joyeux se tient
1260	Par mon sermant quant il vous voit
	Car nul de nous point ne povoit
	Sains vous menner nulle lyesse
	Genisius ad Mimos
1263	Cest chouse qui point ne m'adresse
	Respondés moy a ma demande
	Mes compaignyons je vous demande
1266	Voir se l'empereur nostre sire
	A es cristiens moult grande ire [25a
	Qui sont en l'unyversal monde
	Secundus mimus
1269	Certes maistre je vous responde
	Ouoy et si est vois *et* fame
	Qu'au monde n'a homme ne femme
1272	Qui grant mal de mort ne leur vuyllie
	Il ne trouvent qui les acuyllie
	Ne qui leur vueillie nul bien fere
	Genisius
1275	Doncques se nous vollons (bien fere) complere

hinter 1197: ‚Sillete‘ H — 1214 ff. B — 1275 A

A nostre empereur maintenant
Venés yci incontenant
1278 Et proposons de leur misteres
Tercius mimus
A cecy ne demourons gueyre
Car cecy moult fort nous agrée
Genisius ad mimos
1281 Avant que il soit a l'entrée
Une chouse vous vueyl compter
J'ay au jour d'uy ouy parler
1284 Es cristiens de bonnes raysons
Il me samble que nous faysons
Ne plus ne moyns comme de bestes
1287 Je vous prie mettons en nous testes*
Aucun petit d'entendemant
Il dient tout premieremant
1290 Que dieu de paradix crea   [25b
Tout le monde et si forma
De la terre le premier homme
1293 Puis fist de la coste de l'omme
Eve nostre premyere mere
Et tout cecy a volu fere
1296 Comme dieu puissant qu'il estoit
Et puis leur dist qu'il ne voloit
Qu'il mengessent point d'aulcun
                                fruit
1299 Mais il furent pour ce destruit
Que son commandemant passèrent
Car aussi toust qu'il trespassèrent
1302 Et tous ceux qui de leur estoint
Au limbe d'enffer dessendoint
En ung lieu moult obscuremant
1305 Et puis il dient* secundemant
Et je croy qu'il est verité
Que dieu pour sa grant cherité
1308 Il vouliet cher humayne prendre
Pour nous delivrer et deffendre
De crüelle dampnacion
1311 Et souffrist mort et passion
Entant que il estoit vray homme
Et cheacun de leur le renomme
1314 Pour leur vray dieu et redempteur
Puis resucita le tiers jour
Pour les armes d'enffer retrayre
1317 Et cecy ne se povoit fere
S'il n'eust esté dieu propremant
Et puis il dient aultremant
1320 Que dieu est en propre personne[26a
A la messe et c'on le donne
A ceux qui le vueillent recoyvre
1323 S'il sont en estat de le recoyvre *
Et qu'il ayent l'entencion pure
Car vous ne scavés creature
1326 De tous vous qu'est croire cecy *
Quant est a moy je vous affy

Que je le croy de tresbon cuer
1329 Et jamais ne panse remuer*
Que je ne aye ma creance
Or me dittes vostre esperance
1332 Quel voye vous pansés tenir
Quartus mimus
Quant a moy je vueyl maintenir
Tous jours la loy acoustumee
1335 Car vraymant elI'est renommee
Par tout le monde le meillieur
De bourdes bien vous cognoisson
Primus mimus
1338 Vraymant quant a ma oppynyon*
Je ne say ouquel ensuyvir
Mais au moins je vueil parsüyr
1341 Ainsi comme j'ay comencié
Genisius
Nul de vous n'en soit corrocié
Allons voir que l'empereur fait
1344 J'ay grant pensemant de mon fait
Je me sens trestout troublés*
Secundus mimus   [26b
Allons puisque vous le voullés
1347 Il a longtemps que nous n'y fusmes
Sachés de vray que nous summes*
De vostre ennuy tresmal contans
Genisius ad Mimos
1350 Donnés vous seulemant bon temps
Et me laissés aller ma voye
vadat Genisius ad Imperatorem dicens
Sire empereur dieu vous envoye
1353 Honneur et joye et sainté
Et si vous doint la volunté
De fere vostre sauvemant
Imperator
1356 Bien soiés venu genis et commant
Vous me senblés estre tout troblés
Genisius
Il a deia troes jors passés
1359 Sire que suis tout ne say commant
Imperator ad Genisium
Allés vous ung peu desportant
Tandis (mon) mal se passera
1362 Et vous aurés qui pensera
Bien de vous je vous certiffie
Car j'ay de (mires) je m'y fie
1365 Et de tresbien sufficïens
Et si hay d'aussi vailliens gens
Comme il en a point en terre
Genisius
1368 Certes je suis en tresgrant herre
De morir mais ce n'est pas honte

1356 ff., 1361 ˏle‘, 1364 ˏmieges‘ B

         Car j'en tien aussi peu de compte
1371 Comme d'une petite buche
         Je m'en vais mettre sus la couche
         A peu que n'ay le cuer crevé
1374 Mes compaignyons je suis gravé
         Et je me sens bien fort pesant
         Se je puis je veux fere tant
1377 Que je me puisse allegier   [27a
         Et vous me ferés bien legier
         Se vous voullés a ceste yssue
            Tercius mimus
1380 Veés la bonne rayson boczue*
         Que nostre maistre nous enseignye
         Vous savés que savons seignye*
1383 De mestier ne sommes seures*
            Quartus mimus
         Vous savés bien que de ces euvres
         Nous ne sommes pas bons ouvriers
1386 Ja ce soit que tresvoluntiers
         Mon beau maistre se nous poveons
         Sachés que nous vous garirions
1389 Mais nous n'avons pas la science
            Genisius
         C'est bien grant fait que d'ignorance
         Folles gens vous estes bien nices
1392 Et si estes bien plains de vices
         Quant ne cognoissés ma pansee
         J'ay une chouse pourpansee
1395 Que je desire moult forment
         Et vous dy veritablemant
         Que veux vivre et mourir*
1398 Crestien car c'est tout mon desir
         Ne d'aultre chouse n'ay envye
         [tunc statim eat ad compcubile]
           Primus collega
         Genis tu as toute ta vie
1401 Servy l'empereur et sa gent
         Et as esté tres diligent
         A servir nous dieux tous les jours
1404 Et si leur demandois secours   [27b
         Quant t'estois en necessité
         A peu que n'ay le cuer crevé
1407 Parce qu'ansi parler te voy
         Car tu veux maintenir la loy
         De nostre ennemy mortel
1410 Je ne scay comant tu es tel
         Ne pourquoy tu veux cela fere
           Genisius ad Collegam
         Je ne m'en porray plus taire*
1413 Certes que vous ne le sceussés
         Je veux bien que vous le sachés
         Qu'au jour d'uy je veux recevoir
1416 Baptisme. et si veux avoir
         De mes pechiés remission

         En moy donnant contriction
1419 De mes pechiés las moy chetifs
         Et que tant comme fugitifs
         Envers dieu puisse estre trouvé
           Primus collega
1422 Vraymant* c'est tresbien ouvré
         Or est fol qu'en toy ne se fie
         Genis sans faillie je t'affie
1425 Que tu n'es pas bien conseilliés
           Genisius ad Collegam
         Je vous prie que vous vueilliés
         Fere pour moy aulcunne chouse
1428 Puisque ainsi est que je propose
         D'ainsi fere a mon vouloir
         Pour dieu ne vous voillie chailloir
1431 De nulle chouse qui m'aveignye [28a
         Mais je vous prie* qu'il vous sou-
                       veignye
         De dire es* prestre des crestiens
1434 Qu'il luy plaise venir ceans
         Quar je voulroy a ly parler
           Secundus collega
         Je ne te vueil pas refuser
1437 Maintenant pour si peu de fait
         Mais je te dis tout a l'effait
         Qu'a l'empereur* le conteray
1440 Et de point en point ly diray
         Ce que tu nous dis maintenant
         A lly m'en vois trestout corrant
1443 Au prestre feray ton message
         hic vadat ad Presbiterum et dicat
           [eidem Presbitero]*
         Vien sa vien prestre sauvage
         Je croy qu'il te fauldra dancer
1446 Va a genis le menestrier
         Il n'atant que ta medecine
         Tu le trouveras en jacine
1449 Où il a ja esté trois heures
         Va toust va. o que tu demoures
         Il porroit bien mourir sans toy
           Presbiter
1452 Et que me veult il aces tu quoy
           Collega
         Va y et le sceras sans moy
         [tunc vadat Colega paulisper ad Im-
           peratorem]
           Presbiter
         Et vrayment* et je yray
1455 Je le te jure par ma foy
         Ou il viendra cy devers moy
         Secundus collega ad Imperatorem [28b
         Impereur vous ne scavés quoy
1458 Genis veult devenir cristien

hinter 1399: tunc .... C — hinter 1443: eidem ...., hinter 1453: tunc .... J

Et dist qu'il n'aura jamais bien
Jusqu'a tant qu'il soit baptïé
      Imperator ridendo
1461 Je ne scay qui l'a abuysié
Et donné du vent en l'oroyllie
Car vraymant* j'ay grant merveyllie
1464 S'il le fait de bien bonne emprise
      Primus collega
Je ne scay mais il a aprise
La foy des cristiens toute entiere
1467 Il scet aussi bien la maniere
Des crestiens qu'il ne porroit mieulx
      Imperator ad Collegas
Je ne puis croire qu'il soit tieulx
1470 Qu'il voulist nostre loy changier
Mais il le fait pour vous chanchier*
Car il le fait en maintes guyses
      Primus collega
1473 Je doubte que celle meistrise
Ne viennye a effeysemant
Car le prestre ja longuemant
1476 Y a esté sans revenir
Envoyés y por retenir
Quels parolles il luy dira
      Imperator
1479 Allés y *et* ce qu'il fera
Me reportés de point en point
Car s'il fait aultremant qu'a point
1482 Mieulx ly voulroit estre a naistre
[eant ad Genisium] [eant ad [29a
Genisium *et* loquantur ad Imperatorem]
      Secundus collega
Nous y allons il fait le maistre
Le ribaut truant tel qu'il est
Presbiter et Exorcista ad Genisium
1485 Dieu vous benye beaux filliet
Et en bien vous vueille emmender
Beaux filz je vous vueil demander
1488 Se vous ne fois trop ennoyés*
Pour quoy vous avés envoyé
A nous que nous venissons cy
      Genisius ad *Presbiterum*
1491 Je ne suis n'en faint n'en soussy
Mais de bon cueur tres humblemant
Je veux estre presentemant
1494 Baptïé pour dieu s'il vous p!ait
Et vous pry s'il ne vous desplait
Qu'il soit fait sans longue demore
1497 Car au jour d'uy est venue l'eure
Que j'ay conceu *et* pris la grace
De dieu lequel pardon nous face
1500 *Et* pour ce que bien ne peus estre

Maintenant je voulroe renaistre
Affin que je soy liberé
1503 *Et* de tout en tout delivré
Du grant tourmant *et* de la ruyne
Don en enffer font si grant bruyne
1506 Car par les grans iniquités
Que j'ay tant long temps conquestés
Dampné seroy en je le cuyde
1509 Pour ce demande le remede
Qui s'apartient car fort me toche
Et jhesus de sa propre bouche [29b
1512 L'ordonne vous le scavés bien
Et pour ce ne vous dy plus rien
Mais baptesme je vous requiere
      Primus collega
1515 Ha genis male mort te fiere
Est ce cela que tu disois
Quant malade tu te faisois
1518 Disant que mourir te falloit
D'aultre part le cuer te dolloit
Que male mort t'en peust menner
      Secundus collega
1521 Yci ne fault plus demorer
Vous veés bien que ce homme en-
                rage*
Ha genis tu nous contois rage
1524 Des cristiens quant t'estois a court
Atens toy nous te tenrons court
Nous veux tu nous dieux renoyer
1527 Il ne te feroit pas mestier
Allons nous en *et* delivrons
Et a l'*em*pereur nous conterons*
1530 Ce que cest garson tant requiert
Et feysons qu'a* luy affiert
Car c'est ung truant enganneur
[vadat ad Imperatorem *et*] dicat Imperatori
1533 Certes mon redobté seigneur
Ce faulx genis nous a trompé
      Imperator
Comant vous a yl point frappé
1536 Ou quel dyable vous a il fait
Il samble que vous sois deffais*[30a
Ainsi corrés activemant
      Primus collega
1539 Mon seigneur sachés vraymant*
Que genis se veult baptïer
Et si veult de tout point laisser
1542 Nostre loy *et* estre crestien
      Imperator
Je ly donray bien tant du myen
Certes que je l'en garderay
1545 Mes chivaliers luy envoyray

hinter 1482 eant .... *J*, eant .... et .... *C* — hinter 1532, vadat ... *J*

Qui luy porteront a planté
De joyaulx a sa volunté.
loquatur Militibus
1548 Or sa mes chivaliers venés
Et de ces jouyaulx me prenés
Et les portés tout en presant
1551 A genis qu'est la en disant
Que pour vous luy donne et mande
Et dictes que je luy commande
1554 Qu'il le preignye hardiemant
Car d'aultres biens semblablemant
Luy donray a si grant foyson
1557 Qu'il n'aura pas bonne rayson
De moy laisser jour de sa vie
Mais dittes ly que je ly prie
1560 Que baptisme ne voillie prendre
Primus milex
Ja non demoura par deffendre
Je vous promet quant a ma part [30b
1563 (Et selon ce que il m'apart)
[Que se veult fere du quocart]
Nous ly ferons changer magniere
Secundus milex
1566 Je vous prie* ne demorons gueyre
Prenés cecy et vous cela
Et je porteray ce desa
1569 Et prenés d'aultre partie*
Tercius milex
Or sa allons de bonne actie
Fere nostre commandemant
vadant ad Genisium et dicant
1572 Doulx amis genis et comant
Vous estes crestien devenu
Mon seigneur nous a fait venir
1575 Devez vous pour vous presenter
Ces joyaulx qu'il vous veult donner
Et si vous mande et enioingt
1578 Que de rien que avés besoing
Nullement ne l'esparniés pas
Mais il vous excepte ce cas
1581 Que point baptiser ne vous faittes*
Car on ly a dit que vous avés*
Volunté de vous crestianner
Genisius
1584 Il a bien perdu son donner
Car de ces dons point ne me chault
Ce n'e pas bien ce que me fault
1587 Que de joyaulx et de richesses
Mieulx ayme les sultes liesses
Que ly ne trestout son païs
Quartus milex [31a
1590 Ha deloyal treytre genis
As tu* ainsi trahi mon seigneur
Je te promet qu'a grant dolleur

1593 Il te fera mourir demain
Car tu ly promis en sa main
De le servir bien loyalment
1596 Et tu fais tant seulemant*
Comme ung garson de put affaire
Genisius
Je vous dy seul que je vueyl fere
1599 La chouse que j'ay entrepris
Tornés ces joyaulx la où pris
Les avés par bonne magniere
Quartus milex
1602 Je cognois tresbien a ta chiere
Genis que tu pas ne te bordes
Garde toy que tu ne te bordes
1605 A ce baptesme cy d'estron
Genisius
Ces saintes choses me mettrout
L'ame en paradix lassus
Primus milex
1608 Que faittes la or sus sus*
Allés a l'empereur courrant
Et ly dittes que ce truant
1611 Se baptise comme qu'il soit
Et si ly dittes qu'il pansoit
Incontenant de s'en vengier
1614 Car il ne se veult point changier
De son faulx propos ne movoir
Et si ne veult point recevoir
1617 Les joyaulx qu'il luy a tramis
Secundus miles
C'est tresbien dit a mon advis
Et y alons tous d'un accort
1620 Pour le ffere condempner a mort
Punis en seras grandemant
Je te promet tout de presant
1623 Tielement que tu en seras marris
Tercius milex [31b
T'auras trouvé maulvais amis
En nous genis tien toy certain
[tunc eant ad Imperatorem et] dica[n]t
Imperatori
1626 Mon seigneur dyoclecien
Ce maulvais genis soy baptise
Nous cuydeons que ce feust faintise
1629 Mais il le fait a bonnes certes
Quartus milex
Des chouses que luy avons offertes*
Oncques non a volleu prenre une
Imperator
1682 Je suis trop mieulx pris que la tronne
Et si suis bien loing de m'entente
Dittes ly que je luy presente
1635 Or et* argent robes et joyaulx

1563, 64 E — 1618 ff. B — hinter 1625: tunc .. C, desgl. n in dicant durch
Übersetzen einer Schleife.

Maisons bourgs villes et chateaulx
Et tout qu'il sara demander
    Primus milex
1638 Nous le ferons tres voluntier
Seullement qu'il nous voillie croyre
[tunc regrediantur] ad Genisium
    [et dicant]
Genis repren en toy memoyre
1641 Et en bon propos si te met
L'empereur a toy nous tramet
Que tu te lieve se tu peux
1644 Et te mande que se tu veulx
Or ne argent ne joyaulx fins
Villes bourgs chateaulx ne confins
1647 Que vrayment* le toy donra
Mais il a dit qu'il te fauldra
Laisser tu maulvaise pansee
    Genisius   [32a
1650 Vraymant* j'ay assés laissee
Ma personne de mon desray
Je feray ce que je porray
1653 Pour l'empereur sans plus desbatre
Mais pour dieu allés vous esbatre
Puis revenés la vers myjour
1656 Tandis je prenray mon soubior
Et me leveray se je peux
Et sachés que je feray plus
1659 De toute vostre volunté
    Secundus milex
Or dormés en bonne sainté
Puissés vous estre longuemant
1662 Allons nous en apertemant
Laissons luy prendre son repos
Puisqu'il a changié son propos
1665 Il ne me chault pas de l'avance
    Tercius milex
Avant chescun de nous s'avance
De l'aler dire a l'empereur
1668 Affin qu'il soy tienne tout seur
Que genis point ne le renoye
    Quartus milex
Quant est a moy point ne desroie
1671 Qu'il ne soit bien fait allons y
[tunc eant et] dicat coram Imperatore
Mon treschier sire je vous pry
Que vous vous donnés bon confort
1674 De genis vostre serviteur
Il ne veult point estre menteur
Il ne vous veult point renoyer [32b
1677 Car il dist sans point varier
Qu'il ne veult point estre repris
Mais s'il avoit son sompne pris
1680 Il fera ce que nous verrons

    Imperator
C'est tresbien dist puis nous verrons
Tout ce qu'i voura fere après
1683 Mais tenons le tousiours deprès
Puis y allés quant temps sera
    Primus milex
Mon seigneur on y pensera
1686 Et si nous en donrons bien garde
hic dicatur Silete
    Genisius
Vraiment mon beaux sire je tarde
A baptïer trop longuemant
1689 Delivrés vous secretemant
Car nous n'avons nul qui nous greve
    Presbiter
Tantoust sera fait or te lieve
1692 Mon beaux filz et toy delivre*
Car je m'en vois querre le livre
Et tantoust me vueil apreater
1695 Faytes de l'aygue aporter
Et du feu qu'il est necessaire
    Exorcista
Voluntier or vous fault il fere
1698 Que vous soiés tout despoliés
Et que vous sois* appareilliés
Tantoust que vous verrés le prestre
    [33a
Genisius surgat et dicat
1701 Encontenant je le vueyl estre
Aultre chouse ne desiroy
Car sens cela je ne porroy
1704 Jamais avoir guyre de biens
[Sillete] hio exuat vestes eius et
accendant faces circonstantes et
preparent aquam et veniat Pres-
biter
    Presbiter
Avés vous tout fait je reviens
Vraymant j'ay longuemant esté
    Genisius
1707 Il est fait tout et apresté
Je vous prye* faittes vostre office
hic ostendat librum Presbiter Genisio
dicans
    Presbiter
Veés* cy le benoit sacriffice
1710 Genis veux tu changer ton nom
    Genisius
Helas sire pour dieu que non
Affin qu'on ne me mescognoysse
1713 Car je veux que chescun cognoisse
Que genis a changé sa loy

hinter 1639: tunc ... et ... C — hinter 1671: tunc .. C — hinter 1704: Sillete E

Presbiter

1715 Que c'est tresbien dist par ma foy
Or je te prīe que t'enten
hic fiat officium baptismi quo
facto ducat Presbiter Genisium
ad fontem dicendo sibi
Beaux fil genis que veux tu avoir*

Genisius

1718 S'il vous plait je veux recevoir
Baptisme com je bien m'avise

Presbiter [33b]

Tu veux donc estre baptisé

Genisius

1721 Ouy sire se a dieu plait
hic Presbiter moveat sibi linte-
amina desuper et postea dicat
ponendo manus super caput eius
aquam ponendo

Presbiter

Je toy baptīe donc de fait
In nom du pere et du filz
1724 Et du benoit saint esperit
hoc facto compleat officium Pres-
biter post dacionem aquae et An-
gelus teneat librum apertum co-
ram ipso

Exorcista

Beaux filz genis tout a ceste heure
Tu as* fait une bonne journee
1727 Car au jour d'uy tu as sauvee
L'ame de toy pour cest baptisme
Et se ne sces pas la septienne
1730 Partīe du bien qu'as acquise
Tu viteras* par bonne guyse
Cest habit cy qui est tout blanc
1733 En toy souveignyan du saint sang
Que dieu a espanchié pour toy
Je te diray rayson pourquoy
1736 Tu dois pourter celle bluncheur
Car tu dois savoir que la colleur*
Qui est blanche est sanctiffie
1739 Et aussi elle signifie
Toute ignocence et purté
Car t'as laissé la* obscurité
1742 D'enffert et as repris lumyere
Pourquoy genis je toy requiere [35a
Que vueillies vestir ce habit

Genisius

1745 Vestir le veux de beaux subit
Ne jamais ne le laisseray
Et pour l'amour de dieu donray
1748 Ceulx que j'avoy premierement
Mais de bon cuer devotement [34b
Vuil prīer la vierge marie

1748 ff. B — (Bl. 34a leer).

1751 Haulte royne doulce et benine
Vous estes celle mere devine
En quy je croy
1754 O trasoriere et vray lumiere
Fame franche et entiere
A ton chier filz por moy fay priere
1757 Fay que je puisse convertir
Par tes beaux motz delicīeux
Done moy puyssance contre ces
mescreans

Virgo maria

1760 Genis genis mout doulcement
Ay ta parole escutee
Que de bon cuer m'as reclamee
1763 A mon filz en vuil bien prīer
Doux filz pleyse toy regarder
De tes eux de misericorde
1766 Genis le sage qui s'acorde
Lequel m'a oreyson fait
Et luy pardone son malfait
1769 Et toux les pechiés qu'il a fait
La bas en la vīe mondayne

Deus

Doulce mere or es certayne
1772 Que point je ne l'oblīerray
Quar avec moy l'apeleray
Anges alés apertement

hic induat se deinde sit [35a
Angelus coram eo libro aperto de
scriptura dyaboli et dicat Genisio
ostendendo sibi scripturam illam
sit super eum manus domini

Angelus

1775 Genis genis voyci comant
Tu as souvanteefois pechié
Et comant t'estois estachié
1778 De pechié et de maulvaistié
Mais l'aygue qui t'a esté mise
Par dessus en toy baptisant
1781 Tes pechiés a mis a neant
Et les a trestous effacié
Ce baptisme t'a delacié
1784 Des las des maulvais ennemis
Et pour ce Ihesus m'a tramis
A toy que je toy denuncesse
1787 Ton salu et que j'efacesse
Tous tes pechiés de cestuy livre
Et pour cela je t'en delyvre
1790 Et t'en efface de presant
Mais garde toy que tu fais tant
Que la grace que tu as* acquise
1793 Puisses garder par bonne guyse
En l'amour de dieu recevant

Genisius
manibus junctis ad celum
 Je rens a dieu mercy moult grant
 Car grandemant pechié avoye [35b
 nunc revertatur Angelus secrete
 librum suum Dyabolo — deinde
 veniant Pauperes ad certum lo-
 cum petitum elemosinas in or-
 dine gentibus ludi euntibus et
 redeuntibus coram ipsis sedentes
  Primus pauper
1797 Puisque a dieu plait qu'ainsi voye
 Bonnes gens faittes nous du bien
 Helas je ne gaignyai vuy * rien
1800 Et je non ay ne crois ne pille
 Je croy qu'il sont en ceste ville
 Du ligneage de l'entrecrist
  Secundus pauper
1803 En l'onneur du roy ihesu crist
 Bonnes gens voilliés nous bien fere
 Vuy* tout le jour n'ay fait que
       brayre
1806 Et demander tout jour ausmone
 Et je ne trouvay huy personne
 Qui m'ait donné une oufferande
  Tercius pauper
1809 Helas et je la vous demande
 En l'onneur de saint nycholas
 Regardés ce pouvre helas
1812 Je vous prie pour amytié
 Et pour dieu que ayés pitié
 De ceste pouvre creature
1814*Que dieu de maulvaise aventure
1815 Pour s'amour vous vueyllie garder
 Or me vuelliés donc regarder
 En pitié dapar nostre dame
  Mulier pauper
1818 Helas a ceste pouvre fame
 Qu'est avuegle et n'y voit goutte
 Par dieu las que quelcun luy bute
       [36a
1821 Ung dignyer en son scuelette
 Au jour d'uy n'a mangé chousete
 Ne elle ne ses deux enffans
1824 Pour ce vous prie bonnes gens
 Que vous m'aydiés trestous a vivre
 Car nouvellemant suis delivre
1827 De ce petit enffant yci
  Quintus pauper juvenis
 Et pour dieu regardés aussi
 Moy qui suis pouvre enfant orphine
1830 Et avant que ma vie fine
 Pour dieu ayés misericorde
 Et que de moy il vous recorde
1833 Et tous jours pour vous je prieray

  Genisius ad semet ipsum
 Je voy voir se je trouveray
 Quelque pouvre qu'aye mestier
1836 De mes biens car je veux laisser
 De ce monde tous les estas
 J'ay ouy de pouvres la bas
1839 Demander pour l'amour de dieu
 Je m'en vois tout droit en ce lieu
 Et leur donray du pain assés
1842 Et des biens que j'ay amassés
 Leur donray aulcunne soustance
 hic veniat ad Pauperes cum pane
 et aliis bonis dicendo
 Mes freres dieu par sa puissance
1845 A chescun de vous soit amis
 De ces biens que dieu m'a tramis[36b
 Veux a chescun donner sa part
  Primus pauper
1848 Ha mon seigneur que dieu vous gart
 Vous faites moult grant cherité
 Par ma foy nous avons esté
1851 Yci des huy sans riens avoir
 hic tradat unicuique suam par-
 tem pro ut data (?) conveniunt
  Genisius
 Beaulx freres il n'en fault challoir
 Tenés cecy premierement
1854 Et vous aussi secondemant
 Tenés ce que vous mangerés
 Et vous belle seur vous aurés
1857 Pour vostres enffans et pour vous
 Or les norissés bien trestous
 Dieu vous donra tous jours de quoy
1860 Mon enffant tien voy c'e pour toy
 Or vous pansés de desiuner
  Quintus pauper juvenis
 Dyeu le vous puisse guyardonner
1863 A cent mille doubles*
  Genisius
 Pour mon ame je suis tout troubles
 Quant je vous voy en tel misere
  Mulier pauper
1866 Mon seigneur humblemant requiere
 A ihesu crist qu'i le vous rende
  Primus pauper
 Je prie a dieu qu'i vous deffende[37a
1869 Le corps de maulvais accident
  Tercius pauper
 Celly dieu qui feust dessendant
 Du ciel pour nous vous vueillye
       entendre
1872 Et en sa gloyre le vous rendre
 Tant bien nous avés conforté
  Secundus pauper
 Celle dame qui a porté

1875 Le doulx jhesu crist en son las
　　 Si vous doint joye et soulas
　　 Et chouse dont vous soyés liés
1878 ([E em paradix vos veulie metre])
　　 hic recedat Genisius (Silete) di-
　　 catur quo dicto dicat Dyabolus
　　 ad semet ipsum huius librum in
　　 manu
　　 Sathan ad semet ipsum
　　 Ha genis que tu es* bien lyés
　　 Tu n'as garde de t'en vouler
1881 Ja ne toy porras escuser
　　 Que tu ne sois seulemant nostre
　　 hic respiciat librum suum et
　　 ostendat alteri Dyabolo dicendo
　　 Regarde cy quel patre nostre
1884 Je ly ay fait cy dedans escrire*
　　 nunc vertat folia et cum nichil*
　　 inveniet scripture clamet fortiter
　　 dicendo haro
　　 Haro haro de dieu mauldite
　　 Soit ta vie ribault mendeux
1887 Sommes nous bien trompés tous deux
　　 Que doy je fere astaroth
　　 Je ne trouve yci ung scul mot
1890 De l'escript que fait je avoy
　　 Certaynnemant je le cuydoy
　　 Tenir mais je croy que l'auray
　　 perdu* [37b
1893 Je panse qu'il s'est ja rendu
　　 (A ce faulx) homme jhesu crist
　　 Et qu'il n'ayt effacié l'escrit
1896 Las je ne scay que me dira
　　 Mon maistre quant il me verra
　　 Il me rompra de batarie
　　 Astaroth
1899 Celle faulce vierge marie
　　 Ly aura tout ce yci* fait fere
　　 Car ell'est de si faulx affere
1902 Que tous jours nous fait enragier
　　 Et nous ne nous pouvons vengier
　　 D'elle pour ce maulvais jhesus
1905 Car dieu le pere de lassus
　　 Luy a donné tant de puissance
　　 Qu'a brief parler et sans dobtance
1908 Elle fait tout ce qu'elle veult
　　 (Sathan)
　　 Puis qu'autre fere ne se peult
　　 Passer s'en convient tout ou tart
1911 Mais je feray tant d'aultre part
　　 A l'empereur dyoclecien
　　 Qu'il le fera mourir demeyn
1914 Ce faulx genis de mort amere
　　 Puisque la faulce rousse mere

　　 De jhesu crist luy est amye
1917 Je m'en yray ne doubte mye
　　 A ly et non demourray pas
　　 Berith [38a
　　 Compains ne te corrociez pas
1920 Je toy diray que nous ferons
　　 Sathan avec nous mennerons
　　 Qui est* d'enffer le grant procureur
1923 Et puis a dieu nostre seigneur
　　 Tous ensemble nous yrons plaindre
　　 Et luy contirons sans riens faindre
1926 La grant tort et la grant injure
　　 Qu'il nous a fait et je te jure
　　 Que de ly aurons bien rayson
　　 Astaroth
1929 Tu as* une tresbonne rayson
　　 Et dis tresbien sans nulle doubte
　　 Je te prie que tu te haste
1932 Gentil compains a l'aler querre
　　 Car tu sces bien que tresgrant guerre
　　 M'a dieu fait pour ce faulx genis
　　 Berith
1935 Je prie dieu que soy pugnis
　　 Se ne l'amaynne tout a l'eure
　　 vadat ad Sathan et dicat
　　 Ha sathan non fay point demeure
1938 A venir bien hastivemant
　　 Car tu sces bien certaynnemant
　　 Comant genis avons perdu
　　 Ydolum sensatum
1941 Que au gibet soit il pendu
　　 Que de mes las est delucié
　　 Par grant force je l' ay laissié[38b
1944 Don je suis triste et doulant
　　 Et sschés que je suis a tant
　　 Que ne puis aller ne courir
　　 (Berith)
1947 Il nous fouldra seul recorir
　　 A dieu qui est* juge soverain
　　 Et n'atendons pas a demain
1950 Mais y allons sans plus tarder
　　 Mamon
　　 Rien ne ganions de retarder
　　 Mais y allons plus toust que tart
1953 A moins ferons nostre deligence
　　 Sans tant crier et parler
　　 Sathan
　　 Je le veux mais je veux porter
1956 Toutes nous informacIons
　　 Car il fait d'allegacIons
　　 Plus qu'il ne feroint* cent mille
　　 Astaroth
1959 Et pour ce que t'es plus subtille

　　 1878 K, D — hinter 1878: Sil. D — 1894 E: A celuy — vor 1909:
Leviatan A — vor 1947: Bellabait J — 1951 ff. B

Que nous aultres tu parleras
Et cleremant luy monstreras
1962 Qu'il nous fait tort tout en publique
Sathan
Certes par faulte de pratique
Ne demoura ja ne t'en chaillie
1965 Je vueyl aller comant qu'il ayllie
Et si penseray de corir
dicat Sathan coram Domino in paradiso
Mon beaux sire voulés ouyr
1968 Ma rayson en bon' equité
Vous scavés bien en verité
Que genis devoit estre myen
1971 Liés il estoit de mon lien*
Depuis l'eure que il naiquit
Vous scavés qu'oncques ne veisquit
1974 Selon vostres comandemans [39a
Mais a esté obéyssans
Du tout a nous et a nous euvres
1977 Oncques ne fist que mal es pouvres
Et au cristiens que vous amés
Nous sommes par luy diffamés
1980 Et si ha blaffemé aussi
Vostre saint nom et vous aussi
C'est une chouse tres amere
1983 Et puis a vostre sainte mere
Renoyé plus de mille fois
Et cestuy de ses propres dois
1986 Le avoit escript en ce livre
Mais vous l'en avés fait delivre
Et avés fait contre justice
Cristus
1989 Sathan sathan (t'es fol et nyce)
D'ainsi parler hardiemant
Car tu sces bien certayrnemant
1992 Puisqu'il fault que je te responde
Que quant je feus la bas au monde
Je dis a tous petis et grans
1995 Que je ne vouloy en nul temps
La mort des pecheurs mais voloye
Et aussi grant plaisir avoye
1998 Qu'il vecquissent et s'amendassent
C'est mon propre commandemant
Sathan
Il est verité vraymant*
2001 De ce je ne vous debat rien
Mais genis ne fist oncques bien [39b
Ne oncques* ne feust bon ne loyal
2004 Vons scavés qu'il n'a fait que mal
Depuis le temps de son enfance
Oncques il ne fist penitance
2007 Jeune ne bienfait ne aulsmone
C'est une tresfaulce personne
Vraymant* je le doy avoir

1989 A: tu es bien nyce

Cristus
2010 Faulx sathan tu ne dis pas voir
Puisque tu fais bien le subtille
Regarde que dist l'evangille
2013 Que je dis de ma propre boche
Ne dis je pas fol plus que soche
Qu'en quelque heure n'en quel temps
2016 Le pecheur seroit repentans
Et que ses pechiés gemyroit
Qu'encontenant sauvés seroit
2019 Et de tout pechié seroit quitte
Sathan
Vous dittes vray mais je dubite
Pour ce que je l'ay tant gardé
2022 Et vous scavés qu'il a tardé
Tant long temps a soy convertir
Car il y* a xxx ans sans mentir
2025 Qu'il n'a oncques fait ung seul bien
Cristus
Je te dis que ce n'y fait rien
Puis qu'il s'est a moy retornés
2028 Car il s'est si bien ordonnés
Et puis a si grant contriction*
Que j'en ny eu compassion [40a
2031 Car en quelque heure n'en quel temps
Le pecheur sera repentans
Je ly pardonray sans doubtance
Sathan
2034 Haro la grant male meschance
Que nous aurons quant je advise
Car se vous faittes par tel guyse
2037 Nous serons trestous despolliés
Je regarde que se lyés
Avons tous les pecheurs du monde
2040 Que seul par celle faulce onde
Du baptisme il sont sauvés
Et aussi sire vous savés
2043 Que puisque tenu les avions
.XXX. ou .L. seysons
Aussi toust que il s'e repentant
2047 Vous les nous oustés faucemant
A ung cop comme l'aygle fait
Je voy bien que summes deffait
2049 Se vous n'y pansés aultremant
Cristus
Et je te dis certainnemant
Que aultre chouse non auras
2052 Or t'en va plus toust que le pas
Et ceux qui avecques toy sont
Car aultre chouse n'en auront
2055 Pour ce vous dy que vous n'allés*
recedant et dicat Sathan aliis Dyabolis

Sathan
Haro haro vous ne scavés
Dyables d'enffer le mal nouvel [40b
2058 Nous n'avons plus rien que la pel
Car ce jhesu crist nous derobe
S'il avoit tout jusqu'a la robe
2061 Si non auroit il pas assés
Il veult tout avoir. si pansés
De y mettre tantoust remeyde
2064 Car aultremant je croy et cuyde
Que il prenra tout a sa part
    Lucifer
Que maudis soiés tous haut et bas
2067 Ordes diables malhereux
Vous avés esté mal apers
Quant perdu avés ce qu'estoit gaine
2070 Mes vous en aurés recu peigne
Tout en travers de vostre dos
Pansés d'aler autre part
2073 Chercher proye plus tout que tart
    Leviatan
Que le* grans dyables y ont part
Tant me fait pansemant avoir
2076 Certes je vous fais a ssavoir
Que se tous les dyables qui sont
Vueillent entendre de profont
2079 Maisque il ne soint sots ne chiches
Que nous serons tantoust bien riches
Car il nous fault en verité
2082 Aussi toust que aurons tempté
Ung homme quant le trouvons fol
Que tantoust luy rompons le col
2085 Adonc ferons sambler musart
Ihesu crist car il sera tart
Du repantir aprés la mort
    (Sathan)
2088 Tu nous donnes tresbon confort
Et croire devons ton conseyl
Sachés que quant a moy je vueyl
2091 Travallier a mont et aval
Et feray fere tant de mal [41a
Que ce sera grant merveylle*
    (Astaroth)
2094 Sa dyables je m'en veux aller
Yci ne fault point soubjourner
Chescun panse de travaillier
2097 Et de recouvrer nostre perte
Chescun ait la personne uperte
Dapar lucifer nostre maistre
2100 Que chescun de nous voillie questre
L'ung voyse sa et l'aultre la
    (Sathan)
Oncques dyable myeux ne parla
2103 Quant a moy je m'en vois en france

    (Leviatan)
Et je vois dapar la meschance
En bre'aignie et engleterre
2106 Car vraymant* je veux conquerre
Du monde la tierce partie
    Astaroth
Et je veux fere despartie
2109 Je vois vers dyoclecïen
Et feray tant j'en suis certain
Que vraymant il sera m'aliés
    Mamon
2112 Quant a moy je veux que vous sachés
Que je m'en ves au pais de l'engedoc
Et ameneray a gros floc
2115 De ces vieulx avaricïeulx
Et de ces maudis luxurieux
Pour les fere tourmenter avant
2118 Tant qu'i seront malmenés
    Mater inferni
Mes ung estront a vostre nés
Sanglans cheroynes que vous estes
2121 Vous me rompés toute la teste
Puisqu'elle seroit de fer
Par dieu je n'eusse ja atrapé
2124 De ces grans gens despotiques
Et de celle ligne maudite
Du temps qu'avés demoré cy
2127 Plus que tous vous en dix ans
    fere ne aseriés
    Berith
Qu'au grant gibet sois* butés
Et de forte fievre reliés*
2130 Que tant negligens estes vous
Et bien foulx et pis que de bestes
Meschans deloyaux qui vous estes
2133 Vous non usés que de barat [41b
Je vous feray mettre en [mal] estat
Car a nostre meistre le dire*
2136 Et vous feray mettre a martire
Se il vous tient je le scay bien
Et si vous pugnyra tresbien
2139 Du barat que vous luy mennés
est ad Luciferum et dicat sibi
A nostre maistre lucifer
Ung mal nouveaux vous vueil conter
2142 Du quel je ne me porray tayre
Du grant barat que j'ay vebu* fere
A ceux qui estoint* avec sathan
2145 Astaroth et levïatan
Qui ont laissé perdre ung gage
Don a peu que je non enrage

2068 ff. B — vor 2088: Berfegor J — vor 2094: Burgibuc J — vor 2102:
Berfegor J — vor 2104: Burgibuc J — 2112-27 B — 2119 ff. D — 2134 A

2148 *Et* non pas sans occasion
     Car genis ce traytre larron
     Il ont laissé baptier*
2151 *Et* a dieu de tout retorner
     Et se vous n'y mettés remede
     Je croy bien par ma foy *et* cuyde
2154 *Que* il feront de tout ainsi
     Don je en suis fort corrociés
     Lucifer
     Qu'en grant malan soint il entrés
2157 Bien meschamment se sont gardés
     S'il fault *que* genis soit sauvés
     Se je les puis tenir ceans
2160 Je le*ur* feray chanter le chans [42a
     Telmant qu'il seront malmennés
     Berith
     No*s*tre maistre ne vo*us* souciés
2163 Car je me suis en advisé
     Que j'auray toust remedié
     Vers dyoclecien yray
2166 *Et* si forment le parsuyvray
     Par engin *et* temptacion
     Que genis ce mauvais larron
2169 Fera mourir j'en suis certain
     Avant qu'il soit passé demain
     Et puis par force de tempter
2172 L'empereur feray enragier
     Et avant *que* gueyre m'eschappe
     Je feray *que* aurons son ame
2175 Ainssi il sera malhereux
     Lucifer
     Or allés tantoust ung ou deux
     Et faittes si bien la besoignye
2178 *Que* puis après mal ne vo*us* veignye
     Allés dapar le dyable allés
     (Sil*e*te)
     Imperator
     Il me samble se vous allés
2181 Vers genis qu'il seroit bien fait
     Pri*m*us milex
     Nous y allons tout *par* effait
     Mon seigneur ne vo*us* doubtés poynt
2184 Sachés *que* ne tarderons point
     Mais de grant volunté y all*on*s* [42b
     Secundus milex
     C'est tresbien dist *et* luy dirons
2187 S'il a riens changé son corage
     vadant ad Genisium *et* videntes
     eum a longe dicat S*ecundus*
     milex aliis Militibus mirando
     Et qu'est cela veés la rages
     Oncques ne feus si esbais
     Tercius milex
2190 *Et* quoy avés vo*us* doulx amis

     Secundus milex
     Et n'est il point cela genis
     Q*ue* je voy la de blanc vestu
     hic debent ire ad Genisium *et*
     Genisins *debet esse cum Pauperibus et dare eis elemosinam iterato*
     Tercius milex
2193 Ouy vrayma*n*t* *que* fais tu
     Genis avec ces pouvres gens
     Genisius
     Je le*ur* donne cy de mes biens
2196 Car il en avoint tresgrant fain
     Et si ne hurent* morseau de pain
     On* je le croy depuis dymenche
     Tercius milex
2199 *Et* qui t'a celle roube blanche
     Vestüe *et* mis sus ton dos
     Genisius
     Se vo*us* savois a quel propos
2202 J'ay ceste roube cy vestue
     Vo*us* auriés tantoust abatue
     Et laissé vo*s*tre loy meschante
     Pri*m*us milex
2205 Ouyés vo*us* l'enchanson qu'il chante
     Je croy que il est enchanté
     Le dyâble l'aura tanté   [43a
2208 Es tu la crestien devenus
     Secundus milex
     Mieulx te voudroit estre tout nu
     Et tout de fin vif escorchié
2211 Que d'avoir no*s*tre dieu leyssié
     Po*ur* estre le crestien devenu
     Genisius
     Po*ur* tel veux je estre tenu
2214 *Et* si veux jhesu criat amer
     Et le veux servir *et* honnorer*
     Pour lequel suis volen renaistre
2217 Allés dire a vo*s*tre maistre
     L'emp*er*eur qui adoure* le dyable
     Qu'il est homme deraysonnable
2220 *Et* qu'il n'est ne bon ne loyal
     Quartus milex
     A faulx traitre en dix tu mal
     De ton bon seign*eur* droyturier
2223 Menons le au juge pour juger
     Ce ribault vees* vo*us* qu'il s'en truffe
     Tercius milex *eum percutiendo dicat*
     Or tien tu auras ceste buffe
2226 Genis pour t*a* faulce parolle
     Secundus milex
     Ceux qui t'a mis a ceste escolle
     Ne t'a pas mis bonne leczon

hinter 2179: Silete *nachträglich gestrichen A* — 2209 ff.: *B*

    Quartus milex
2229 Passe avant passe garson
  Nous as tu joué de tel jeu
  Il te fouldra mettre en ung feu
2232 Et toy ardre jusqu'a la cindre
  eant ad Iudicem *et* dicat *Tercius*
  milex
    Tercius milex
  Sire juge vueilliés entendre
  A condampner ce maulvais homme
           [43b
2235 Car dedans la cité de romme
  N'a homme plux faulx ne plus traitre
    Iudex
  Que vous a il fait a il tytre
2238 De larron ou s'il est murtrier
  Je ne le saroy* jugier
  S'il n'avoit fait cas criminel
    Primus milex
2241 Il a son seigneur naturel
  Trahy. *et* nostres dieux aussi
  Pour ce l'avons ammené cy
2244 Que vous en faittes ordonnance
    Iudex
  Je n'oseray sans licience*
  De l'empereur car il luy touche
2247 Plus sot seroy que une soche
  De le juger sans son savoir
    Tercius milex
  Nous le ly menron donc pour voir
2250 Si en fera a son plaisir
    Iudex
  Or fuittes puis au revenir
  Je feray selon sa response
2253 Il sara puis pour combien l'once
  Ce croy je sans gaire de noyse
    Genisius
  Je vous prie* pour dieu que je voyse
2256 Dire deux mots au chapellain [44a
    Secundus milex
  Quoy ly diras tu faulx villain
  Pansee tu avec ly gaignyer
2259 Je ne vous veux gaire longnyer
  Mais je veux avoir confession*
    Secundus milex
  Or va que male passIon
2262 Tous deux ensamble vous fiere*
    [Silete]
  vadat Genisius ad Presbiterum
  et dicat
    Genisius
  Sire pour dieu je vous requier
  Confession de mes pechiés

    Presbiter
2265 Tu seras tantoust despechiés
  Or t'en vien yci beaux amis
  vadat ad confitendum et interim
  dicatur Silete quo dicto revertatur ad Milites dicendo
    Genisius
  Beaulx seigneurs puisque je suis mis
2268 En bon estat si me prennés
  Et a vous plaisir me mennés
  Par trestout la ou vous voulrés
    Primus milex
2271 Je vous promet que vous sarés
  Mennés pour devant l'empereur
  [Vous et vostre compagnie ensemble]
  ducant eum ad Imperatorem *et*
  dicat *Primus* milex
2274 Veés cy le vailliant seigneur
  Qui s'est fait crestien de novel
    Imperator
  C'est ung jeu qui n'est pas trop bel
2277 Genis pourquoy as tu ce fait
  Conte moy trestout en effait
  La rayson commant ne pourquoy
2280 Tu as* cecy fait en contre moy [44b
  Or le me dis sans varier
    Genisius
  Empereur vueilliés escouter
2283 Et vous trestous qui estes sage
  Vueilliés mettre en vous corage
  A ouyr ce que je diray
  Et en present vous conteray
2287 Pour quoy suis crestien devenu
  Toutes fois qu'il m'est advenu
  D'öyr nommer le nom crestien
2290 Je estoy vous le scavés bien
  Deceveus pour tresgrant erreur
  Et si avoy haynne *et* dolleur
2293 Quant des crestiens parler veoy
  Car tresgrant mal je leur vouloy
  Pour la cause de celle hayne
2296 Ay voleu c'est chouse certaynne
  Leur segrès moult fort enserchier
  Et si me suis fais enseignyer
2299 Les chouses qui estoint tenues
  Par leur haulters *et* estendues
  Et quant cecy fere veoy
2302 Aulx crestiens *et* je m'en ryoy
  Pourquoy encontinant que feus
  Devant eulx lavés trestout nus
2305 De l'eaue *que* vehu avés
  De tous mes pechiés feus lavés

hinter 2262: Silete *H* — 2273 *M* — 2283 ff. *L H C*

```
       Affin que se enterrogué feusse          2359  Faisoint en leur sacriffices
2308   Que seuremant croyre je deusse [45a            Car je vous dy que ceux offices
       Et aulx chouses interroguées                   Sont a jhesu crist moult plaisans
       Respondisse raysons prouvés            2362  Pour ce vous prie en requirans
2311   En après j'ay vehu de certain                 A vous nostre sire empereur
       Dessus moy venir une main                     Et aussi a vous mes seigneurs
       Dessendant du cyel en luanges          2365  Du peuple, qui estes* incredule
2314   Et si ay vehu venir les anges                 Et aussi vous tenés a nulles [46a
       Rayans de flandeurs par regart                Des bons crestiens les bonnes euvres
       Qui estoint de chescunne part          2368  Et certes vous estes bien pouvres
2317   De moi a haulte voix lisans                   De sen et si avés grant tort
       En ung livre en recitans                      De ce que vous riés si fort
       Tous mes pechiés pur tel magniere      2371  Par ces misteres a oultrance
2320   Genis t'as fait bonne prïere                  Mais c'estoit par grant ignorance
       Car ceste esue t'a lavé                       Pour quoy avecque moy creans
       Tous tes pechiés et anullés            2374  Vous vueilliés estre confessans
2323   Que tu cognois par cognoissance               De la rayson que vous ay dicte
       Toy avoir fait de ton enffance                Et chescun de vous sera quitte
       Ainsi que se fait ne les eusses        2377  De tout pechié s'il se repaint
2326   Et aussi netïé te feusses                     Mais a vous pour ce demonstrant
       Par l'eaue du batïesmant                      Don ce que j'ay vehu en apert
       Ce livre aussi pareillimant            2380  Car j'ay vehu le ciel tout ouvert
2329   Feust si tresblanc et si tresnet              Et la main du ciel sus moy mise
       Quon s'il n'y eust oncques si net             Par grace que dieu m'a tramise
       Ne demonstra rien d'escripture         2383  A l'eure que je feus lavés
2332   Et feut fait plus blanc sans laydure          Et uy vehu les anges levés
       Que la nyege cent mille fois                  Dessus moy et tous mes pechiés
       Adonc les anges a grant vois           2386  De tout lavés et effaciés
2335   Moy disrent sachés de certain                 Et si ay puis vehu la lumyere
       Da par dieu le hault soverain                 Du ciel et des anges la chiere
                                                     Et la gloere de dieu celeste
       Que tu es tout puriflés       [45b     2389  Devant mes yeulx expresse estre
2338   Et de tout pechié netïés                      Par laquelle j'ay bien (a prise)
                                                                                   apris
       Fay maintenant par tel maniere         2392  A cognoistre ce m'est advis
       Que tu ne perdes en derriere                  De Ihesu crist la verité
2341   La grace que tu as acquise                    Vray dieu clarté et lumyere*
       Mais la garde (tresbien tandis)        2395  Pitié et salu de trestous
       Car mentir de dieu la force*                  Qui a sa grace auront recors
2344   C'est tant grant quul hu* pour force
       Tellemant qu'il ne peuvent pas                Par baptisme, (segront tous jours)
       Subiecir n'a juys n'a soulas                                              [46b
2347   Empereur que feray je doncques         2398  Sa voye et qui la croiront
       Jugés en vous mesmes adonques                 Pour quoy a trestous je vous prie
       Je verray vostre conscience                   Humblemant de cueur et supplie
2350   Quar j'ay vehu par experïence          2401  Que chescun de vous soit solu
       Que quant je n'ay voleu complaire             Et ensegnant pour son salu
       A vostre voloir ne rien fere                  Et ainsi tres parfaittemant
2353   Destrusés ce que avés fait
       J'ay au roy du ciel bien complait      2404  [Et sache veritablemant]
       En après j'ay fait tresgrant jouye            (En) jhesu estre propremant
2356   Es angels quant je ne voloye                  Vray creatour de tout le monde
       Que les hommes ne rissent riens
       De les chouses que les cristiens
```

2307 ff. *L H C* — 2323 ff. *L H C* — 2337-8 *H C* — 2342 *H* par bone guise* —
2343 ff. *L H C* — 2362 ff. *H C* — 2376 ff. *L H C* — 2391 *A* — 2393 *H J C* —
2397 ff. *H C* — 2397 *A* ,et qui segront* — 2404 *C* — 2405 Ihesu crist *H*

2407 Don a cecy je veux respondre
     Que ceste chouse ne porrois
     Jamais prouver se vous n'estois
2410 Lavés et neist. je vous affie
     De celle unde que vous dye
     La quelle le pere et le filz
2413 Et le benoit saint esperit
     Ung vray dieu seul en trinité
     Ordonna, car en verité
     Ce sera nostre sauvemant
            Imperator
     Tu as mainti maulvaisemant
     Traistre ribault plain de malice
2419 Vouldrois tu doncques que je fisse
     Comme toy pour mes dieux chenger
     Je toy proveray menssongier
2422 Et que tu faux a dire voir
     Ne nous as tu fait a savoir
     A tous nous et donné entendre
2425 Qu'il sont trois que tu veux com-
                                prandre
     Par ung seul dieu tant seulemant[47a
            Genisius
     Je l'ay dist veritablemant
2428 Et pour voir le vous maintiendray
     Et tantoust vous en respondray
     Se vous voullés argument fere
            Imperator clamando
2431 Qu'est celly qui se porroit taire
     De respondre a tel cornart
     Tu dis scelon ce qu'il m'apart
2434 Qu'i sont trois ung seul dieu faisant
     Comant vais tu cecy disant
     Ung seul dieu n'est que une personne
2437 S'il sont trois il fault que cheecunne
     Aye puissance naturelle
     Je te demande voir laquelle
2440 De ces trois personnes vault myeulx
     Il fault par force que trois dieux
     Soint* scelon ce que tu dis
            Genisius
2443 Ha empereur comant tes dis
     Et tes parolles sont nuysans
     A toy mesme. et sont cuysans
2446 Au dieu qui t'a fait et formé
     Je t'ay ja dist et enfformé
     Qu'il n'est qu'ung dieu tant seu-
                                lemant
2449 Et si te dis tout seuremant
     Qu'autant de puissance a le pere
     Comme le filz c'est chouse clere
2452 Et aussi par equipolence
     Le filz a autant de puissance [47b
     Comme le pere devantdist

2458 f. L H C

2455 Et aussi le saint esperit
     Dieu est pere et filz aussi
     Et est saint esperit aussi
2458 Tu ne dois point estre ignorant
     De ce croire mais dessirant
     Car a dieu trestout est possible
2461 Et si n'est point chose impossible
     Envers dieu je vueil que tu saches
            Imperator
     Mauldis sois* tu car tu taches
2464 De moy fere tresgrant despit
     Par les chouses que tu as dit
     Deloyal garson deputayre
2467 Et comant soy porroit il fere
     Qu'ung seul dieu soit en trois per-
                                sonnes
     Je te prouve par raysons vives*
2470 Que ce est chouse tres injuste
     Une chouse qui est en terre
     Dividir en nulle magniere
2473 Si non qu'on le vueillie destruyre
     Et a cecy te vuyl induyre
     Par bon exemple ainsi comme
2476 Tu prendras yci ceste pomme
     Tu vois qu'elle n'est point partie
     Se tu la pars cheacunne partie*
2479 Sera pome entieremant
     Non pas mais sera seulemant
     Partie de pomme doulx amis* [48a
2482 Oncor plus fort se tu as mis
     L'une des parties en deux
     Je toy demande se tu veux
2485 Affermer que chesque partie
     Soit pomme entiere ou partie
     Je dis se tu ne veux mantir
2488 Qu'il toy fauldra seul consantir
     Qu'il sont parties et* non pas tout
     Et que tu jugerès au bout
2491 Que de ce croyre tu as tort
     Or toy demande je plus fort
     Pour tourner a mon premier point
2494 Metras tu jamais si a point
     La pomme comme estoit devant
     Certes non toy ne homme* vivant
2497 Entiere la ne seroit pas
     Et cecy tu accesseras
     Car une chouse qui est* deffuitte
2500 Jamais elle n'est si parfaitte
     Comme devant ne si semblable
     Donc ta ruyson n'est qu'une fable
2503 Scelon ce qu'en puis percevoir
     Et ne puis croyre qu'il soit voir
     Que ung* seul dieu soit en trinité
2506 Ainsi n'est il par verité

Qu'il soit ainsi comme tu dis
Car s'il estoit individis
2509 Comme je t'ay dist en trois lieux
Il ne porroit pas estre dieux [48b
Quar faudroit* quelque l'on die
2512 Que chescun le feust sa partie
Et la partie n'est point (toust) tout
Tu as donc tort et si es sot
2515 De ce croyre et de le dire

Genisius
Ha chien deloyal rempli d'ire
M'as tu fait la question telle
2518 Bien voy que le dyable t'apelle
Qui dedans enffer te veult mettre
Mort ou vif je me veux admettre
2521 De reprover ta malvaistie
Et toy montreray ta foullie
Pour ta poynne cy mesmemant
2524 Don tu argües faulcemant

Et pour faulx te vueil renommer
Car sains la partir ne salver
2527 Je te fais ung tel argument
[Pour la pome cy mememant]
Et toy dis tout premieremant
2530 Qu'en ceste pomme a trois choses
Qui sont dedans elle incloses
La premiere c'est la colleur
2533 La secunde si est l'oudeur
La tierce c'est la saveur bonne
Et ces trois chouses sont in une
2536 Tu ne peus aller au contraire
Car jamais tu ne peus detraire
L'une sans l'aultre de ces trois
2539 Je toy demande a ceste fois
Se ces trois chouses sont disioingtes
[49a
Certes non pas mais sont conioingtes
2542 Dedans une mesme soubstance
Car la pomme n'est que une essence
Ce la vois tu bien cleremant
2545 Et se ne la peus nullemant
Partir ne en quart ne en tiers
Ou fere ce que bon te samble
2548 Que ces trois ne soint* ensemble
Et si sont en chescunne part
Car jamais l'une ne soy part
2551 De l'aultre ainsi sont unyes
Il ne fault point que tu le nyes
Ne que tu voyses denyānt
2554 Que dieu qui a* tout fait de neānt

Ne puisse estre par son delit
Pere fil et saint esperit
2557 Trinité en une soubstance
Et en une mesme essence
Comme je t'ay dist de la pomme

Imperator
2560 Haro seigneurs le maulvais homme
Il ne parlet que par fallaces
Mieulx te vouldroit que tu allasses
2563 Alleurs car cy ne fais tu rien
De moy non te vienra ja bien
Je te promet qnoy que il tarde
2566 Que mal feu d'enffer se t'arde*
Se tu ne reprens ta memoyre
De ton sang il me fauldra boyre[49b
2569 Garson maulvais sanglant ribault
Tu dis que ton dieu est la hault
Et s'il y est que n'ay je a ffere
2572 Je le renye et son affere
Et ly et toute sa lignye
Et trestoute sa compaignye
2575 Et tout ce que de ly peust estre
Mauldit soit il et tout son estre
Et ceulx qui l'ayment myeulx de
    moy
2578 Et ceulx qui mainteignyent sa foy
Et toy avec tout le premyer
Car ton dieu n'est forsque murtrier
2581 Et larron car il feust pendu
Pour ce qu'il avoit offendu
Et menné tresmauvaise vie

Genisius
2584 Chien enragié remply d'envie
Bien apart que tu sera le dyable
Et n'es tu pas bien detestable
2587 De mauldire ton creatour
Chien puant maulvais plain de
    herreur
T'as le nom de dieu ravallé
2590 Et puis oncor l'as apellé (murtrier)
Murtrier et larron aussimant
Don tu as menti faulcemant
2593 Comme chien pūant que t'es tous

Imperator
Ha mes sergens ou estes vous
Venés a moy sans arester [50a
2596 Et me prennés sans plus tarder
Ce ribaut plain de fellonnye
Qui m'a dist si grant villanaye
2599 Et n'a appellé chien pūant
Prennés le moy incontenant
[Que du fen d'anfer soyt il art]

2513 A — 2521 ff. HC — 2525 ff. HBC — 2528 C — 2536 ff. HC —
2539 ff. HBC — 2544 ff. HC — 2553 f. C — 2590 A — 2601 L

Que vous puissés ymaginer
Prepositus
[Sire] Se je ne le fais dejuner
2764 [Et son corps bien tormanter]
Mieulx que oncques homme ne fist
Et que l'on dira qu'il soufflat
2767 Je veux qu'on nie creve les yeulx
Imperator
Vous ne porriés pas dire mieulx
Or tenés je le vous remette
Prepositus ad Genisium [53b
2770 Venés sa bonne personnete
Vostre raube vous fault vestir
Demain vous feray sans mentir
2773 Vostre faulx propos emender
ibi fiat pausa donec investiunt
Genis je te veulx demander
Comant ne pour quelle rayson
2776 Tu as fait si grant mesprison
D'avoir nostre dieu repellé
Puis oncorés as apellé
2779 L'empereur faulx chien deputayre
Genisius
Quant a ce je ne me puis tayre
Amis que je ne toy responde
2782 Sachés que celle saintte unde
Du baptisme que j'ay receu
A trestous vous aultres deceu
2785 Car si toust quant laver me fis
Je cogneux et sceu je t'affis
De paradix la sainte gloyre
2788 Et si te dis par chouse voire
Que jhesu crist la m'a donné
Et a mon ame ordonné
2791 En paradix comme vray dieux
Doulx amis il te vauldroit myeulx
Croyre en ly que en tes dyables
2794 Je te dis qu'il ne sont point fables
Or vous en tenés asseurés
Que les dieux que vous adorés
2797 Sont tous dyables a briefve somme
[54a
Prepositus
Et je te promet meschant homme
Pour ce que tu as blaffemé
2900 Nostres dieux et nous as blamé
Que je t'en chastieray tresbien
Car oncques nul maulvais chrestien
2803 N'eust tant de dolleur ne de poynne
Comme toy c'est chouse certaynne
Donc je te jure et conclus
2806 Qu'en ce monde ne vivras plus
Par tes parolles fol meschant

Car je t'aprandray ung tel chant
2809 Qu'il toy fera changer coustume
Genisius
Antant me chault que d'une plume
De tes dis ne de tes mennasses
2812 Je toy prie que tu me faces
Du sanglant pis que tu porras
Car quant plus poynne me donras
2815 Tu acroitras tant plus ma joye
Prepositus
Ha le ribault il soy resioye
A soy moquer de ma parolle
2818 Il est bien fol qui en* fol s'afolle
Et sy est de mal heure né
Voyant qu'il est si obstiné
2821 Mais de renuncer nous dieulx
Si je ne le feray mal hereulx
[Sa tiranu] allés moy le juge
(queryr)
2824 Car (tantoust je le veulx requerir)
Qu'il juge cest homme a mort
Primus tirannus
Sire vous n'avés point de tort
2827 Par les oultrages qu'il vous dist [54b
Vostre comant et vostre dist
De tresbon cueur nous le ferons
2830 Et au mieulx que nous saurons*
Nous luy dirons vostre message
Prepositus
Par ainsi fattes vous que sage
2833 D'estre obëyssant a moy
(Secundus) tirannus
N'est il point rayson. si est ce croy*
N'avés vous pas la gouvernance
2836 De l'empereur et la puissance
De fere que qu'il vous plaira
Nous y allons et il fera
2839 Vostre commandemant tantoust
vadant ad Judicem et dicat idem
Secundus tirannus
Sire mon seigneur le prevoust
Qui est bien vostre bon amis
2842 Nous a cy a present tramis
Pour ce faulx genis condampner
Judex
Je vois doncques a ly parler
2845 Si saray qu'il me vouldra dire
vadat ad prepositum
Nostre dieu venus vous gart sire
Je suis venus voir qu'il vous plait

2763 E — 2764 E — 2805 f. E — 2819 ff. E — 2823 E, „querre" E —
2824 je lui veulx requerre — vor 2834: J primus

Prepositus
2848 Certes vous avés tresbien fait
Je vous diray que je vous vueyl
Vois yci ung trüant plain d'or-
　　　　guyl* [55a
2851 Qui va nostre dieu blaffemant
Pour quoy je veux qu'a grant
　　　　tormant
Vous le jugés a grant martire
2854 Car le maulvais garson ne tire
Forsque a nostre loy gaster
Judex
Il ne se fault pas tant haster
2857 Car premier l'enterrogueray
Et puis après ordonneray
Yci devant vostre presence
2860 Selon ses malfais la sentence
Or sa genis je toy requiere
Que tu me contes la maniere
2863 Comant tu as ainsi meffait
Genisius
Tu n'as pas encores meffait
Envers moy quant par ton office
2866 Mais garde tous jours bien justice
Et ne juge que bien a droit
Car je n'ay rien fait que par droit
2869 [Et pour sauver l'ame de moy]

Et l'ame de moy sauver*
Et si n'ay oncques peu trouver
2872 Par rayson ne pour verité
En nul de vostres dieux bonté
Il ne sont pas dieux qui bien sachent
2875 Mais il sont dyables qui empechent
Vous cueur de vray* cognoissance
Mais jhesus qui a* toute puissance
　　　　[55b
2878 Comme vray dieu et homme pur
M'a fait plus ferme que nul mur
A croire sa foy saincte et digne
2881 Combien que feusse tres indigne
Il m'a bien sa grace ouverte
Et certes je luy ay oufferte
2884 Le corps et* aussi l'ame de moy
(Et) laisse vostre faulce loy
Qui vous fait nuyt et jour bien
　　　　paistre
2887 Mais jhesu crist nostre doulx maistre
De bon cueur vueil tout jour amer
Judex
Meschant qui te fait blaffemer
2890 Nostre loy qui est si tresbonne
Car celle meschante personne
De jhesu crist que tu tant ames

2893 N'a de povoir plus que les ranes
Qui cryent tout le jour aux champs
Et tu as bien vehu tout ton tamps
2896 Que nous dieux font tant de miracles
Il parlent et font les signacles
Pour cognoistre trestoutes chouses
2899 Esbaïs suis comant tu ousses
Laisser nous dieux a grant devix
Pour celly qu'oncques tu ne vis
2903 Et qui n'a povoir ne virtus
Genisius
Et juge commant lent es tu
Tu en parles bien comme beste
2905 Entens et met bien en ta teste [56a
De tes dieux la certainnyté
Car ce n'est tous que vanité
2908 Et te dis sans toy conter fables
Qu'il ne sont pas dieux mais sont
　　　　dyables
Qui nuyt et jour vous vont tentant
Judex
2911 Garson pour quoy parles tu tant
De nous dieux qui sont si parfait
Car tu sces bien qu'en tout nous fait
2914 De toutes chouses qui nous faillient
Que cognoissance il nous baillient
Et tout ce que nous demandons
2917 Puis nous donnent a grant bandons
Maintes chouses de moult grant pris
Genisius
Et pour ce que je les ay pris
2920 Souvant quant il les m'ont donné
Le leur ay je tous retourné
Et ne veux riens avoir de leur
2923 Car ce n'est que paynne et dolleur
Que de leurs euvres ensuyvir
Et pour ce veux je poursüyr
2926 A servir le roy de droiture
Judex
Comant es tu de tel nature
Que tu ne tiens de nous dieux conte
2929 Mourir te feray a grant honte
Genis se ton propos ne changes
Ce que tu dis ne sont que chanches
2932 Croy moy de ce que te dyray
Genisius [56b
Je te promet que non feray
Tu me peus assés sermonner
2935 Car point ne veux abandonner
Ne jhesu crist ne sa foy sainte
Judex
Je voy bien que ce n'est pas fainte
2938 Aultrage je te feray fere

2869 C — 2870 ff. L H C — 2885 K ͵Jay'

6*

       Conte moy voir de quel affere
       Ton dieu jhesu crist a esté
               Genisius
2941 Puisque tu m'en as requisté
     Aucunnemant t'en parleray
     Et tout ce que je t'en dyray
2944 Sera pour l'onneur du saint nom
     De jhesu crist pour aultre non
     Je te dis tout premieremant
2947 Que jhesu crist est propremant
     Roy des rois dieu tout soverain
     Et si feust aussi de certain
2950 Homme mortel comme nous sommes
     Et saches que comme nous feusmes
     Par le pechié d'adam dampnés
2953 Nous ne poveons estre sauvés
     Sans ly n'avoir nostre salu
     Et pour cela il a faillieu
2956 Qu'il soit né au monde de mere
     Et qu'il ait souffert mort amere
     Pour les ames d'enffer getter
2959 Et nous a voleu recheter
     De son benoit sang precieux
     Que les traistres juifs enuyeux
2962 Ly espancherent a grant tort [57a
     Et puis trois jours après sa mort
     Il resucita comme dieux
2965 Et avant qu'il monta es cieulx
     Il getta les ames d'enffer
              Judex
     Puisque j'auray teste de fer
2968 Se seroy je tous esturdis
     Des parolles que tu me dis
     Je voy bien que ce sont mensonges
2971 Sans faulte je croy que tu songes
     Au que tu as le dyable au corps
     Commant peust il estre que ung
                       mors
2974 Resucite de par ly mesme
     Et que dieu feust né d'une femme
     Comme nous summes et charnel
2977 Et tu dis qu'il est eternel
     C'est a croire ung treffort cas
     Car puisque tous les advocas
2980 Qui sont au monde le diroint
     Et bonnes raysons monstreroint
     Si non les en croyray je pas
              Genisius
2983 Et puisque je voy que tu n'as
     De cecy croire volunté
     Ja ce soit qu'il soit verité
2986 Plus avant ne t'en parleray

               Judex
     Et par mon seriment je feray*
     A tourmant mourir ta personne
           dicat Preposito
2989 Monseigneur le prevoust je or-
                    donne
     Que pour grant derusion
     Premier soit mis en la prison
2992 Qu'on luy face beaucop de mal [57b
     (Premier) soit mis sus ung cheval
     Trestout nufz et qu'il soit liés
2995 Et qu'il ait et mains et piés*
     Partusiés a bonnes alaynnes
     Adonc luy retiendront les veynnes
2998 Dedans des piés et de les mains*
             Prepositus
     Certes il n'en aura ja moins
     Puisque l'ordonnance avés faitte
3001 Et si sera tantoust parfaitte
     La santence tresvoluntier

          Primus milex   [58a
     Prevost poyssant a reddoter
3004 Je consellie qu'i soit mené
     Estreystement et enprisoné
     Par vous jusques a demain
3007 Et qu'on ne luy ballie ne vin ne
                       pain
     Ne aultre chose que le vallie
           Secundus milex
     En la prison conviant que n'allie
3010 Prevost qu'i l'on le meyne
     Et s'il a la fievre cartayne
     Briefvemant il en garira
3013 Et celluy qui luy donera
     Pain ne vin mabon le maudie
             Prepositus
     Menés le donc je vous em prie
3016 Et dites moy au carcerier
     Que s'i veult estre mon amy chier
     Que a mengier rien ne luy done
3019 Et s'il y antre nule persone
     Pour luy doner a mangier ne boire
     Je vous promesse qu'i peult bien
                      croyere
3022 Que j'en feray (punicion)
           Quartus millex
     Nous renoncions le dieu mahon
     Si ne fasons bien le message
            Tertius milex
3025 Carcerier mestre de gage

2987-3389 *tilgt* H — 2990 f. B — 2992 B *setst vor*: ,Et^c — 2998 B Apres —
3003 ff. B — 3022 D ,punicion'

    Nous t'amenons ung prisonier [58b
    Lequel nous tenons depuis hier
3028 Da par le prevost nostre sire
    Qu'i toy mande sans contredire
    Qu'i soit tenu estroytemant
       Carcerator
3031 Je regnye mon serment
    Et tous les dieux en qui je croy
    S'il n'est mal traité pour moy
3034 Depuis que le prevost le com-
           mande
      Primus millex
    Après sces tu qu'il te commande
    Que tu ne luy done rien a mangier
3037 Ne a boire sur poyne de l'emande
    Et confiscation de tous tes biens
    Et s'il venoint aulcunes gens
3040 A luy parler par rien que soit
    Que la porte fermé soit
    Et qu'i n'antre nule persone
       Carcerator
3043 Il n'aura sus sa corone
    Et fust il pape ou arceveque
    Je croy qu'il aura la teste seche
3046 Avant que sallie de ceans
    Et deust il bien demorer trente ans
    Qu'il est* rien de moy a mengier
      Secundus milex [59a
3049 Jusque a demain le te faut garder
    Et non plus certeynement
       Carcerator
    Layssés moy feyre ardimant
3052 Ne vous en souciés plus de rien
    Alés vous en je vous dis bien
    Que vous serés ceans logé
3055 Mestre lutim tremal traté
    Vous y sserés jusque a demain
    Puisque j'ay sus vous la main
3058 Garde n'avés de vous naler

      Prepositus
    Sergent allés es churpentiers
    Et leur distes que je leur mande
     dicat servientibus [57b
3061 Sergens allés es charpentiers
    Et leur dittes que je leur mande
    Et* aussi le juge le commande
3064 Qu'il mettent trestout leur effort
    A fere ung cheval bon et fort
    Et de tresbien bonne matiere
3067 Et leur devisés la maniere
    Puis les faittes venir yci

      Primus cliens
    Sire prevoust trestout ainsi
3070 Comme vous dittes ferons nous
      vadant ad carpentatores et
      dicat primus cliens
    Charpentiers sa ou estes vous
    Il vous fault ceste heuvre laisser
3073 Et vous fault tantoust comencier
    A fere ung cheval de bois
    Car je vous dy qu'a ce* fois
3076 L'on mettra genis a martire
      Primus carpentator [60a
    Quel dyable me contés vous sire
    Ne se veult il point chestier
      Secundus cliens
3079 Il est pire qu'il n'estoit yer
    Avés vous seul nuls bon cresteaulx
      Secundus carpentator
    Ouy sire de bons et beaulx
3082 Veés en yci* deux regardés
      Primus cliens
    Il sont tresbons or les prennés
    Et de ces pos mettés dessus
3085 Et gardés a ung mot conclus
    [Et le portés quant il sera fait]
    (Qu'il soit fait quant je reviendray)
3088 [Car ja plus ne reviandray]
      Primus carpentator
    Jamais aultre heuvre non feray
    Jusque atant que fait il sera
3091 Et mon compaignyon m'eydera
    Maisque nous faittes bien payer
      Secundus cliens
    Vous en aurés bien bon louyer
3094 Faites seulemant la besonnye
      Secundus carpentator
    L'argent aussi bien nous besongnye
    Nous n'avons pas bien de quoy vivre
      dicat socio suo
3097 Pren de la pren et toy delivre
    Que quant il vienra qu'il soit fait
      Primus carpentator
    Je panse qu'il sera parfait
3100 Au moins avant qu'il soit une heure
              [60b
      Secundus cliens
    Sire sans fere grant demeure
    Les charpentiers sont a l'ouvrage
3103 Se voulés fere nulz message
    N'aultre chouse dittes le moy
      Prepositus
    Ouy que tu va dapar moy
3106 Querre les deux maistres (borreaux)

3059 f. *D* — 3061 ff. *H* — 3086-8 *J* — 3106 *J* tirans'

Et leur dy que pliseurs nouveaux
Nous sont advenu par desa
8109 *Et* qu'il s'en viengnent car piece a
Que j'ay heu de leur bien affere
    Secundus cliens
Je y vois sire debonayre
3112 *Et* tantoust les *vous* amenray
vadat ad lanistas *et* dicat
Or sa maistres sans nul deslay
Venés au prevoust maintenant
8115 Car il *vous* fault incontenant
Mettre a martire genis
    Primus (lanista)
Oncques mais ne feus si joullys
3118 Je veux bien *que vous* le sachiés
Et vous prie que vous seichiés
Des ces crestiens a grant planté
3121 Car nous avons grant volunté
De les tresgriefmant tormanter
    Secundus (lanista)
Quelx engins nous fault porter*
3124 Pour le tormanter dittes sire
    Secundus cliens [63a
Scelon ce *que* j'en ay* ouy dire
On ly fera a tout le moins
3127 Les ungles des piés *et* des mains
Percier d'aleynnes bien agues
    (*Secundus* lanista)
Nous en avons d'aussi poyntues
3130 Qu'il en a point en ceste ville
    [Tercius]
Ung chescun de nous est subtille
En son mestier je *vous* promet
    [Quartus]
3133 Car chescun de *nous* s'entremet
De fere son fait bien a point
    (*Primus*) (lanista)
De cecy ne *vous* parle point
3136 Car *nous* summes de tout garnis
    [*Primus*]
Allons delivrer ce genis
Don il est si grant parlemant
    Secundus cliens
3139 Allons doncques activemant
Car le prevoust nous ataint la
Et y* a long temps qu'il ne parla
3142 Pour soy fere parler a ly

Primus carpentator ad prepositum
Mon seigneur est il bien jouly
Le cheval *et* a *vostre* guyse

    Prepositus
3145 Il est tresbien a ma devise
Je ne veux qu'il soit aultremant
    Secundus carpen*tator* [61a
Nous voudrions nostre peyment
3148 Treschier sire s'il *vous* pleysoit
    Prepositus
Or me dites tout en effait
Que vous vient de cest ouvrage
    Primus carpen*tator*
3151 Sire prevost a brief langage
Il nous vient dix soubs *et* demy
    Prepositus
Or tenés veés les vous ycy
3154 Estes vous bien contans de moy
    Secundus carpen*tator*
Oy sire in bone foy
Nous vous mersions honblement
    Prepositus
3157 Chivaliers venés ca activement
Trestous en ma presance
Allés moy querre sans residance
3160 Genis le prisonier
A la meyson du carcerier
Et luy dites *que* le *vous* ballie
    Primus milex
3163 Nous y allons vallie *que* vallie
Puisque vous plest le commander
    Secundus milex
Sire prevost sans plus tarder
3166 Nous l'amenerons comant qu'il soit
    Tercius milex [61b
S'il n'est point mort a nuit de froit
Nous l'amenerous sans diffalliance
    Primus milex
3169 O carcerier male mechance
T'anvoyent mahon *et* apolin
Tu dors mestre quoquin
3172 Tu as vellié ceste nutée
Quelque corbs vif male jornée
Puisses tu avoir respons a nous
    Carcerator
3175 Oulahan qui estes vous
Que m'apelés si hautemant
Je prie le dieu talvagant
3178 *Que* vous envoye fievre cartayne
Je n'ay dormy de la sepmeyne
Maintenent fault *que* je repose
    Tercius milex
3181 Tu dis vray je le supose

vor 3117: *E* tirannus' — vor 3123: *E* tiranus' — vor 3129: *E* (terrcius tiranus)
J primus tiranus — vor 3131: *N* — vor 3133: *N* — vor 3135: *E* tiranus', *J*
secundus, *N* secundus — vor 3137: *N* — 3147 ff. *B*

      Qu'il soit vray il ne m'en chault
      Je toy prie dessens de la haut
3184 Et nous va querir le prisonier
      Que nous t'amenames depuis hier
      Et que soit fait incontinant
            Carcerator
3187 M'avés vous aporté mon payment
      De la despance qu'i m'a faite
          Secundus milex
      Nous t'aporterons sa teste
3190 Demain quant il sera decolé
         Quartus milex   [62a
      Depeche toy maugré ta vie
      Le prevost toy contentera
            Carcerator
3193 Le diable l'emportera
      Se je l'aballie sans finance
           Tercius milex
      Tien voy la ton argiant
3196 Pour nourrir toy et ton meynage
      Or le nous balie et feras que sage
      C'est faux genis que demandons
            Carcerator
3199 Tenés regardés luy les talons
      Ou la teste si vous volés
      Et jambs ne le m'amenés
3202 Que male mechance se luy vignie
          Primus milex
      Passés avant mechant indigne
      Rien ne vous vaut le reffuser
         Quartus milex
3205 Adieu mestre carcerier
      Menon le ativemant
           Tercius milex
      Sire prevost de renomé
3208 Nostre dieu venus talvagant
      Si vous vuilie de mal garder
      Vecy nostre prisonier
           Prepositus
3211 A male heure puysse il ariver
      Tant est faux et mechant
         Secundus cliens
      Veés yci pareillemant
3214 Les maistres que vous demandés
         Prepositus   [63b
      Ha compaignyons que vous (suiés)
      Maintenant le tresbien venus

3217 Nous sommes yci detenus
      Pour genis celluy mauvais homme
         Primus (lanista)
      Or nous dittes en quelle forme
3220 Vous voullés qu'on ly face mal
          Prepositus
      Vous le mettrés sus ce (cheval)
      Puis après que vous luy perciés
3223 Les ongles des mains et des piés
      Et vous gardés bien de mesprendre
        Secundus (lanista)
      Il sera fait. Allons le prandre
3226 Et ly mettons sans plus de noyse
      accipiant Genisium et moveant
      sibi vestem suam et portent
      eum ad Justiciarium dicendo
        (Primus lanista)
      Ha sanglant gibet que il poyse
      Il a ussés mangié de souppes
           [Quartus]
3229 Je vouldroy qu'il feust descoupés
      Et le feu feust bouté dedans
        (Secundus lanista)
      Estraindre te feray les dens
3232 Depuis que chescun s'i acorde
        (Primus lanista)
      Baillie moy sa de celle corde
      Car je luy veux les mains lier
        (Secundus lanista)
3235 Je ly veux les piés estachier
      Adonc ne s'en porra füyr   [64a
          [Quartus]
      Il n'aura garde de courir
3238 Quant il aura cecy aux piés
      ostendant populo cordem et
      alenam et perforans eum dicat
      Primus (lanista)
        Primus (lanista)
      Or sus apert se despechiés
      Car l'eure ung peu trop soy tarde
          [Tercius]
3241 Veés vous pas comme il regarde
      D'ung tresmaulvais et put regart
      dicat Genisio
      Ne toy chaillie qu'avant qu'es-
                        chapes
3244 Nous te ferons sambler musart

3213 ff. H — 3215: J soies — vor 3219: E tiranus — 3221: J chapbal —
vor 3225: E tiranus — vor 3227: E (tercius tirannus), J primus tiranus; N ter-
cius — vor 3229 N — vor 3231: E (primus tiranus), J secundus — vor 3233:
E (secundus) tiranus, J primus — vor 3235: E (tercius) tiranus, J secundus, N
tercius — vor 3237 N — hinter 3238: J tiranus — vor 3239: E tiranus — vor
3241 N — 3243-4 stellt A durch vorgesetztes b, a nachträglich um.

Secundus (lanista)
Regardés il samble chivart
dicat socio suo
        [*Quartus*]
Il le fault poindre aultremant
3247 Ou nostre cas n'yra pas bien
      (Primus lanista)
Il m'est advis qu'il sera bien
De y [mectre] ceste bien longue
  ostendat alenam bene longam
8250 Adonc n'y aura*,morseau de chancre
Ne venyn ne aussi de toesse
Qui (plustout) luy face plus grant
          angoisse
8253 Ne qui plustout ly frappe au cueur
     (Secundus lanista)
Oncor feray je de plus fort
Il ne tient compte de cecy
3256 Je ly veux mettre celle la
Et puis verrons que il fera
S'il sara guayre repetter
3259 Ne s'il sera bien reveilliés
Il fault tantoust aller au piés
Et nous despechons de legier
    (*Primus* lanista)   [64b
3262 Aussi le fault il deschaucier
Pour le voir tout jusque au piés
    (*Secundus* lanista)
Il te fault lever hault les piés
3265 Et le verrois a vostre guyse
    Primus (lanista)
Nous avons trouvé la devise
Pour toy tenir bien reveillyé

     [*Secundus*]   [65a
3268 Avant compain pren l'autre pié
Se commencons d'une venue
      Primus
Je veux mestre la plus ague
3271 Pour mieulx le fere revellier
Pense ton jhesus demander
Toutes fois il ne te sara garder
3274 Que tu n'ayes encor ceste cy
    Secundus tiranus
Onques ne feulx si rejõy
Por ce qu'ansi fere te voy
3277 Sy aura il ceste dapar moy
Et encor ceste pour le dernier
Il n'aura garde de dancier
3280 Tant l'avons nous bien estrillié

    dicat preposito   [64b
Il est maintenant bien payé
    [*Quartus*]
De ses gages n'est pas donc sire
      Prepositus
3283 C'est trestout que mon cueur desire
Il est in estat bien notable
dicat Prepositus Genisio
    [Prepositus]
Ignorant meschant miserable
3286 Sacriffie a nostres dieux
Tu non es pas encore vieux
Tu peus avoir assés de biens
3289 Pour quoy veux tu estre crestiens
Pour tant de tormant soustenir
Tu te deusses bien repantir
3292 Et sacriffier comme sage
Affin que a nostre corage
Puisses oncores retorner
3295 Et la grant grace recouvrer
De nostre sire l'empereur
    Genisius
(On) [Le] corage de ces seigneurs
3298 (Ne torneray point qu'il desprisent)
(Ne croyray point car il desprisent]
Le seigneur des cyeulx et mesprisent
3301 Et mescognoissent leur droit roy
                 [66a
[Chien deloyal et detracteur]
Je toy dis prevoust entens moy
3304 [Se tu veulx rien pour(?) moy]
Que jhesus est le roy parfait
Le quel a tout le monde fait
3307 Et je l'ay bien aperceveu
Par les saintes euvres et vebu
Qu'il est vray dieu en trinité
3310 Et qu'i par sa benignité
M'a monstré sa misericorde
Don a son service m'acorde
3313 Car je estoy ung grant bourdeur
Ung incredule et moqueur
Mais ly par sa pitié divine
3316 Combien que je feusse indigne
Il m'a voleu determiner
Et sy m'a fait illuminer
3319 De sa grace et mis en voye

vor 3245: *E tiranus* — vor 3246 *N* — vor 3248: *E setst tercius tiranus,
J streicht* tercius, *N setst primus* — 3249 *J* — 3252 *A* — vor 3254: *E (primus) tiranus,
J secundus* — vor 3262: *E (secundus tiranus) J primus tiranus* — vor 3264: *E
(tercius) tiranus, J secundus, N tyranus* — vor 3266: *E tiranus* — vor 3268 *D* —
3268 ff. *B* — 3281 ff. *H* — vor 3282, vor 3285 *N* — 3297 *A* — 3298-99 *H* —
3297-3301, 3302, 3304 *M* -- 3307 ff. *L H C*

| | Car par avant avuegle estoye
| | Et affin de ce que je visse
| 3322 | La vray lumyere et que je fisse
| | Ainsi comme m'a devisé
| | Et que cogneusse verité
| 3325 | Don tout cristien doit estre plain
| | Et pour ce oure je me plaing
| | Car avec vous par cy devant
| 3328 | Je avoy mespris bien souvant
| | Et si ay par iniquité
| | Le saint non sovant despité
| 3331 | Entre les bons hommes crestiens
| | Por lequel blame je me tiens [66b
| | Estre bien digne de souffrir
| 3334 | Trestous ces tormans et ouffrir
| | Tout mon corps a ta volunté
| | Car saches bien en verité
| 3337 | Que tous jours me repanteray
| | Et a moy je reputeray
| | Tous les tourmans que tu me fais
| 3340 | Car puisque je me suis meffais
| | En vers dieu scelon qu'il m'apart
| | Je y suis bien venu trop tart
| 3343 | Pour l'ourer comme vray (dieu) roy
| | Prepositus
| | Ribault trüant que dis tu quoy
| | Est il aultre roy que le nostre
| | Genisius
| 3346 | Prevoust je toy dis que le vostre
| | Est homme mortel et pecheur
| | Et n'a puissance ne valleur
| 3349 | Si non tant comme dieu lyen *
| | baillie
| | Mais le roy que je die sans faillie
| | Lequel je aoure de present
| 3352 | C'est le vray dieu trestout puissant
| | Qui n'a comancemant ne fin
| | Prevoust entend de bon cueur fin
| 3355 | Car cecy ne sont pas frivolles
| | Le roy de quoy tu as parolles
| | Dominet pour honneur conquerre
| 3358 | Par certain espace de terre
| | Et n'est pas seigneur virtüeux [67a
| | Mais jhesu crist est glorïeux
| 3361 | Lequel a puissance divine
| | Car il est roy lequel domine
| | En ciel en terre et en mer
| 3364 | Et ceux qui le veullent amer
| | En ont la gloire pardurable
| | [Que est en la gloyre pardurable]

| 3367 | Mais vostre roy sans point de fable
| | Prenra fin dedans certain temps
| | Ihesu crist est roy tous puissant
| 3370 | [Et sans pont de destroiemant]
| | Et sera glorïeulx toudix
| | En la gloyre de paradix
| 3373 | Lequel regne tousjours et vist
| | Judex
| | Je croy qu'oncques homme ne vist
| | Garson de plus maulvais affere
| 3376 | Car je voy qu'il ne se peust tayre
| | De ce faulx jhesus maintenir
| | Pour quoy ne te veux tu tenir
| 3379 | De parler de ce maulvais homme
| | Genisius
| | Juge je te dis tout en somme
| | Que se cent fois tu me doublois
| 3382 | Tous ces tormans et les mettois
| | Tout autour de moy a la touche
| | Que le roy jhesus de ma bouche
| 3385 | Ne de mon cueur tu n'ousteras
| | Et saches que tu ne porras
| | Ne par tourmant ne par martire
| 3388 | Fere moy ung (tout) seul mot dire
| | [67b
| | Qu'a jhesu crist puisse desplaire
| | Judex
| | Sire prevoust qu'est il de fere
| 3391 | Cest homme est dur quant le dyable*
| | Je n'y voy rians plus prophetable
| | Que de le dire a l'empereur
| 3394 | Car vous veés que par dolleur
| | Ne par tormant quel c'on ly face
| | Jamais il ne müet sa face
| 3397 | Et ne veult point changer sa foy
| | Prepositus
| | Allons luy dire vous et moy
| | Et le laissons cy a layair
| | vadant ad Imperatorem et dicat
| | Prepositus
| 3400 | Mon seigneur honneur et plaisir
| | Vous doint dieu venus nostre sire
| | Nous vous sumes cy venus dire
| 3403 | Que ce maulvais genis ne veult
| | Laisser jhesu crist ne n'en peult
| | Son maulvais corage ouster
| 3406 | Et si luy aveons fait bouter
| | Grosses alloynnes par des dois
| | [Et sy l'avons fait tourmenter
| 3409 | Ardemant par plus de II fois
| | Judex
| | Il ne prise pas une nois

3329-89 H — 3331 ff. M — 3343 A — 3349 ff. M — 3353 ff. L H C —
3366 L — 3367-8 M — 3370 M — 3388 A — 3406-9 H

Tout le tourmant c'om ly a fait
8412 Mais m'a bien respondu de fait
Que se cent fois je luy doubloye
Le tormant que donné ly avoye*
8415 Que ja ne ly feroy müer
Le nom de jhesus de son cuer [68a
Et ly donnasse tousiours poynne
  Imperator
8418 Je vous prie qu'on le m'amaynne
Que je le voye maintenant
  Prepositus
Il sera fait incontenant
3421 Monseigneur je le vois querir
vadat et dicat Tirannis
Tirans sus poynne de morir
Que cest homme vous desllés
3424 Et que tantoust vous l'amennés
A l'empereur qui le demande
Et par moy mesme le vous mande
8427 Ainssi je yray avec vous
  Secundus tirannus
Sire prevoust si ferons nous
Encontenant le mennerons
  [Tercius]
8430 Avant compaignyons desllons
Cest homme puisqu'on le nous dist
hic debent eum deligare et sibi
removere alenas
  Primus tirannus
De dieu puisse il estre mauldit
3433 Il nous donne moult grant fatigue
Regarde que le cueur ly guygue
Je croy bien qu'il vouldroit dancer
  Prepositus
3436 Or sa pansés vous d'avancer
Et le mennés legieremant
hic ducant eum ad Imperatorem
et dicatur Silete et loquatur idem
  Prepositus
Mon seigneur veés cy comant
3439 Ce faulx genis avons fait mettre
Ne oncques n'a voleu promettre [68b
De changer son maulvais corage
  Imperator
3442 Compningz genis tu n'es pas sage
De toy ainssi fere chastier*
La personne et tormenter
3445 Par maintenir ce faulx jhesus
T'as laissé nostre dieu venus
Don j'en suis dollant et marris
  Genisius
3448 Empereur j'ay esté norris
A ta court du commencement

Et soay tout le gouvernemant
3441 Et de toy et de ta meynye
Mais se tu savois la follie
Que tu fais d'adorer venus
3454 Et deusses bien estre tous nufs
Et trestout fin vifz escourchiés
Ja tu n'en serois corrociés
3457 Mais en aurois au cueur grant joye
Car la mort est la droite voye
Pour maintenir la foy crestienne
3460 La quelle jhesus tient pour sienne
Comme dieu roy (de tous les rois)
Et a ly de tout je me donne
3463 Du quel j'atans sa sainte gloire
  Imperator
Tu ne fais bien a ceste fois
Esbay et tresmerveyllieux
3466 Comant es tu si ourgouyllieux
De dire qu'il soit sus tous rois [69a
Est il plus grant maistre que moy
3469 Palliart plain de detraction
  Genisius
Ce n'est pas comparacion
Qui soit faitte scelon droyture
8472 D'acomparer la creature
Au createur dieu tout puissant
Entent et applique ton sen
3475 A cecy et t'en vaulras myeulx
Car je te dis que se tous tes dieux*
En qui tu crois si comme samble
3478 Et le monde estoint ensemble
Et jhesu criet tout seulemant
3480 Vouloit a ung seul movemant
Sans nulle contradicion
Tout mettroit a confusion
8483 [S'il voloyt je te certifie]
Comme vray dieu qu'il est et
      homme
  Imperator
Comant se feroit meschant homme
3486 T'es maintenant pris a la trappe
Ta parolle mesme t'atrappe
Et tantoust t'en vueil enformer
3489 Veux tu dire et affermer
Qu'il soit homme et dieu aussi
  Genisius
Je le dy car il est ainsi
3492 Et a ce vueyl mourir et vivre
  Imperator
Ou tu es fol ou tu es yvre
Dieu d'ou vient il premieremant [69b

vor 3430 N — 3461: J de tout le monde* — 3462-63 J, tilgt D — 3464-66 J —
3464-65 B D — 3471 ff. J — 3483 L — 3484 ff. L H J

Genisius
3495　Il n'eust oncques comancemant
　　　Et aussi n'aura jamais fin
　　　Imperator
　　　Nous le verrons bien a la fin
3498　D'ou il vient ton dieu jhesu crist
　　　Et la humanité* qu'il a pris
　　　L'a il doncques tous jours gardé
　　　Genisius
3501　Non pas mais feust bien encharné
　　　Par ly mesmes a certain temps
　　　Imperator
　　　Et estoit il aussi puissans
3504　Par avant ton dieu que je nomme
　　　Comme depuis qu'il est heu homme
　　　Dy voir response* a cecy
　　　Genisius
3507　Je n'en suis pas en grant soussy
　　　Mais entens moy bien je te prie
　　　Car oncques ne feust amoindrie
3510　Sa sainte et digne puissance
　　　Et toy dis sans point de doubtance
　　　Que jamais ne soy* amoindrira
3513　Ne jamais n'en s'enhaulcera
　　　Il n'en fault point avoir de doubte
　　　Car en ly est puissance toute
3516　Comme celly qui est* tout parfait
　　　Et aussi ce qui se fera
　　　Sans ly fere ne se porra
3519　Excepté pechié et malice
　　　Imperator　　[70a
　　　Il appart bien que tu es* bien nyce
　　　Et que tu es bien empechié
3522　Les hommes sont il sans pechié
　　　Dy fol respon moy a ce cas
　　　Genisius
　　　Je toy dis certes que non pas
3525　Mais vueil que tu sois* tous seurs
　　　Que tous les hommes sont pecheurs
　　　Et en pechié sommes tous nefs
　　　Imperator
3528　Or regarde se tu non es
　　　Bien mensongier en tout ton fait
　　　Tu dis que ton dieu est parfait
3531　Et qu'il est homme sans pechié
　　　Puis oncores as entachié
　　　De dire qu'il n'a homme au monde
3534　Tant comme il dure a la ronde
　　　Qui n'ait pechié aulcunnemant
　　　Genisius
　　　Je te confesse vraymant*
3537　Excepté jhesu crist mon maistre

　　　Imperator
　　　Comant dyable peust cecy estre
　　　Que dieu si parfait et si digne
3540　Com tu dis soit ensi incliné*
　　　De voulloir homme devenir
　　　Et qu'il se soit voleu tenir
3543　Au monde avec les malfaiteurs
　　　Car tu dis qu'il sont tous pecheurs
　　　Et c'est chouse qui est* bien con-
　　　　　　　　　　　　　　trayre
3546　Qu'ung homme puisse sans meffere
　　　　　　　　　　　　　　　[70b
　　　Au monde vivre longuemant
　　　Genisius
　　　Je toy dis veritablemant
3549　Que dieu est homme et jhesu crist
　　　Et scelon qu'il est in escript
　　　Il feust en ce monde vivans
3552　L'espace de XXXII ans
　　　Par son bon et digne playsir
　　　Et puis après voulist morir
3555　Pour tous nous* ames recheter
　　　Et au trois* jour resuciter
　　　En monstrans sa digne puissance
　　　Imperator
　　　Il seroit bien plain d'ignorance
3558　Par mon serment qui ce croioit
　　　Je te dis voir s'il ne pouvoit
　　　Au moins s'il feust tel quant tu dis
3561　Mettre chescun en paradis
　　　Sans devenir homme mortel
　　　Il estoit bien fol naturel
3564　S'il feust si puissant et si fort
　　　D'estre homme par prandre mort
　　　Sans faulte il n'estoit pas sage
3567　Je toy dis voir quel adventage
　　　Il est quant il feust homme fait
　　　Genisius
　　　Ha empereur que tu as fait
3570　Oures une bonne question*
　　　Mais a briefve conclusion
　　　Je te dis qu'il se devoit fere　[71a
3573　Et si n'estoit point necessaire
　　　A ly qu'il feust devenu homme
　　　Imperator
　　　Or me regardés quel proudomme
3576　Et pour quoy l'est il volleu estre
　　　Genisius
　　　S'il plait a dieu (le roy celestre)
3579　Je te diray rayson pourquoy
　　　Mais je toy prie entens moy
　　　Sans point fere de mesprision
3582　Dieu crea trestout par rayson
　　　Comme vray dieu trestout puissant

3497 ff. *LHBJ* — 3514 *LHJ* — 3570 ff. *LHBJ* — 3578: *B* tout in effet' — 3578 ff. *LHJ*

7

2602 Ce faulx garson veés le cy
Et tous ses compaignyons aussi
Car je crois qu'il sont de sa bande
2605 Et gardés bien que chescun tende
A ly fere tresgrant martire
Car je voy q'ung chescun d'eux tire
2608 A laisser nostre bonne loy
Et tendent a la faulce foy
De jhesu crist ce faulx palliart
2611 Je veux avant qu'il soit plus tart
Qu'il so(in)t* despouliés tous nus
Et qu'il soint* tresbien batus
2614 Et destranchiés par tel maniere
Qu'il n'y demore pel entiere
Et qu'il soint* tant destranchés
2617 Que de la teste jusque aux piés
Leur sang courret a grant planté

Primus tyrannus
Mon seigneur vostre volunté
2620 Sera bien tantoust acomplye

Secundus tyrannus
Mon seigneur je vous certifie
Qu'il sera fet incontinant
2623 Et le ferons a chiere lie

Imperator
Batés le moy (tout a presant)
De gros foès et a grant planté
2626 Car tielle est ma volanté
Et leur faictes grand villanie

Primus mimus [50b
Ha mon seigneur je vous supplie
2629 Que vous ouyés nostre rayson
Car puisque ce maulvais garson
A volleu nostres dieux laisser
2632 Et veult nostre loy abeyssier
Nous ne sommes pas bien contans
Car nous avons tout nostre temps
2635 Servy nous dieux bien lëaulmant
Et vous aussi pareyllymant
Mon seigneur vous le scavés bien
2638 Don je vous prie que pour rien
Vous ne nous vueilliés nul mal fere
Car ce faulx jhesus deputayre
2641 Je renye tout de present
Et ne feux oncques consentant
De croire n'au pere n'au filz
2644 Je le tien par dieu aussi vilz
Que je porroy fere ung vigon*
Et croy qu'il n'a cy compaignyon

2647 Qui l'ayme ne qui le sousteignye
Secundus mimus
Moy mon seigneur que je main-
teignye
Ihesus ce larron menssongier
2650 J'ameroy mieulx par dieu manger
Mes mains qu'avoir en ly creance
Je le renye et sa puissance
2653 Et tous ceulx de sa nacion
Et ceulx qui ont entencion
De le servir mieulx que je n'ay [51a
2656 Et aussi mon seigneur je soay
Que ceulx yci ne l'ayment point
Tercius mimus
Mon seigneur entendés ce point
2659 Car puisque ce maulvais genis
A son cuer et s'entente mis
A ce faulx jhesu crist amer
2662 Vous ne nous devés point blamer
Ne point nous voulloir fere oultrage
Car nous n'eusmes oncques corage
2665 D'amer jhesu crist ne son pere
Mais le renoyons, et aussi sa mere*
Et tout ce que de luy feust oncques
Quartus mimus
2668 Mon seigneur or entendés doncques
Car il me sample propremant
A mon advis et* a mon conseyl
2671 Et* aussi on le peult voir a l'oueyl
Qu'il doit porter la penitence
Car ly mesme par ignorance
2674 A laissé trestoute sa loye*
Et vostre grace resjoye*
Ceulx a qui la voulés donner
2677 Et s'est voleu habandonner
A pleurs et a doloyreus plains
Des crestiens don il sont plains
2680 Tous ces faulx crestiens malheureux
[51b
Et pour ce que ce dollereux
Tout seul il a fait le pechié
2683 Il en doit bien estre empechié
Tout seul et en porter la charge

Imperator
De ce fait cy je vous descharge
2686 Car je voy que non avés culpe
Mais ce faulx genis en a culpe
Qui m'a dist sa grant mesprision
2689 — Mes tyrans mennés le en prison
Et le batés incontenant
De verges ainsi formant*
2692 Comme je vous ay comandé

2602 ff. L H — 2612 soint A àndert L su soyt — 2621-2 L — 2623 B —
2624-5 L; 2624 je vous emprie' E —2626 E — 2627 M — 2628 ff. L H

Car je vous ay cy demandé
Pour ce fere et encor pis
Primus tyrannus
2695 Je vous promet qu'oncques tappis
Ne feust de moy si bien frappés
Ne maulvais garson attrappés
2698 Que cestuy ci ne doubtés rien
dicat socio suo
Prens dela prens et le te tien
Et garde bien qu'il ne s'en voyse
Secundus tirannus
2701 S'il fuyst loings de moy une toyse
Je veulx perdre l'ouyl de la teste [52a
dicat imperatori
[*Tercius*]
Mon seigneur a vostre requeste
2704 Nous allons fere nostre office
ducant eum ad verberandum et
dicat *Secundus* tirannus
[*Quartus*]
Passés avant genis le nice
Vous estes venus en nous mains
2707 Mais vous serés je suis certains
Par bonne guyse estrilliés
(*Primus*) tirannus
Il te fault estre despoulliés
2710 Adonc seras mieulx a ton ayse
hic deduant eum postea dicat
Primus Secundo
Compains je te prie° qu'il te playse
De donner le premyer tatin
(*Secundus*) tirannus
2713 Voluntiers des c'est bon latin
Et a ce fere trop me tarde
[*Tercius*]
Et soit pandu qui ne regarde
2716 Le ribault comant il est blanc
[*Quartus*]
Plus roge sera que nul sang
Je croy bien avant qu'il m'eschappe
2719 Je te prie que tu le frappe (com-
pains)
Compains et je commenceray
Primus tirannus
Ainssi comme toy je feray
2722 Car tu me monstres la maniere
hic debent eum verberare fortiter
usque ad sanguinem [hic dimi-
tatur unum folium album]
[Memoyre d'aiouster sus la batterie]

Genisius
Vray jhesu crist ray de lumiere
Pardonne a ceux qu'ainssi me
(batent) [52b
2725 Car ja ce soit qu'ainsi me[f]font
Il ne scevent pas bien pourquoy
Pour ce te prie mon doulx roy
2728 Que tu les met en bon chemin
(*Secundus*) tirannus [quartus]
Il n'y a° gingibre ne coumin
Poudre ne saulse camelline
2731 Qui t'eust si toust fait la poitrine
Ne le cueur si bien revenir
Primus tyrannus
A l'empereur te fault venir
2734 Pour monstrer nostre bon devoir
Secundus tirannus
Certes compaings tu as dit voir
A donc verra nostre proesse
2737 Passe avant passe et t'adresse
Genis car tu es bien gaillart
ducant eum ad imperatorem
(*Primus*) tirannus [*tercius*]
Mon seigneur voyci le palliart
2740 Est il assés bien chatiés
Imperator
Je volisse que vous eussiés
Ainsi fait d'ung chescun chrestien
dicat Genisio
2743 Sa meschant homme tu vois bien
Le tourmant que je t'ay fait fere
Pour quoy ne te veux tu retraire
2746 De croire ainsi follemant [53a
Croy en nostre dieu seulemant
Et trestout toy pardonneray
Genisius
2749 Certes chien maulvais ne feray
Car il n'est pas en ta puissance
Qu'en tes dyables aye creance
2752 Mais en jhesu crist pour certain
Imperator
Haro mon prevoust plustien
Avés vous ouy ce truant
2755 Oustés le moy d'yci devant
Et le faittes sacriffier
Et a nostre loy relier
2758 Par force ou a le boutter
Et le pansés de tormanter
En la magniere plus terrible
2761 Plus deshonneste et horrible

vor 2703: *N* — vor 2705: *N* — vor 2709: *E* tilgt 1 und setzt: tercius, was
J wieder ändert in primus — vor 2713: *E ersetzt* 2 us *durch primus, letzteres
tilgt J* — vor 2715, vor 2717: *N* — 2719 *A* — vor 2721: *E setzt secundus, was
J tilgt* — hinter 2722: hic dimitatur....' *H* — vor 2723: *E* — 2724: *H* font' —
2725: *H* — vor 2729: *E setzt tercius, J primus, N secundus* — vor 2739: *E
setzt tercius, J primus, N* 3 us.

Judex
Batarin sa venée avant
Entendés ce que je diray
3774 Car en present je jugeray
Genis et vous ferés la crie
Batarin crida
Je le feray a chiere lye
3777 Donnés seulement la sentence [74b
Judex
Seigneurs devant vostre presence
Par la magnyere ordonnee
3780 Ma sentence sera donnee
Car nous trouvons et bien se prouve
Que genis en ses fais se trouve
3783 Varïable et malfeyteur
Car il a par sa grant herreur
Renyé nous dieux et nous lois
3786 Et puis a dist a haulte vois
A l'empereur grant villennye
Pour ce doit bien estre pugnye
3789 Sa personne jusqu'a la mort
Puis il maintient a tresgrant tort
Ihesu crist et dist qu'il est dieux
3792 Don je conclus qu'il vault trop mieulx
Le tüer que le laisser vivre
Et pourtant dapar nostre sire
3795 L'empereur, moy qui suis son juge
Ce faulx maulvais genis je juge
Que de present on le mennoit*
3798 Hors de cy et que on luy coppe*
Son chiefz comme traytre qu'il est
Et qu'on le pende au gybet
3801 Aussi par grant derisïon
dicat preposito
Prevoust que l'essecucïon
De ceste sentence se face
Prepositus
3804 Avant que parte de la place
Avecque moy je l'enmenray
Crida [75a
Et moy sire je crïeray
3807 Que chescun soit a la justice
Prepositus
Or t'avance tant que je peusse
Tantoust fere mon grant devoir
Crida
3810 Haro on vous fait a savoir
Dapar l'empereur nostre sire
Que chescun soit sans contredire
3813 A la justice de genis
Lequel a derision a mis*
Trestout le païs de l'empire

3844 ff. B

3816 Venés y tous car c'est le pire
Que je vis oncques en mon vivant*
Prepositus
Sa avant sa venés avant
3819 Il vous fault finir vostres jours
Silete dicatur postmodum vadant
ad patibulum cum paganis excepto Imperatore et aliquibus dominorum et dicat Prepositus Lanistis
A vous deux qui estes tous jours
Au service de ce païs
3822 Je vous remet ce faulx genis
Pour luy copper tantoust la teste
Primus lanista
Monseigneur a vostre requeste
3825 Il sera fait legierement
Car je croy veritablemant
Que se cetuy yci estoit mort*
3828 Que j'en auray tué au plus fort*
Ce croy je bien plus de cent mille
Secundus lanista
Mon seigneur je suis plus abille
3831 Que homme qui soit de mon mestier [75b
Je me veux tantoust despechier
De copper ceste ville face
Prepositus
3834 Il ne me chault quelque le face
Seulement qu'il soit fait tantoust
Primus lanista
Je y* vois monseigneur le prevoust
3837 Et tantoust le despecheray
capiant Genisium et ducant eum prope plotam dicendo
Vyen sa vien que je toy donray
Sus met toy yci et t'abouche
Genisius
3840 Je te prie que ne me touche
Tantque aye fait mon oroyson
Primus lanista
Je t'atendray a grant feyson
3843 Dy seul trestout a ton bel ayse
Secundus lanista
Tu as volu trouver la voeıe
De nostre loy leysier
3846 Et t'es si mal gouverné
D'avoir nostre dieu habandoné
Et portant tout seul la comperes
3849 Car la mort tu sofrires
Avance toy et si te besse

hic dicat Genisius genibus flexis
et devote

Genisius

Vray dieu jhesu ne te deplayse
3852 Se je t'ay offendu souvant
Je voy ma mort yci devant
La quelle point je ne redoubte
3855 Je toy prie que tu m'escoute
Tres doulx jhesu crist roy de gloyre
Vueilliés de moy avoir memoyre
3858 Sire a mon trespassemant
Car ceste mort point ne m'esnoye
Combien sire que je vouldroye
3861 S'il toy plaisoit oncor mais vivre
Affin que je feusse delivre
De mes pechiés par penitance
3864 Car je n'ay pas a souffisance [76a
De tormens scelon mes meffais
Pour quoy a toy prīere fais
3867 Que ton angel m'ame receyve
Affin que point ne la receyve
Le dyable qui m'a tant tenté
3870 Doulx jhesus roy de verité
Playse toy a ceste journee
Que l'ame de moy soit sauvee
3873 Car du tout je la t'abandonne
En toy prians que tu pardonne
A ceulx qui m'ont donné tormant
3876 Car je croy veritablemant
Qu'il non scevent qu'il font sans
faillie

Ihesus cristus

Mon amy genis ne toy chaillie
3879 De riens que m'ais offendu*
Car pour ce que m'as deffendu
Contre la maulvaise chinallie
3882 Contre sathan ton adversaire
Et car tu m'as vollen compleire
Pour ma sainte·foy maintenir
3885 Si te tien tout seur de venir
Au jour d'uy dedans mon royalme
Car j'envoyré querre ton ame
3888 Quant de ton corps se partira
Pour mon angel qui la prendra
Et la portera a grant feste
dicat Genisio scindendo sibi caput

Primus lanista

3891 Delivre toy met la la teste
De toy fault despecher la place[76b
[hic nota ut casim via fiant ante
sequentia]
hic scindant sibi caput et dum
volent suspendere corpus veniant
Angli cum ensibus percucientes
Paganos qui fugiant et Angli capiant corpus et sepeliant, vadant
Prepositus et Pagani ad Imperahinter 3892: M — 3907 B

torem et dicat Prepositus, cum
magno terrore

Prepositus

Mon seigneur dieu vous doint sa
grace
3894 Nous avons fait vostre commant
Mais las vous ne scavés commant
Il nous est tresmal advenu
8897 Je ne scay quels gens sont venu
Qui pourtoint si tresgrant clarté
Que tous nous ont espaventé
3900 Et croy qu'il nous eussent occis
Se nous ne eussent de grant fuys*
Et trestous livré a la mort

Imperator

3903 Il ne me chault puisqu'il est mort
Comme il voura aller si voyse
Il ne me portera mais noyse
3906 Ne desplaisir je le scay bien
(Mais jamais je ne feray bien)
Car je meurs de tresmale rage
3909 Ne suis je pas bien enragié
Si suis et si ay bien de quoy
Car je vous diray bien pour quoy
3912 Je non ay de rien plus volloir
Je le vous dy tout de fin voir
Que de mourir certaynnemant
3915 Car jamais d'ores en avant
Nul point ne me contradira
Mon dieu venus venés de sa
3918 Astaroth sathun et* belzebuth
Doy je ainssi estre confus
Que grant meschance si vous viengne
3921 Venés a moy que j'en suis digne [77a
Passés avant avancés vos
Que faittes vous ou estes vous
3924 Prennés m'ame. je la vous donne
Et aussi mon corps vous abandonne*
Car aultre chouse ne ordonne
3927 Mais la portés a lucifer
Et a tous les dyables d'enffer
Et* en faittes a vostre plaisir
3930 Car de plus vivre n'ay desir
Mais veux tout fere pour despit
Faulce ame je t'abandonne
3983 Et a tous les dyables te donne
Qui toy prennyent tout a la main

Leviatan

Tu dis voir dyoclecīen
3936 Tu as fait ce que demandons
Et saches que nous toy menrons
A lucifer nostre grant maistre
3939 Mieux te voudroit estre a naistre
Car tu n'auras jamais que mal
Or sa sa dessendons a val

Lucifer
3942 Sathan va t'*en* tout de certain
     A l'emp*ereur* dyoclecien
     Car m*ent*enant est le droit point
3945 De lu metre a dampnement
     Car ill a fait p*resen*tement
     Decoler genis son amy
3948 Fay tant q*ue* soit amené
     Au lue ou jamais n'est q*ue* mal
Sathan
     Je suis plus preste qu'u*ng* cheval
3951 A en fere vo*s*tre plaisir
     Car tous temps j'ay heu gr*a*nt desir
     Et oncores l'ay je plus fort
3954 *Et* suis pr*es*te de courir fort
     [ubi se desperat imperator]
     Dyoclecien vo*us* estes no*s*tre*
     Ve*n*é*s* vo*us* en a no*s*tre maistre [77b
3957 En langueur au feus d'enffer*
     vadant in infernu*m* *et* portent
     corpus *et* a*n*i*m*a*m* dyocleciani *et*
     dicat sathan lucifero
     Nou*s*tre gr*a*nt maistre lucifer
     Et tous les* dyables faittes gra*n*t
                                 chiere
3960 Car avons trouvé lu maniere
     De dyoclecien fere enragier*
     Tant qu'il est mort tout *en*ragié
3963 *Et* il no*us* a do*n*né son ame
     Et son corps aussi tout *en*semble
     Et veés* le cy nou*s* l'aportons
3966 Tout en pr*es*ent pour devant vous
     Or en faittes a vo*s*tre guyse
     Bien avons trouvé la devise
3966 Aultre chouse ne vo*us* responde
     Mais m'en retourne vers le monde
     Po*ur* complir tous jours mon mestier
Astaroth
3972 De celluy q*ue* gardeons yer*
     N'est plus memoyre quant a no*us*
     Mais cestuy gaignié avons no*us*
3975 Pour engin *et* subtillité
     Nous avons tant fort encherché
     Q*ue* avant qu'il soit peu de temps
3978 No*us* aurons celles faulces gens
     Qui ont* fait mourir de male mort
     Genis le myme *et* a gra*n*t tort
3981 Je les voes querre se je puis
     Et saront tous nostres subgis
     Je feray bien ma diligence
3984 Q*ue* uous aurons bonne pourve*n*ce
     Je le vo*us* promet sans respit

(Leviatan) [79a
     Je suis de tous le plus petit
3987 *Et* ay esté en angleterre
     Ou j'ay fait fere tant de guerre
     De tempter *et* tampester terre
3990 Q*ue* le tiers de toutes les gens
     Je les feray venir ceans
     Et les mettrons en la chaudiere
3993 Ainsi no*us* ferons bonne chiere
     Plus q*ue* po*ur* or ne po*ur* argent
Berith
     Je croy estre le plus vailliu*n*t
3996 Pour ce veux je changer logis
     Car yci riens gaignyer ne puis
     Mais m'en yroy par my le monde
3999 *Et* lay je veux trestous confu*n*dre
     Celles q*ue* tempter je porray
     Et pour ainsi sans nul deslay
4002 Yci ne veux plus demorer
     Mais me veux aller pourchacier
     Et tout ce q*ue* porray co*n*querre
4005 Apportera*y* cy a gra*n*t herre
     Po*ur* no*us* puites mieux deporter
Mamon [78a
     Je veux aussi amener
4008 Moy qui suis de tous le mign*e*ur
     Bon gré aut maugré leur
     Gens q*ui* neffont nule reyson
4011 S*u* dedans a gra*n*t foyson
     Je veulx auss*i* fere venir
     Gens qui ne volent point tenir
4014 Verité ne leyauté
     J'amerray aussi ces luxurieulx
     Moyenes *et* prestres. vicieulx
4017 Gens qui rompent leur mariage
     Joyement estre a nostre estrage
     Je m'en ves san*s* plus songier
Lucifer
4020 Je vo*us* feray tous escorchier [79a
     Car vo*us* n'estes dignes trestous
     Vo*us* estes tous trop pareyseous
4023 Par negligence perdés tout
     Mais jamais ne voye le bout
     Se ne vo*us* fais changier maniere
4026 Q*ue* m*a*le rage se vo*us* fiere
     Q*ue* tant me faittes vo*us* musart
     Mais vraym*ant*' ou toust ou tart[79b
4029 Se vo*us* ne faittes diligence
     Par vostre gra*n*t male meschance
     Je vo*us* feray changer coustume
Sathan
4032 Puisq*ue* je suis en ce abiame
     Au plus profond *et* au plus chault

     3942 ff. B — hinter 3955: D —   vor 3986: J (bellahait) O belphegor —
4007 ff. B

     Maistre lucifer ne vous chault
4035 Car je vois fere si grant rage
     Que je feray changer courage
     Es crestiens tant les tempteray
4038 Qu'en enffer les amenneray
     En nostre mayson avec nous
     Et pourtant maistre taissés vous
4041 Car se les aultres ont meffait
     Je feray tant que pour effait
     Nostre perte recouvrerons
           Silete
         Predicator
4044 Bonnes gens vous avés bien vehu
     La grace de dieu et perceu
     Comant feust tormenté et mis
4047 Le glorïeux corps saint genis
     Et pour ce que trop ne vous tiengne
     Je vous prie qu'il vous souveignye
4050 Et vous prie a ma requeste
     Quant viendra le jour de sa feste
     Que vous faittes tresbonne chiere
4053 Et ly faittes telle priere
     Que le vray dieu en gré la prengnye
     Allés chescun a sa besoignye [80a
4056 Au nom du pere et du filz
     Et du benoit saint experit
           Amen
     Unitrinoque domino gloria sine
     termino
     Qui me ad ... induxit
     In finem quoque perduxit
     Deo gracias

     De la euvre que j'ay cy faitte
4059 Ou souverain dieu je rens grace
     Monstré il m'a bien pour sa grace
     Perfaittemant en verité
4062 Non pas pour tant qu'amerité
     Une tant grant grace je eusse
     Se sa bonté aydié ne m'eusse
4065 Ici par devant je ay mis
     Ou nom du benoit saint genis
     Haultemant coronné en gloyre
4068 Au myeulx que j'ay peu sa memoyre
     Ne regardés point s'il vous plait
     Ne faulte ne aultre meffait
4071 Et aussi ma pouvre escripture
     Se j'escrie* mal c'est pour nature
     Ou aussi par ma ignorance
4074 Voyre pour faulte de science
     De celly qui a fait ce dit
     Je ay mis son nom en escript
4077 Ne regardés qu'au comencer
     Iquy le trouverés tout cler.

2 O — 39 O — 46-50 O

    Nomina personagiorum [80b
    presentis historie primo
  Cristus 48
  [Virgo maria]
3 Primus angelus 325
  Secundus angelus
  Genisius 1134
6 Primus cristianus 52
  Secundus cristianus 46
  Predicator 212
9 Presbiter 29
  Exorcista 24
  Primus pauper 12
12 Secundus pauper 10
   Tercius pauper 14
   Mulier pauper 12
15 Quintus pauper juvenis . . . 8
   Infidelium Imperator 406
   Prepositus 134
18 Judex 136
   Primus milex 44
   Secundus milex 22
21 Tercius milex 30
   Quartus milex 33
   Primus mimus 34
24 Secundus mimus 29
   Tercius mimus 20
   Quartus mimus 28
27 Primus collega 36
   Secundus collega 36
   Nuncius 64
30 Primus cliens 12
   Secundus cliens 28
   Primus tyrannus 28
33 Secundus tirannus 38
   Primus carpentator 10
   Secundus carpentator 6
36 Primus lanista 42
   Secundus lanista 40
   Batarin crida 12
39 [Carcerator]
   Infernales
   Lucifer 22
   Sathan 134
42 Ydolum 18
   Astaroth 46
   Berith 52
45 et Leviatan 34
   Mamon
   Bellial
48 Belfegor
   Burgibus
   Mater inferni

Anmerkungen und Verbesserungen zu vorstehendem Texte.

(Auf Textbesserungen der interpolirten Stellen verzichten wir grundsätzlich).

Zur Vorbemerkung. Z. 4: Die Setzung des Trema war bei dem schwankenden Silbenwert, welche Dichter, Überarbeiter oder Kopisten auch für solche Vokalkombinationen aufweisen oder aufzuweisen scheinen, die anderwärts stets 2-silbig sind, besonders wichtig, ist aber leider vielfach unterblieben, wo sie überflüssig schien und grundsätzlich bei *y*, da die Druckerei für diesen Vokal kein Zeichen mit Trema besitzt. — Auch der Gebrauch von *v* und *u*, *i* und *j* ist in moderner Weise geregelt.

1-3 Der 3-Reim kommt bei *A* ausser in der auch sonst textlich stark verderbten Rede des *Nuncius* (Vgl. 18 ff, 61 ff.) fast nur noch in der gleichfalls schlecht überlieferten Schlusspartie (Vgl. 3881 ff., 3924 f., 3929 ff., 3987 ff.) vor. (Sonst noch 2110 ff., 2189 ff.) Hier kann man 2 und 3 leicht zusammenziehen in: *Que joie soit donnée a vous.*

9 b: *Et vous porrés.*

12. 13 Die Endung -*ion* ist für den Dichter stets 2-silbig (vgl. 21, 22, 27, 154, 155, 214, 215, 224, 225, 922, 933, 1161, 1162, 1310, 1311, 1323, 1417, 1418, 2029, 2030, 3571, 3630, 3653, 3678, 3814. Schreibweisen wie *mesprision* 2688, 3581, statt *mesprison* 2776 sind zu beseitigen. Also hier zu tilgen 12: *tous*, 13: *y*.

15 Statt *s'est maintenu* wäre *s'est maintenue* zu erwarten, was einzusetzen der Reim: *vescu* verbietet. Aendere darum *s'a maintenu* und ziehe *En ce monde* zu 14.

18 *Comant* nimmt das *Commant* 14 wieder auf.

19. 20 Ziehe zusammen: *Incredule, puis propremant* vgl. 1-3 u. Korrektur 22.

21 b.: *vray[ē] introducion* wie 2876, 3322, 3630. Wegen des Hiates vgl. 26, 38, 191, 265, 268, 304, 371, 375, 1165, 1169, 2978, 3286, 3313, 3604 3727 u. s. w., ausserdem *vray[e]ment* 888.

22 b.: *Fut parmu a devocion*, vgl. *esm(e)u* 329 und Anm. 328.

24 b.: *D'un religieux a povoir*; vgl. 333 u. *3749.

26 Hiat wie 21, allerdings könnte *crestienne* auch 4-silbig gebraucht sein,

vgl. 362, 932, meist ist *ie* in diesem Worte und seinen Weiterbildungen aber 1-silbig, vgl. 30, 34, 891, 923, 1195, 1267, 1583. Ebenso schwankt die Silbenzahl von *Dyoclecien*. 4-silb. ist es: 35, 58, 1912, 3955, 3961, 5-silb.: 1626, 2109, 2165, 3935. Vgl. Anm. 43.

27 b.: *l'inspiracion* (Vgl. 998). Wir haben hier eine reimlose Zeile. Solcher Waisen finden sich in unserem Texte noch eine ganze Anzahl: 40, 43, 60, 63, 65, 1125, 1136, 1336, 1716, 1725, 1998, 2130, 2139, 2154, 2470, 2546, 2667, 3858, 4043, 4058.

32-3 Assonanz. ähnlich 88 f. *lyēr : piés*, 54 f. *recognoisti e : celeste*, 198 f. *euvres : treuves* (st. *trouves*), 242 f. *ame : alarme*, 892 f. *aultres : faultes*, 983 f. *Eve : legere*, 1029 f. *tytre : baptiste*, 1091 f. *aygue : leves* (st. *lave*), 1151 f. *mere : estre*, 1383 f. *seurés : euvres*, 1472 f. *guyses : meistrise*, 1586 f. *fait : deffais*, 1577 f. *enjoingt : besoing*, 1723 f. *fils : esperit*, 1778 f. *maulvaistie : mise*, 1884 f. *escrire : mauldite*, 2173 f. *eschappe : ame*, 2389 f. *celeste : estre*, 2395 f. *trestous : recors*, 2405 f. *monde : respondre*, 2785 f. *fis : affis*, 2892 f. *ames* (2 s. prs. i.) : *ranes*, 3467 f. *rois : moy*, 3498 f. *Crist : pris*, 3793 f. *vivre : sire*, 3918 f. *Belzebuth : confus*, 3961 f., enragier : *enragié*, 3963 f., *ame : ensemble*, 3965 f. *apportous : vous*, 3998 f. *monde : confundre*. In sehr vielen Fällen handelt es sich, wie man sieht, um die Vernachlässigung eines dumpfen *r* oder *s*. Die Fälle, in denen durch Herstellung der korrekten Form (wie z. B. 1728 *baptisme : septienne* st. *septime*) ein reiner Reim vorliegen würde, sowie zahlreiche Fälle, in denen durch etymologische Schreibungen der Reim für das Auge verletzt wird, oder nur ein auslautendes *s* missachtet wurde (z. B. *1047, *1062) sind in vorstehender Liste nicht berücksichtigt worden. Zu erwähnen sind aber noch die Fälle, in denen *n* und *gn* gleichgesetzt sind, so: *espines*: *dignes* 1071, *signes*: *divines* 3702, *divine*: *indigne* 3315; dahin gehört auch *digne*: *incliné* 3539.

37. 38 l.: *esbäy, lyër*.
43 *ie* von *sacrifier* 1-silb. (?), ähnlich *lien* *1971, *fiancé* *1179. Wirklich 1-silb. sind: -*iés* 2. pl. *185, -*eons, ions* 1. pl. *3406, meist *dyables* *290, *crestien* *26, immer aber 2-silb. *sacrifier* 2756, 3292, *signifioit* 3699, *fructiffier, ediffier* 264-5, *crucifié* 210, 1068, *purifiés*: *netiés* 2337-8, *renyé* 3785, (*renoyé* 1984), *prophecié* 3706, *remedié* 2164, *prier* 943, *crier* 3767, *varier* 1677, 2281, 3600, *chastier* *3443, *lyësse* 1262, 1588, *sufficiens* 1365, *conscïence*, *experïence* 2349 f., -*ïon* *12, -*ïeux* *3749. Wegen *pri(e)ray* u. s. w. s. *1833, über Behandlung des vortonigen *e* im Hiat *328, des vorton. *u* *1329. Vorton. *a* blieb syllabisch in *häyr, esbaïr* 1051 f., verstummte in *paour* (afr. *peör*) 887, 1158 und, wie der Reim: *tytre* ergiebt, auch in *traitre* 2236. Vortoniges *ou* erhielt sich: *ouy* (= ja) *1270, *ouy* *3125. Wegen der syllabischen Behandlung von diphtongischem *ie* nach compliciertem *r* vgl. *1042. — Da 43 überdies eine Waise sein würde (vgl. *27), ist die Zeile wohl einfach zu tilgen.
50 *puytes* (st. *puis* 20, 23, 33, 39, 277, 379, findet sich als *puites* auch 4006, fehlt aber bei Godefroy. Vgl. *2003.
51 l.: *Au* st. *Du*.
52 f. *juge*: *sage* falscher Reim.
60 Waise (vgl. *27), oder sprach der Dichter *dioles* und liegt dann Assonanz: *devotes*: *notes*: *fautes* vor? Vgl. *diates* *448, *dyable* *290.
62 b: *Prennés [y] exemple*.
64 Aus der Copie lese ich jetzt: *Que seront grosses et bien aultes*.
68. 102. 105 *maffoy* = *ma foy*, in den späteren Bogen ist der Deutlichkeit halber gedruckt ma *ffoy*, wie *a ssavoir* 3712; vgl. 80 *ne sse*, 109 *Je ssuis*, 112 *a lla*, 124 *ce lue*. Eigentlich schliesst die Verdoppelung der Konsonanz die Worttrennung aus.

102 l.: *j'ay*.
104 l.: *desjune* vgl. 1861, 2763.
117 l.: *ront*, vgl. 778.
120 l.: *cy* (allerdings ist *c* verschnörkelt), ähnlich *sy* *351.
126 b. *Mon dieu Venus en q*. Vgl. 176 sowie S. 44 Abschn. 205, 8. 15 Anm. nebst Nachtr. dazu.
138 b. *Et [te] moquent*, s. 298, 339, 2817 — *guise*, die Hs. hat *guises* mit durchstrichenem *s* (s *1062), vgl. *guyses* 381, 1472, *guyse* 2036.
159 b.: *tien [te] tout seur*; vgl. 1175, 1668, 2795, 145.; *Pour tel veux je estre tenus* 2213, *vous tenés a nulles . . . les euvres* 2366 und *328, *1382.
168 b.: *croi[e]nt* wie 239; vgl. *376.
171 *activemant* 1538, 3139 = *hastivemant* 1938; vgl. *tu te haste* 1931.
173 de fehlt Hs. vor *sordre* b.: *boidie*, was wohl auch Hs. hat, l. also: pl. *de boidie*.
181 *savoés* = *savois* 2201 (vgl. *185). Ähnlich: *voes* 3981, *troes* 1358 B, *toesse* 3251, *gloere* 2389, *ystoere* 1140, *poentues* 40, *devroe* 351, *voulroe* 1501.
185 *dirés*, b.: *diriés*, wie 181 *savoés* oder 2201 *savois* = *saviés* ist; ähnlich sind 2408-9 *porrois, estois* = *porriés* 2768, *estiés*. Die Endung -*iés* ist auch im Imperfekt und Konditionalis stets 1silbig, z. B. *auriés* 2203, ebenso im Konj. Praes. Das gleiche gilt für -*eons*, -*ions* *3406. Vgl. *43.
195 *diray* = *diroy*; vgl. *921, *1412, *2239.
201 l. *acroyre* Offenbar spielt der Dichter von 200-205 mit dem Worte *croire*.
239 *tels*, b.: *telles*; vgl. *telle* 2517, 4053, *quelle* 1162, 2775, 3219, *la quelle* 1080, 1096, 3460, 3854; es begegnen aber auch noch die alten Femininformen *tel* 150, 156, 2036, 2319, 2339, 2614, 2927, *quel* 279, 1332, 1478. Vgl. auch *tellement* und *telment* *1042.
246 *ardre*, b.: *ardoir* wegen Reim: *savoir*. Noch 378, 2232 steht im Versinnern *ardre*. Auch für manche Verba begegnen doppelte Infinitivformen und zwar beide im Reim: *recoyvre* 1322 u. 1323, *recevoir* 1415, 1616, *percevoir* 2503; *querre* 1932, 3106, 3981, *conquerre* 2106, 3357, 4004, *queryr* 3423, *requerir* 2824.
252 *tous puissans* = *tout puissans* vgl. 65, 148, 3369, 3583.

259 *prie*, b.: *pri*, ebenso 1146, 1206, 1287, 1432, 1566, 1708, 2255. Geschrieben findet sich noch *pry* 1110, 1139, 1672, ebenso *supply* 1112, *affy* 1327 (*affis* 2786). Ähnlich b. *353 *certiffi st. certiffie*. Doch kennt unser Text schon sehr zahlreiche Belege für die *1. s. prs. i.* auf 2silbiges *-ie : prie* 151, 191, 199, 240, 324, 962, 967, 1092, 1426, 1716, 1812, 1824, 2638, 2719, 2727, 2912, 3119, 3508, 3840, 3855, 4049, 4050; *supplie* 7, 1210, 2628, *affie* 1424, 2410, *fie* 1864, *certiffie* 1863, *renye* 2641, 8722. Bei consonantischem Stammauslaut haben die Verba der *a*-Konj. in der 1. s. prs. i. sogar schon fast ausschliesslich analogische *e*-Formen: *propose* 1428, 3642, *jure* 1455, *desire* 1395, *amaynne* 1936, *redouble* 3854, *confesse* 3536, *demande* 1265, *panse* 903, 921, *regarde* 1152, *acorde* 3312. Nur *don* 2879 finde ich noch neben *donne* 2195, *abandonne* 3873. Sogar einige Verba anderer Konjugationen zeigen Belege mit. -*e*. Vgl. *2263. Der Konj. Praes. der *a*-Konjug. zeigt aber noch verschiedene alte Formen ohne *e*: *gart* 1848, *gard* 961, *doint* 1107, 1854, 1876, 3893, *apoint* *1481; mit *e*: *donne* 6, *retourne* 1206, *envoye* 1352, in d. 2. (ohne *s*): *donne* 1203, *escoute* 8855, *nue* 863, *pardonne* 1211, 3874.

263 Interrogatives *qui* wird ebenso wie relativisches (vgl. *993) mit folgendem Vokal geschliffen, oder von ihm elidiert; vgl. 885, *de qu'est* 867, dagegen mit Hiat *qui a* 264, 267. Sonst könnte *et* beseitigt werden, ebenso wie 2029, 2489, 3613, 3617, 3619, 3918. Vgl. noch *924. Hier und da ist *et* auch ausgefüllen: *1845.

270 *que*, 1.: *par*; vgl. 2270.

279 *voye le*, 1.: *voy' ele*, ähnlich steht in der Hs. *comme les* st. *comm' eles* 1124, *je facesse* st. *j'efacesse* 1787, *ne nauront* st. *n'en auront* 2054, *ne n'aurés* st. *n'en aurés* 616 G, *ne hurent* st. *n'e(h)urent* 2197; über richtig: *ell' estoit* 3693. Oft wird im Gegenteil der zu elidirende Vokal geschrieben, wo er nach modernem Gebrauch unterdrückt wird, vgl. *327, *998. Auch für die *Mystères provenç. du XVe s.* konstatiert Jeanroy (S. XXXV der Ausg.) falsche Worttrennungen wie *an bel, an baytant* st. *anb el, anb aytant*.

288 Der Vers ist richtig. L.: *t'apareillie*. Mouillirtes *l* bezeichnet der Schreiber *A* im Inlaut durch *illi*, so *faillie : bataillie* 210 f., *meillieur* 1336, *vuyllie : acuyllie* 1272 f. Ebenso ist *gaignya* 211 = *gagna*, *preignye* 356 = *pregne*, *adveignye : souveignye* 1185 f. -- *royalme* ist hier 3silbig, vgl. 226, 3886.

290 l.: *dyâble* wie 2207, vielleicht auch 3391. Sonst ist das Wort hier stets nur 2-silbig: *60, 212, 237, 296, 368, 861, 1199, 1536, 2057, 2074 u. s. w. Vgl. *43, *varîable* 3783.

312 *meschié*, 1.: *merchié*.

314-81 = 395-461.

320-1 *cuyde : remede*, ebenso 1508, 2063, 2152. Der Reim beweist, dass der Dichter *remide* sprach (Vgl. auch *remydés* *588). Die Bindung *ui* : i ist ihm ganz geläufig, so *nyce : puisse* 254, *justice : peusse* 3807, *besoignye : ceignye* (= *besuigne : vigne*, vgl. *viengne : digne* 3920, dagegen spricht aber: *prengnye : besoignye* 4054) 2177, *logis : puis* 3996, *puis : subgis* 3981, *occis : fuys* 3900, *di(s)t : fruyt* 3587, *a ly : jouly* 3142. Die Bindung *ui* : *u* begegnet dagegen nur ein Mal (Vgl. *1383), ebenso die von *u* : *i* (*costume : abisme* 4031).

327 *je ouse*, b.: *j'ouse* wie 407, 2989, 3351, 3836, *l(e) honneur* 1231, *qu(e)* 1420, 2505, 3831, 3841, *n(e)* 3901: vgl. *279, *998. Aber oft liegt auch Hiat vor: *je advise* 2035, 2155, 2213, 2290, 3342, 3427.

328 *vehu* hier 2-silbig wie 408, 2305, sonst trotz der Schreibung stets 1-silbig: 2143, 2311, 2350, 2579, 2751, 3285, 3308, 4044. Ähnlich zeigen vortoniges *e* im Hiat: *vëoy* 2301, *vôyr* (= *vëyr*) 931, *ëage* 1019, *creé* 972, *crëance* 1035, 2751, *obëir* *1151. Vgl. auch *aperceveu* 3307, *receveux* 1257, *deceveus* 2291. Sonst ist der Hiat meist auch da nicht mehr vorhanden, wo er der Schrift nach noch vorzuliegen scheint: *mehu* 22, *esmeu* 329, *heu* 3952, *conceu* 1498, *receu* 2763, *perceu* 4045, *sceussés* 1413, *seur* *159, *Johan* (= *Jean*) *1030 u. s w. Oft lässt auch die Schrift sein früheres Dasein nicht mehr erkennen: *voir* 1343, 1836, *vis* 2902, *visse* 302, *rissent* 2357, *fisse* 3322, *fissés* 344, *dis* 1441, *meschance* 2104, *pourvence* 3984, *prescheray* 969, *benoit* *951. Vgl. noch *43.

335 l.: *sachés*.

351 *y*, l.: *sy*, vgl. *120.

352 *au* = *ou* 1449, wie 1271, 2972, 3547, 3657, *aultrage* 2938, *taudix* *1236, *raube* 2771; umgekehrt: *ou* = *au* *659, *fouldra* 1048, 1947, 2231, *voulroit* 1482,

vouldroit 2562, 3939 = vauldroit 2792.
— b hardi(e)mant, vgl. *888.
353 b.: certifi(e) s. *259.
354 la, l.: le; vgl. 434.
362 b.: D. [faus] crestiens qui [i] s.
*26, *1106, vgl. 442.
368 a toutes mains b.: a tout le mains,
vgl. 448.
376 b.: Que puisqu'(il)y seroint XXX
mille, vgl. 456. 1-silbiges -oint begegnet
oft: soint 370, 1123, 2079, 2156, avoint
1073, 2196, pourtoint 3898, vouldroint
1017, mangeoint, usoint 3614, crioint
1076; ebenso di(e)nt *1305, ay(e)nt *1324.
Öfter kommt auch 2-silbiges -oient vor:
soient *389, 781, 2442, 2548, 2612, 2613,
2616, croient *168, feroi[e]nt 1958, estoient
1072, 2144, faisoi[e]nt 2359. Auch 2. s.
-oies ist bald 2-silbig: croi[e]s *1180,
soi[e]s 2463, 3525, ebenso ai[e]s *3879,
bald 1-silbig: sois 1202, 1882, serois
3456, aurois 3457, estois 1176, 1405,
1524, 1777, demandois 1404, contois 1523,
verrois 3265, savois 3452, croy 241.
Wegen l s. -oye, oy s. *2289, wegen 3. s.
aye, ait, soit s. *2995.
377 tilge y wie 13, oder verschleife
es mit aura. Ebenso 2024, 2729, 3141.
Vgl. 457; 333 (413), 2646. Auch 2185
wird man y allons am besten verschleifen.
Analog werden y (= et), qui, ly, si,
ensi, yci behandelt, s. *924, *993, *1582,
*2834, *3540, *3756 — l.: subtille wie
1959, 2011, 3131.
382-394 = 773-786. Schon 382 ist von
E durchstrichen.
385 l.: vueyl.
389 b.: soi[e]nt s. *376.
395-461 = 314-381.
401 l.: mectés.
407 l.: j'ose.
423 fils. Für F ist z oft nichts als
ein überflüssiger Schnörkel, der denn
auch, wo er keinen Buchstaben zu be-
deuten schien, im Druck nicht wieder
gegeben ist, so hinter il y a 413, ja 415,
la 463, 475 u. s. w. Sonstiges s ver-
tritt z: 488, 522, 556, 602, 641, 675,
774, 801, 803.
425 Genis gehört, wie auch 345 zeigt,
an den Anfang von 426.
436 l.: qui.
440 Die Hs. hat: meytenés.
446, 448 l.: Qu'i.
448 diates = diables *290, 368.
450, 454 l.: qu'i.
452 l.: Qu'a.

452-3 bilden einen Vers.
464 l.: checun.
469 l.: qui — scés steht für savés;
vgl. sois f. soiés *1256.
476 l.: Qu'i.
487 ff. bilden ein 8-zeiliges Rondel,
dem aber Z. 3-4 fehlen. Ich ergänze
Z. 3: Carns: Je ferai ton commande-
ment, Z. 4: Baras; Tien le etc. = 487, 491.
488 l.: qu'i.
490 l.: Qu'i ne voleront.
492 l : qu'i; ebenso 528, 542.
495 Wegen y vgl. *924.
521 Hs. hat putroniers.
524 Blattecke abgerissen; ad ergänzt.
538 l.: et remydés; vgl. remedié 2164.
543 l.: borreaux — Scenenvermerk
borellibus gegen borrellos im Scenen-
vermerk vor 537. D.-C. kennt nur bor-
rellus.
575 out = ou kennt nur F, so noch
592, 630, 648, doch auch A hat enffert
218, 1742 (gegen 213), yvert 263. In F
finden wir noch -ont st. -ons l. pl.: 481,
503, 507 und umgekehrt on st. ont: 415,
ebenso A 141, 237, don 1505, voyan 3661.
584 b.: n[ous] auront a.
590 l.: suys.
616 l.: n'en aurés, vgl. *279.
627 b.: Passe avant passe (de)par le
d. Vgl. *1444. Allerdings steht de par
auch 623 und dapar 178, 1817, 2099,
2104, 2179, 2336, 3106, 3794, 3811.
628 b.: mechante; vgl. 2891, 618, 2157.
629 l.: Aler vous f. p.
659 ou = au 477. Vgl. *352.
660 Zusatz D bezieht sich auf 709.
667-70 = 709-12.
668 l.: preschement.
Der 670 folgende Vermerk steht auf
Bl. 12b der Hs.
698 l.: soy esjoyt.
708 l.: incontinant.
709-12 = 667-70.
750 b.: son st. ton.
769-70 Wegen des Reimes cóme : or-
donné vgl. Rom. Verslehre Abschn. 21
in Gröbers Grundr. d. rom. Phil. II¹.
Auch der Originaltext unseres Mirakels
kennt solche Reime und zwar in ziem-
lich beträchtlicher Zahl. Einige sind
allerdings durch die Überlieferung ver-
dunkelt und ihre Herstellung bedingt
kleine Emendationen. Die in Frage
kommenden Reime sind: 1165 discipline :
incliné, 1201 sire : iré, 1381 enseignye :
seignyé, 1383 seurés : euvres, 1719 avise :

baptisé, 1868 *doubles* : *troublés*, 2195 (?)
diré : *martire*, 3228 *souppes* : *descoupés*,
3539 *digne* : *incliné*, 3908 *rage* : *enragié*.
Gehört dahin etwa auch: *repentent: faulcemant* *2046?
773-86 = 382-394.
773 1 : *t'an* st. *toy*.
787-848 = 849-903.
804 verdruckt zu 834.
814 l.: *par* st. *et*.
817-23 am Rande von F selbst zugefügt.
849-903 = 787-848.
850 b.: *so[i]nt*; vgl. 788, *376.
855 *a corder* od. l.: *acorder*; vgl. 793,
872, 3312, *comencerent à* 1018, 1051, 3073.
860-1 b.: *chemin* : *coquin*; vgl. 798-9.
861 b.: *part*; vgl. 799, *921.
873 b.: *ly* st. *toy*; vgl. 811.
878 l.: *in discort*; vgl. 816.
Vermerk vor 879 : *Genesius*. Sonst hat Hs. stets *Genisius*.
881 *ferrés* b. : *forrés*; vgl. *verrons* *1680, *herreur* 2588, *dollereux* 2681, *feyson* 3842.
888 (richtiger 889) b.: *Vray[e]mant*, ebenso 913, 969, 1190, 1422, 1454, 1463, 1539, 1647, 1650, 2000, 2009, 2106, 2193, 3536, 4028; vgl. *vray[e]* *21, *porr[oie]* u. s. w. *1412, *2239. Dagegen ist *vraymant* beizubehalten : 340, 355, 873, 1058, 1335, 1338, 1687, 1706, 2111, 3719, 3734. Ähnlich begegnet *hardiement* 1554, 1990 und *hardi(e)mant* 352; vgl. *pri(e)ray* *1833. Übrigens könnte man unseren Vers auch bessern, indem man *j'auroye* einsetzte (vgl. *2239) st. *j'auroy* (so ist zu lesen st. *j'auray*).
921 *ponse* so deutlich in der Hs. = *panse* 903, 960 etc. Ähnlich *port* 861, *vois* 314, 959, *fois* 1488. Umgekehrt: *porray* *1412 = *porroie*. Vgl. *1090.
924 *et* fälscht den Vers ebenso wie 24, 495, 991, 1037, 1121, 1529, 1635, 2666, 2670, 2671, 2884, 3068, 3925, 3929. Die Hs. bietet in allen diesen Fällen *y* dafür und, da überdies stets ein vokalisch anlautendes Wort folgt, so ist wahrscheinlich *et* wirklich durch *y* ersetzt und dieses verlor durch Verschleifung seinen Silbenwert, ähnlich wie *y* (= *ibi* vgl. *377), *si*, *ensi*, *yci*, *qui* und *ly* *1582. Auch in einem Mirakel von S. Sebastien finden wir solche verschliffene *y* = *et*. (Vgl. darüber die demnächst erscheinende Marburger Diss. v. Quedenfeld).
931 *vöyr* = *veïr* pikardische Form st. gewöhnl. *veoir*, *voir*, vgl. wegen der 2-Silbigkeit *328.

951 *benoîtte*. Da *benoit* sonst nur 2-silbig ist (vgl. 224, 1709, 1724, 2960, 4066), so wird wohl auch hier *oi* nur 1-silbig und *la* durch *celle* zu ersetzen sein.
969 vgl. *888.
991 vgl. *924.
993 *qui a* ist für den Dichter 1-silbig, also wohl Verschleifung anzunehmen. Ebenso 2554, 2877. Vgl. *qui adoure* 2218, *qu'aye* 1835, *qu'a* 3389, *qui ont* 3979, *qui en* 2818, *qu'en* 1423, *qui est* *1922, *qui i* *1106. Doch begegnen auch 2-silbig: *qui a* 3608, *qui ont* 2146. Wegen interrogativem *qui* vgl. *263. Ähnlich wird *y* = *et* *924, = *ibi* *377 si *2834 und *ly* *1582 behandelt.
998 b.: *l(a)' inimitié* vgl. *27, *1741, *3499, *j(e)'ouse* *327, *m'opinion* *1864.
Sonderbarer Weise bilden aber 4058 *De la euvre* vier Silben. Ähnlich steht 1986 *Le avoit escript*, aber 1932 a *l'aler querre*, 1936 *l'amaynne* und 2223 ist zu lesen: *Menons l(e)'au juge*.
1013 l.: *l'apelleroit*.
1030, 1032 *Johan* = *Jean* ist 1-silbig, vgl. *328.
1037 vgl. *924.
1042 Der Silbenzahl des Verses nach wäre *briefmant* 3-silbig, ebenso wie 1069 *briefs* 2-silbig, doch ist *briefmant* 29, 1084 2-silbig wie *griefmant* 3122 und *brief* 1907 1-silbig. Auch *in murtrier* 2238, 2580, 2591, *ouvrier* 1385, *menestrier* 1446, *hier* 3079, *3972 (?) ist -ier 1-silbig. Da nun das fem. *briefve* 233, 2797, 3572 begegnet und *B* 3012 auch *briefvemant* bietet, könnte letzteres vielleicht auch an unserer Stelle eingesetzt werden. Indessen begegnet zwar *meschante* 2891 aber *meschamment* 2157, ferner allein *formant* 1228, 1395, 2166, 2691, *loialment* 1595, *leaulment* 2635, *virginelmant* 1005, *generalmant* 1041, *communelmant* 891. Nur *tellemant* begegnet 2344 neben *telmant* 2161 (vgl. *239), ferner *grandemant* 1796 (*grant* f. 1001, 1071 u. s. w, *grande* 1267), *presentement* 1493. Rein gelehrt ist *humilemant* 1210. Man wird also in unserer Zeile wohl [*tres*]*tous* (vgl. 389, 1345, *1692) zu bessern haben.
1047 *Ceux qui* (= *celly qui* 203, 3516, 3633, 3639) ist noch ein alter Nominativ = altfr. *cil qui*, vgl. Acc. *ce qui* 292, *celly qui* 1077. Spuren des afr. Nominativ zeigen auch Reime wie: *mieulx* : *tieulx* 1469, *puissant* (n.) : *sens* 148,

ans : prechant (n.) 1021, nous : tout (n.) 1244, die allerdings ausser dem ersten wegen der vielen sonstigen Assonanzen (vgl. *32) nicht sehr ins Gewicht fallen.
1062 le = les wie 2074, 2160, 3216, au = aux 3260, adresce 151, escoute 3855, euvre 1094, haste 1931, lave 1092, lieve 1613, monstre 158, nue 863, pardonne 3874, touche 3840, croy 241, met 383 vgl. *138.
1062 Juifz ist sonst in unserem Texte stets 1-silbig: 1050, 1074, 1086, 2961 — envyeux, in der Hs. fehlt das v.
1063 b.: D. estoint et, wegent -oint vgl. *376.
1072 qui estoient 3-silbig, also ist entweder 2-silbiges estoint (vgl. *376) anzunehmen oder verschliffenes qui (vgl. *1922).
1089 fege = foye.
1090 roye m. (= ray 2723). Vgl. *2674. Eine weitere Reimbindung von oi : ai ist: desray (subst.) : porray 1651, während cognoistre : croistre 1017 (vgl. allerdings recognoistre : celeste 54), poynne : amaynne 3417 dafür nicht angeführt werden können. Vgl. noch *921.
1102 Tilge das Sternchen.
1106 b.: A D. s. p. qu'i t. e. (qu'i = qui i vgl. *362, *993).
1121 Für beide et s. *924.
1125. 1136 Waisen (vgl. *27), wohl je eine Zeile ausgefallen.
1146 b.: pri wie *259.
1151 b.: Et o. de tout (a) sa m. mit Verschleifung von Et (obwohl nicht y geschrieben ist; vgl. *924) oder Unterdrückung des dativischen a (vgl. *2135), denn obëyr ist 3-silbig (vgl. 44, obëyssans 1975, obëyssance 175 und *328). Adverbia mit de liebt unser Dichter; vgl. de presant 7, 1213, 3797, tout de present 2641, de grant 3901, de certeyn 3615, de legier 3685, de vray 1848, de tout 2151, 2154, de tout point 1541, de pres 1683, de beaux 1745, de profont 2078, de blanc 2192, de novel 2275, de grant volunté 2185, de fait 3412.
1157 Wegen seroy vgl. sceras 1453. Sonst wird, wo die Formen ausgeschrieben sind, freilich immer -scar, -sar geschrieben, so 2239, 2845, 3258; ja es findet sich sogar saront (= seront) 3982 ausgeschrieben. Vgl. von anderen Formen noch savoir 246, scay 255, say 894, sces 279, *469, scet 1467, scevent 2726, 3877, scavés 1325, 2056, saurons 2830,
savoy 193, savyés 341, savoés *181, sachés 177, sceussés 1413.
1166 b.: Car tousjours estoie incliné, denn ein Adj. incline ist nicht nachweisbar, obwohl es auch 3540 vorzuliegen scheint. Afr. enclin wird durch Form und Bedeutung ausgeschlossen. Wegen des Reimes vgl. *769.
1177-8 Wegen des Reimes une : pardonne, vgl. noch une : tronne 1631, bonne : une 2534, fusmes : summes 1347, 2950, buche : couche 1371, personne : chescunne 2436.
1178 l.: Ihesu st. Ihesus.
1179 fiance muss 3-silbig sein (vgl. *43), darum b.: Je veux f. estre p. t.
1180 b.: croi[e]s (vgl. *376). Mais que wird entsprechend afr. Brauch auch in unserem Texte mit dem Conj. verbunden (vgl. 916, 1123, 2079), aber mit dem Indik. 3092.
1186 b.: ne [te] souveigne, vgl. 1432, 4049, de moy il vous recorde 1832, tu t'en remambres 259.
1189 durera, b.: durra. Ebenso kann 1190 pardon(ne)ra gebessert werden, wenn man gleichzeitig Vray[e]mant (vgl. *888) schreibt. In der That braucht der Dichter sonst noch meist die verkürzten Formen der auf -r und -n auslautenden Verbalstämme erster Konjugation. So: comparront 354, demourray 1918, demoura 1561, donray 371, 1543, 1556, 1648, 1686, 1747, 2814, 3838, menron 2249, 3937, amenray 3112, enmenray 3805, pardonray 2033. Daneben finden sich comparerés 313, pardonneray 2748, ordonneray 2858, menneron 1921. (Neben laisseray 1746 findet sich kein lairai).
1202 b.: iré, also ein Reim wie *769 und nicht wie 1266.
1206 b.: pry(e) wie *259.
1214-24 Diese Zusatzverse von B lassen sich, obwohl sie offenbar sehr verderbt sind, doch wenigstens in den ersten 4 Zeilen mit den Reimworten Genis : requis, diras : pas (st. point) leicht wieder herstellen.
1236 Hs. taudix, vgl. tout dix 227, *352, *2342.
1240 pour Hs. durchstrichenes p, also eigentlich = par, ebenso 1244, 3624, 3769; vgl. *2272, 2371.
1255-62 tilgt J und stellt E durch beigesetztes valet wieder her. Vgl. Nachtrag zu Abschn. 67 der Einleitung. Ähn-

lich findet sich *valei* verwendet vom Korrektor eines Mirakels auf S. Sebastien (vgl. die bereits zu 924 erwähnte Arbeit Quedenfelds).
1256 b.: *soi[é]s*, ebenso 1537, 1699, vgl. *soyés* 1877, *soés* 939. Ahnlich *scés* *469 f. *savés*.
1263 l.: *C'est*.
1270 b.: *Ou(o)y*; vgl. 3081, 3105.
1287 b : *pri(e)* wie *259. Dieselbe Redewendung: *mettons en nous testes* begegnet noch 147, 2905. Sie klingt deutlich an unser: »sich et was in den Kopf setzen« an. Ahnlich: *Donné du vent en l'oroyllie* 1462 (ebenso in Myst. prov. du XV° s. Z. 231: [*Lo serpen*] *me ha tant donat del ven a l'aurelha Entro que me a desaubuda*) = »in die Ohren blasen«; *batre jusc'au sang* 48 f. = »bis aufs Blut schlagen«; *nous te tenrons court* 1525 = »jemanden kurz halten«. Überhaupt begegnen in älteren französischen Texten eine grosse Zahl von bildlichen Wendungen, welchen genau oder nahezu entsprechende der heutigen deutschen Umgangssprache gegenüberstehen. Es würde sicher der Mühe lohnen, alle derartigen Ausdrucksweisen zu sammeln und festzustellen, inwieweit Vererbung oder Neuschaffung vorliegt. Ich gebe hier eine kleine vorläufige Liste. Sie ist aus gelegentlichen Notizen entstanden: *Ot trop de gresillons en teste* Torn. Antechrist ed. Wimmer 2118 (Vgl. Romania XX, 288) = »Grillen im Kopfe haben«; *regarder une femme entre deux yeux* Larivey, Espritz 1,4 = »unter 4 Augen«; *sinon, torches vostre bouche* eb. I, 3 = »den Mund wischen« ces gens qui *nous monstrent le dent* Esclarmonde ed. Schäfer 181 v° 18 = »jemanden die Zähne zeigen«; *quand le refrain* [der Ballade] *n'est point tiré par les cheveux* Sibilet Art poétique ed. 1573 S. 118 = »bei den Haaren herbeiziehen«; *Le cuer n'avés mie en le cauche* Adam de la Hale Jus Adam 748, *Il n'ont pas le quer en la chauce* Ipomedon 8526 = »ihm fällt das Herz in die Hose«; *Ce que j'ay sur le coeur* Huon et Calisse 105 v° 27 ed. Schäfer S. 54. *tout ce que sur le cueur aves* A. Greban, Passion 11293 = »etwas auf dem Herzen haben«, dazu auch *Ancor l'eüst sor cuer por le lait reprovier* Saisnes II 23; *a poi n'ist de sa pel* Chev. Ogier 6688, ähnlich Gaydon 7966, Auberi ed. Tobler 160, 22, ed. Tarbé 44, 35 = »aus der Haut fahren«; *J'ay esté eschaudés, le feu redoubteray* Huon et Calisse 106 r° 27 ed. Schäfer S. 55 = »Gebrannt Kind scheut das Feuer«; *Mauvaisement li chet ses dez* Chans. des Saxons II, 19 = »Der Würfel ist gefallen«; *Se mariniers viennent en ieu* L'Infortuné Secunde Rethorique II v° Sp. 2 = »im Spiele sein«; *des nües ne cherra mie Cele qui doit estre t'amie* Elie Ovid's Ars 81 = »aus den Wolken fallen«; *Tost ont aillors le fuel torné* Parton. 4918 = »das Blättchen wendet sich«; *a coursse d'esperon* Galien 187, 15 = »spornstreichs«; *nous avons esté après Ruffin* Larivey Esprits I 5 = »hinter einem her sein«. Auf altem rohen Kriegsgebrauch basiert die am Niederrhein zurückgebliebene französische Wendung, der ja eine ganz ähnliche hochdeutsche entspricht: »bäsemu de kül«, wie Aiol 9645 beweist, wo Mibrien zu Macaire sagt: *Et puis me baiseras en mi le treu del cul: Che est senefianche qu'a moi t'eres rendus.* Ähnlich Simplicissimus I 14. Schon verblasster bei Bonaventura Desperiers Nouv. 64: *Non je n'en feray rien, si vous ne me baises derriere.* S. noch Vorwort.
1305 *dient* gilt hier 1-silbig wie 340 (vgl. *376), doch braucht es der Dichter auch 2-silbig: 141, 1289, 1319, ebenso die 915, 917, *cryent* 2894.
1323 b.: *de (le) recoyvre*.
1324 *ayent* ist 1-silbig (vgl. *376), l. also *entencīon* (vgl. *12), doch findet sich auch 2-silb. *ayent* 153.
1326 *quest*, b.: *puist*, vgl. 1520 *peust*. Dafür findet sich allerdings sonst *puisse* 1862, 3389, 3546, 3671. Vgl. 1. s. *peusse* 350, *puisse* 911, 2. s. *puisses* 1793, 3. pl. *puissent* 276, ind. 1. s. *puis* (: *subgis*) 3981, 3996, *peus* 1500, 2. s. *peux* 285, 3. s. *peust* 269, Perf. i. 3. s. *peust* 996, *povoit* 1261, *porrai* 1163, *-ray* 330, *-rois* *185, *povoir* 338.
1328-9 *cuer*: *remüer*, auch 3415-6 begegnet *müer*: *cuer*.
1329 b.: *Et ja(mais) ne p. r.*, denn *remüer* kann nicht 2-silbig sein, obwohl auch *ruyne, bruyne* 1-silbiges *uy* aufzuweisen scheinen (s. aber *1504-5). Vgl. *müet* 3396, *tüer* 3793, *trüant* 1484, *püant* 2599, *attribüée* 1060, *crüelle* 1310, *virtüeux* 3359, *füyr* 3236 und *328. Nur *juifs* ist bereits meist 1-silbig *1062. In *ecuellette* 1821 ist *üe*, weil auch *e* vor-

tonig ist, bereits 1-silbig, geradeso wie
ie in *prieray* *1833 gegen *priere* *(936,
1227, oder wie nfr. *roitelet* = *roietelet*.
Vgl. *18.
1336 *Waise* (vgl. *27), wohl eine Zeile
ausgefallen.
1338 b.: *m(a)'opinion*; vgl. *998 u.
*1864.
1345 b.: [*Et*] *je me s*, vgl. *1397, *263.
1348 b.: *que* [*tous*] *nous summes.*
Wegen des Reimes s. *1177.
1380 *Vees* hier 1-silbig, ebenso 1709,
2224, 3082, 3965, dagegen 2-silbig: 1076,
2188, 2274, 3213, 3241, 3438, 3730. Vgl.
vois (y)*ci* *2850, *voy le là* 1254.
1382 b.: *que s'avons seigné* und 1383
b.: *De m. ne s seurés* (s. Godefroy).
Vgl auch *asseurés* 2795. Wegen der
Reime 1381-2 und 1383-4 vgl. *769. Die
Bindung von *eu* (= afr. *o, ue*) : *eu* (=
afr. *ëu*) ist in unserem Texte ganz ge-
wöhnlich, so *erreur* : *seur* (afr. *seür*) 158,
1067, *heures* : *seures* 954, *heures* : *de-
moures* 1449, 1496, *rompue* : *neue* 862.
Nicht hierher gehört *je peux* : *plus* 1657,
denn *peux* steht hier für *puis* Allerdings
reimt sonst *u* eher: *o* (vgl. *1177) und *ui* :
i (vgl. *320). Beachtenswert ist, dass *eu*
(= nfr. *ó, ue*) auch zu *ou* (afr. *ò* und *ó*)
gebunden vorkommt, so: *euvres* : *pouvres*
1976, 2367, *redempteur* : *jour* 1314. Nur
scheinbar gehört hierher: *courreux* (=
courroux) : *trestous* 388.
1397 b.: *Que veux* [*et*] *v. et m.*; vgl.
*1345.
1398 Hinter *Crestien* bietet die Hs.
einen Punkt, der eine grössere Sinnes-
pause im Innern des Verses bezeichnet
und damit auch das scharfe Enjambement
am vorausgehenden Verschluss kenntlich
macht. Solche Punkte finden sich in
unserer Hs. oft verwandt und sind im
Abdruck sonst wiedergegeben worden,
so: 1103, 1416, 1450, 2062, 2242, 2365,
2897, 2410, 2445, 2666, 2834, 3225, 3750,
3795, 3924, 4016. Setze ihn noch 1697
hinter *Voluntier*.
1412 b.: *porroye* st. *porray*; vgl. *2245,
*195, *1454, *888, *921, *2239
1422 b.: *vray*[*e*]*mant* wie *888.
1432 b.: *pri*(*e*) wie *259.
1433 *es*, b.: *au*; *es* = *aus* z. B. noch
48, 1267.
1439 Hs. bietet *lepereur*.
1444 Sternchen gehört, statt zum vor-
aufgehenden Theatervermerk, hinter diese
Zeile, welcher eine Silbe fehlt. Am besten

wird man *bien* (1156), *fort* (1375), *moult*
(1314, 2861), oder *tres* (1692) vor *sauvage*
einfügen. *Vien sa, vien* [*sa*] zu bessern,
empfiehlt sich nicht, da hier bei solchen
Wendungen die Wiederholung stets ver-
kürzt auftritt. Vgl. 3838, *va toust, va*
1450, *Prens de la, prens* 2699, 3097,
Passe avant, passe 627, 2229, 2737. Ähn-
lich *Or sa nostre beaux maistre, sa* 1255,
Allés dapar le diable, allés 2179, *Or sa,
sa dessendons* 3911 *or sus, sus* 1608, *Sa
avant, sa venés avant* 3818.
1148 *jacine* = *gesine*.
1451-7 gehen sämtlich auf eine Reim-
silbe aus. 1455 ist wohl zu streichen.
1454 *yray*, b.: *yroy* vgl. *1412.
1454, 1463 b.: *vray*[*e*]*mant* wie *888.
1469 *tieulx* (: *mieulx*) altfr. Nomin.
wie *ceux* *1047. Dagegen *tel* 1410 1484.
1471 Hs. *châchier*. Nach God. bedeutet
chancer à qn »sich mit Jem. in ein Spiel
einlassen«. Besser würde hier das häufig
belegte *chauchier* = *fouler aux pieds,
posseder, jouir de* passen und = »mis-
brauchen, aufziehen« zu fassen sein,
käme nicht auch 2931 *chanches* als Subst.
= »Possen« und im Reim : *changes* vor.
1481 1 *apoint*, 3. s. prs. c. von *apoin-
tier* hier = »sich passen«. Einen ent-
sprechenden Beleg vermisse ich aller-
dings bei God. auch im Complément.
1488 *fois* = *fais* vgl. *921.
1491 b.: *ne faint*, denn *faint* ist nur
als Adj. bei God. belegt.
1497 *est venue* b. der Silbenzahl wegen
venue est, denn nachtoniges *e* unmittel-
bar nach der Tonsilbe zählt in unserem
Text durchweg als Silbe. So *Vestüe*
2200, *müet* 3396, *partie* 1730, *joye* 1257,
vraye *21, *voye* 2898, *eaue* 2305, 2321,
2327, *interrogué*[*e*]*s* 2309, *argües* 2524.
Nur in einzelnen Formen des Verb. fin.
ist bereits Schwanken eingetreten (vgl.
*259, *376), ausserdem, wie es scheint,
zwei Mal im Reime *2674.
1504-5 Die Reimworte *ruyne* : *bruyne*
werden nach dem *1328 Gesagten wohl
3-silbig sein, tilge also 1504 *et* und er-
setze 1505 *si grant* durch *tel*.
1522 tilge: *bien*.
1529 Vgl. *924.
1531 b.: *Et feysons* [*ce*] *qu'*; vgl. 1479,
1680.
1537 b.: *Il s. que (vous) soi*[*é*]*s d.*;
vgl. *1256, *1699.
1539 b : *vray*[*e*]*mant* wie *888.
1566 b.: *pri*(*e*) wie *259.

1569 b.: *Et [vous] prenés*, vgl. *9, *1608.
1573-4 Falscher Reim. Bessere darum
1573: *Vouliste crestien devenir*.
1575 *Devez* = *devers* 1456. Umgekehrt *arme* 278, 1316 = *ame* 1728, 1864; vgl. *32.
1581-2 ebenfalls falscher Reim. Bessere 1581 *Que p. b. (ne) vous fa[ciés]* und 1582 *av[i]és*. — *ly a* 1582 bilden nur eine Silbe, sind also verschliffen auszusprechen, ebenso *ly ay* 1884, *luy avons* 1630, *ly avoye* 3414, *ly aura* 1900, *ly en* 3349, 3731. *Ly* wird also wie *qui* *993 und *y* (= *et* *924) behandelt. Dasselbe gilt für *y* (= *ibi*, vgl. *377), si *2834, *yci* *3756, *ensi* *3540. Natürlich begegnet *ly* auch nicht verschliffen, so *luy ay* 2883, *luy a* 1906, 3411, *luy aveons* 3406.
1586 *e* = *est* wie 1860. Vgl. auch den Reim *est* : *filliet* 1484.
1591 *tu* b.: *t'*, ebenso 1717, 1726, 1792, 1879, 1929, 2280, 3520. Geschrieben findet sich so 131, 160, 260, 1132, 1176, 1229, 1405, 1624, 1741, 1777, 1959, 1989, 2320, 3446, 3475, 3486, 3752. Daneben begegnet syllabisches *tu* vor Vokal 260, 262, 1400, 1410, 2225, 2514, 2735, 2776, 2799, 2863, 2895, 2899, 2904, 3289, 3493, 3521, 3727, 3936.
1596 b.: *Et tu [le] fais*, vgl. *2830, *3616.
1608 b.: *Que faites [vous] la or*, vgl. *1569.
1630 *luy avons* sind zu verschleifen, vgl. *1582.
1635 *et* vgl. *924.
1647, 1650 b.: *vray[e]ment* wie *888.
1650 *laissee* = *lassee*.
1680 *verrons* = *vorrons*, s. *881.
1692 b.: *Mon [tres] beaux f*, vgl. 251, 990, *1042, 1209, 1929, 1933.
1699 b.: *Et que (vous) soi[é]s*; vgl. *1256, *1537.
1708 b.: *pry(e)* wie *259.
1709 b.: *V(e)es cy* wie *1380.
1716 W*aise* (vgl. *27) wohl zu streichen.
1717 b.: *t(u)' avoir*; vgl. *1591.
1719-1720 Reim wie *769
1725 W*aise* (vgl. *27), wohl eine Zeile nach 1724 ausgefallen.
1726 b.: *T(u)' as* wie *1591.
1731 *viteras* = *vestiras*; vgl. *vestir* 1744-5.
1737 tilge: *que* wie *1892, *3476.
1738 *sanctiffie* = *santifiée*. Ähnlich *lye* (= *liée* : *crie*) 3776, *enseignye* (: *escriptes*) 1025, *meynie* (: *follie*) 3451, (: *vie*) 3618, *lignye* (: *compaignie*) 2573. [Auch *crie* 3768, 3775 (Vgl. S. 37 Anm.) könnte = *criiee, criie* aufgefasst werden; doch lautet das Wort in den Myst. provenç du XV* s. Z. 5328: *crida*, ist also ganz analog mit *garde, scribe*]. Aber *laissée* (: *pensee*) 1650.
1741 b.: *l(a)' obscurité*, wie *998.
1778-9 Starke Assonanz: *maulvaistie: mise*, vgl. *malvaistie* : *foullie* 2521.
1792 b.: *t(u)' as* wie *1591.
1799, 1805 *vuy* = *huy* 1807, 1851. Ähnlich findet sich in den Myst. prov. du XV s. Z. 5930: *vuelh* = *uelh*.
1814 Zählfehler.
1833 *prieray* ist 2-silbig, also *e* verstummt, ebenso *chastieray* 2801, envoyray 1515, 3887, *sacrifferont* 373; aber *crierai* 3806. Analog ist *escuelette* *1329, *vrayment* *848.
1863 b.: *Et [rendre] a. c. m. d.*
1864 *tróubles* Adj. ist nicht nachzuweisen, l. : *troublés* (wie 1345), welches: *doubles* reimt (vgl. *769). Um die richtige Silbenzahl zu erhalten, ändere *mon ame* zu *m'ame*. Der Dichter braucht vor Vokal sowohl *m'* 964, 1193, 1338, 1633, 3867, 3924, *t'* 220, 278, *s'* 1815, 3673, wie *mon* 242, 911, 950, 2790, 3841, *ton* 2324, 3887, *son* 60, 2174, 3963. Sogar mit Hiat *ma ignorance* 4073. Falsch ist natürlich *m'alies* 2111 = *mon* (od. *mes*) *alies*.
1879 b.: *t(u)' es bien liés*, vgl. *1591 und *1971. Hs. hat *lyes*.
1884 *ly ay* ist 1-silbig, vgl. *1582.
1885 Scenenvermerk *nichil* ist durch Beschädigung des Blattrandes am Schluss verstümmelt.
1892 b.: *T., mais (je) croi (que) l'aurai perdu*; vgl. *1737.
1900 *Ly aura* sind zu verschleifen, vgl. *1582. Man könnte sonst auch *ce(y)ci* bessern; vgl 1279, 1295, 1853, 2280.
1922 *Qui est* sind zu verschleifen, ebenso 1948, 2499, 3545, *qui estes* 2365, *qui estoit* 3662, *qui estoint* 2144. Geschrieben findet sich auch *quest* 291, 1551, 1819, *de qu'est* 867. Wegen *qui a* u. s. w. *893. Oft bilden *qui est* auch 2 Silben, so 906, 912, 1732, 1738, 2841, 2890, *qui estes* 2283, 3820, *qui estoit* 3595, *qui estoint* 2299, 2316.
1926 b.: *Le* (st. *La*) *g. tort*. Der Kopist duchte bereits an *la grant injure*. Auf einen ähnlichen Fehler wird bekanntlich auch der Ausdruck *totejor*

zurückgeführt. Vgl. Gallen le Restauré Nachtrag zu 178, 17. Umgekehrt *Tous nous ames* 3555.
1929 b.: *T(u)*' as wie *1591.
1930-1 Falscher Reim, für dessen Berichtigung ich keinen Vorschlag wage.
1948 *qui est* 1-silbig wie *1922.
1958 b.: *feroi[e]nt*, vgl. *376.
1971 b.: *Liés (il) estoit de mon lien*; denn *lien* ist 2-silbig wie *lier* 38, 2038, 2994, 3234, 3423, 3430 *relïer* 2757. Zweifelhaft bleibt nur *lyés* *1879, *aliés* *2111, *reliés* *2129. Vgl. *43.
1978 l.: *aux* st. *au*; vgl. *1062.
1998 Waise (vgl. *27). Es scheint eine Zeile ausgefallen zu sein.
2000 b.: *vray[e]mant* wie *888.
2003 b.: *N(e)' oncques* oder *Ne onc*. Unser Text bietet zwar ausser 2198 *On = Onc*, nur *oncques* 1977, 2006, 2025, 2102, 2189, 2667, 3117, 3374, 3817, ebenso aber *don* 1092, 1210, *adonc* 1034, 2736, neben *doncques* 2347, 2668, 3139, *adonques* 2348, neben *oncores* 2778, 3294, 3532 *enc-* 2864 auch *oncor* 1133, 2482, 2590, 3254, 3861, *enc-* 1008, neben *oure* 3326 sehr oft *or* 1331, 1423, 1608, 2251, 3571, 3621, neben *avecques* 2053, *avecque* 2373, 3805, oft *avec* 2144, 2579, 3327, 3427. Vgl. auch *puytes* neben *puis* *50. Hiat bei *ne* (= *nec*) findet sich 2007, 2546, 3440, Elision 2015, 2496, 2643, 3104.
2009 b.: b. *vray[e]mant* wie *888.
2024 b.: *il (y) a*, oder verschleife *y a*; vgl. *377.
2029 tilge: *Et* wie *263.
2046 l.: *repintant*, vgl. *se repinteront* 372, *engindra* 3617; vgl. 2328. B.: *qu(e)' il s[oint]* r. vgl. 2032. Oder liegt hier ein Reim *se repéntent : faucemént* vor, ähnlich den *769 angeführten?
2054 Hs. *ne nauront* st. *n'en auront* (vgl. *279). Vielleicht ist auch zu lesen *non auront*, denn *non* st. *ne* begegnet in unserem Texte recht oft, so: 1561, 2051, 2061, 2183, 2147, 2564, 2686, 2982, 3287, 3528, und kann nur in einigen Fällen durch *n'en* ersetzt werden. Vgl. auch *non pas* 3524.
2055 *vous n'allés = v. en allés*, ebenso *que n'allie* 3009, *de vous naler* 3058.
2074 *le = les* wie *1062.
2090 l.: *Saches*.
2093 b.: *merveyller*. Der Reim: *aller* ist unanstössig, wie gleich der nächste *soubjourner : travaillier* ergiebt, ausserdem aber noch viele weitere, so: *re-*

tourner : batter 28, *formé : percyé* 1073, *baptier : laisser* 1181, 1540, *demander : voluntier* 1687, *misere : requiere* 1865, *subtillité:encherché* 3975, *demorer:pourchacier* 4002, *crestiens : ceans* 1438, *certain: Dyocleciēn* 1625, 3934. (Vgl. auch *1738). Auch Bindungen von afr. *é* : afr. *è* sind unserem Dichter ganz unanstössig, so begegnen: *vanter : enffer* 996, *Lucifer : conter* 2140, : *enffer* 212, 8927, 3957, *ne(f)s* (= *natos*) : *es* (= 2 s. prs. i.) 3527, *mere : fere* (inf.) 1293. Neufranz. anstössig sind: *aulter : compter* 1128, *mer (mare) : amer* (inf.) 8363.
2100 Hs. *q'tre*.
2106 b.: *vray[e]mant* wie *888.
2111 *aliés* 3-silbig (vgl. *1971), daher b. etwa: *Que il sera mon allés*.
2128 b.: *soi[é]s* wie *1256.
2129 *reliés* 3-silbig (vgl. *1971), ausserdem würde 2129 mit 2127-8 zusammen einen 3-Zeiler bilden (vgl. *1), dem eine Waise 2130 folgte. Es liegt nahe, aus diesen 4-Zeilen 2 Reimpaare zu machen, indem wir 2129 bessern: *Et de fievre reliés tous*.
2135 Zu *dire* aus 2136 *feray* zu ergänzen, wäre sehr hart. Ich tilge lieber *a* (vgl. *1151) und schreibe entweder *diré* (s. *envoyré* 3887), das: *martire* reimt (s. *769), oder füge *vois* hinter *le* ein.
2139 Waise (vgl. *27) wohl zu streichen.
2143 *vehu* 1-silb.; vgl. *328.
2144 *qui estoint* verschlifften, wie *1922.
2150 fehlt eine Silbe.
2154 Waise (vgl. *27), wohl Zeile ausgefallen.
2185 *y allons* wohl zu verschleifen, vgl. *377.
2189-91 3-Zeile (vgl. *1), streiche 2189, weil überflüssig.
2193 b.: *vray[e]mant* wie *888.
2197 b.: *n'ehurent = n'eurent* 2-silb.; vgl. *vehu*, *mehu* (*328) und ähnliche falsche Worttrennungen in *279.
2198 *On = Onc*, vgl. *2003.
2215 tilge *veux*.
2216 Wegen *suis voleu renaistre* vgl. *3505.
2218 *qui adoure* zu verschleifen, s. *993.
2224 b.: *v(e)es vous* wie *1380.
2239 b.: *saroy[e]*, ebenso *seroy[e]* 2247; vgl. Reime wie *joye : desiroye* 852, *avoye : voye* 1796, ferner 2245, 2355, 3320, 3727, 3860, auch *1412. Allerdings begegnet auch bereits oft -*oi* oder -*oy* (-*oe* *181), so: 163, 875, *888, 937, 1137, 1243, 1454,

2290, 2292, 3229, 3828, 3415. Vgl. auch *voye* (1 s. prs. c.) 3419, *aye* 1330. 1825, 2751, 8841, gegen *soy* 308, 1502, 1935.
2245 *n'oseray*, b.: *n'oseroye*, vgl. *1412.
2247 b.: *seroy[e]*, vgl. *2239.
2255 b.: *pri(e)* wie *259.
2260 tilge *je* wie *3817.
2262 b.: *vous [y] fiere*.
2268 b. des Reimes wegen: *requier[e]*. Diese Form für prs. i. 1 s. findet sich auch 157, 1514, 1748, 1865, 2861, ähnlich *remette* 2769, *responde* 865, 1269, 3966, *resjoye* 2675, 2816. Daneben finden sich aber auch *remet* 3822, *promet* 305, 311, 1562, 2271, 2695, 2798, 3182, 3985, *debat* 2001, *escri(e)* 4072, *voy* 1407, 3757, *croy* 1328, *dy* 8491, *dis* 3380. Die 3. s. prs. i. lautet *requiert* 1580.
2272 *pourdevant* wie 3966 gegen *pardevant* 3616, 4065, *paravant* 8504. Vgl. *1240 und 1184-5.
2280 b.: *T(u)'as* wie *1591.
2809-10 b.: *interrogue[e]s : provve[e]s*, vgl. *1497.
2828-38 und 2343-2403 setze eine ununterbrochene punktierte Linie und 2323-26 einerseits wie 2343-61, 2876-92, 2393-96 anderseits eine zweite ebensolche dahinter, denn *HC* tilgen alle Verse, während *L* resp. *J* nur die an zweiter Stelle angeführten Gruppen streicht.
2328 *pareillimant*; vgl. 3659, *pareyllymant* 2636, *pareillemant* 3213, *contirons* 1925 (*conteray* 1439), *possediras* 222, *requirans* 2362, *serimant* *2987; vgl. *2046. Umgekehrt: *repanteray* 3337, *viteras* 1781.
2335 l.: *saches*.
2342 b. wohl: *toudis*; vgl. *taudix* *1236.
2343 b.: *[de]mentir*.
2344 *quul hu* unklar, eine Silbe fehlt.
2358 *De les chouses* b.: *De ces ch.* Merkwürdiger Weise begegnet auch 2998 *de les mains*; da aber 8127 und 3223 *des mains* steht, wird 2998 zu bessern sein: *Dedans des piés, dedans des mains*. Zu beachten ist indessen, dass auch statt *nous* 366, 1403, 1956, 1976, 2635, 2706, 2896, 2912, 3785, *vous* 2234, 2876 sehr oft begegnen: *nostres* 2242, 2631, 2800, 3286, 3982, *vostres* 940, 1857, 1974, 2873, 3819.
2359 b.: *Faisoi[e]nt*, vgl. *376.
2365 *qui estes* verschliffen wie *1922.
2377 *repaint* = *repant*, wie *mainti* 2417 gegen *mantir* 2487, *sainté* 1853, *ataint* 3140, *sains* 1262, auch *chenger* 2420 = *changer*; vgl. auch *1650. Umgekehrt findet sich *-ian-* für vortoniges *-ien*- geschrieben: *viandrés* 952 (*viendras* 3716), *crestianner* 1582. Für betontes *-ien* begegnet diese Schreibung nicht. Auch reimt es stets nur mit sich selbst oder mit *-ain : main*, 3934, *certain* 1625, 2109, 2752: *Dyoclecien, Plustien*. Nur ein Reim, *crestien : ceans* 1483 (vgl. *ceans : chans* 2159, *crestien : bien* 2289, *crestienne : sienne* 3459) deutet auf die anderwärts (z. B. in S. Sebastian A nach Quedenfeldt, Die Myst. des b. Seb. Marburger Diss. 1895 S. 52) durch zahlreiche Reime bezeugte Aussprache *-ian*. Einfaches *-en* ist allerdings der Schreibweise und den Reimen unseres Textes nach ganz mit *-an* zusammengefallen. Sogar nachtoniges *-en* wird hier und da durch *-an* ausgedrückt: *mengessant* 980 (*-ssent* 3588), *vueilliant* 366 (*-llent* 367). Vgl. auch *villannye* 2598 neben *ville-* 3787.
2394 b.: *[grant] clarté*; vgl. 3898.
2442.: *soi[e]nt* wie *376.
2468 b.: *soi[e]s* vgl. *376.
2469 *vives*, b.: *bonnes* des Reimes wegen; doch ist auch 2470 eine Waise (vgl. *27).
2478 *chescune*, b.: *chesque*, das 2485 begegnet; *chescunne* steht aber 2549; vgl. *chescun* 884, 904, 1115, 1259.
2481 tilge *doulx*.
2489 tilge *et* wie *263.
2496 b.: *n(e)' homme* wie *2003.
2499 *qui est* verschliffen wie *1922.
2505 b.: *Qu(e) ung*; vgl. *327.
2511 b.: *Quar [il] faudroit*.
2521-27 und 2536-48 setze eine ununterbrochene punktierte Linie und 2525-27 wie 2539-42 dahinter eine zweite ebensolche. Denn *HC* tilgen alle diese Verse, *B* nur die letzteren
2546 Waise (vgl. *27). Die Zeile wird wohl mit 2547 zusammenzuziehen sein, etwa zu: *Partir ou fere que t'en sémble*.
2548 b.: *soi[e]nt* wie *376.
2554 *qui a* verschliffen wie *993.
2566 b.: *Que [le] mal feu*, vgl. *3957.
2588 *herreur* st. *horreur* (vgl. *ferrés* *881), dagegen steht es 3784 st. *erreur*.
2612, 2613, 2616 b.: *soi[e]nt* wie *376.
2645 *vigon* b.: *oignon*.
2666 b.: *Mais (le) renoyons* (.) *y aussi sa mere*. Wegen Verschleifung von *y aussi* vgl. *924.
2670 *et a*, l.: *y a*, 2671 *Et aussi*, l.:

Y aussi, welche zu verschleifen sind, s. *924. Vielleicht sind aber 2669 und 2670 zu einer Zeile zusammenzuziehen, etwa: *Car il me samble a mon conseyl*, denn 2669 ist eine Waise (vgl. *27).
2674-5 *sa loye : resjoye*. Auffälliger Reim. *Resjoye:joye* findet sich auch 2815, *loye* wird für *loy* 142, 1035, 1196, 1408, 1714 stehen, ähnlich wie *un roye* 1090 (: *fège = foye*) offenbar = *ray* 2728 ist. (Vgl. S. Sebastian A 2329 *moy : foye*, 3491 *loye : foy*). Man kann sich *loye* und *roye* am besten erklären als umgekehrte Schreibungen, welche einen Reim für das Auge bezwecken, während der Reim für das Ohr umgekehrt *resjoy* (vgl. aber *2263) und *foy* zu schreiben nahe legen hätte sollen. (Ähnlich 932 f. *devoust: toust* st. *devot : tôt*). Sonst scheint allerdings in unserem Texte, abgesehen von einzelnen Verbalformen, nachtoniges *e* unmittelbar hinter dem Tonvokal noch stets als silbenbildend angesehen zu werden, vgl. *1497, *2239.
2691 b.: *De [grans] verges*; vgl. auch 49.
2711 b.: *pri(e)* wie *259.
2729 *y a* verschliffen wie *377.
2778 l.: *oncores*.
2782 l.: *Saches*.
2818 *qui en* verschliffen, vgl. *993.
2830 b.: *que nous [le] saurons*, vgl. *1596.
2834 *si est* (ebenso wohl 3540 *ensi incliné*) verschliffen wie *qui, y, ly* (vgl. *1582). Als Silbe zählt *si* aber in: *si ourgouyllieux* 3466, *Et si estes* 1392. Man könnte darum auch *il* tilgen.
2850 b.: *Vois (y)ci* (vgl. 1775, 3665, *ve(e)s cy* 1709, *veés cy* 2274 u. *3827), oder verschleife *yci ung* (vgl. *3756).
2870 b.: *Et [pour] l'ame*.
2876 b.: *vray[e]* wie *21.
2877 *qui a* verschliffen wie *993.
2884 *et*, l. *y* wie *924.
2987 b.: *ser(i)mant* = 1260, 3558, 3744; *serymant* findet sich 255. Vgl. *2328.
2995 b.: *Et qu'il ai[e]* st. *ait*. *Aye* findet sich 1835, 2438, während *ait* allerdings die gewöhnlichere Form ist, so: 2957, ebenso natürlich *soit* 148, 2401, 2956.
2998 *et de les mains*, b.: *dedans des m.*, vgl. *2358.
3063 *Et aussi*, l.: *Y aussi* verschliffen wie *924.
3075 b.: *a ce[ste] fois*; vgl. 2225, 2227.
3082 b.: *V(e)es* wie *1380.

3088 war die punktierte Linie nicht zu unterbrechen.
3123 b.: [*a*]*porter*, vgl. 1695, 3965, 4005.
3125 b.: *j'(en) ay ouy*, vgl. *ouyr* 2285, 2289, *ouyés* 2205, 2629, *öys* 1134.
3127 l.: *des*.
3141 *y a* verschliffen wie *377.
3168 l.: *amenerons*.
3216 *le = les* wie *1062.
3242-58 sind, wie die zahlreichen sinnlosen Verse zur Genüge zeigen, arg entstellt überliefert.
3322 b.: *La vray[e] lumyere et que (je) fisse*, vgl. *21, *1497.
3349 *lyon = ly en*. Wegen der Verschleifung s. *1582.
3391 *est dur quant le dyable = e. tant dur q. le d.*
3406 *luy aveons* nicht verschliffen wie *1582, denn *-eons* in *aveons* ist 1-silbig, wie überhaupt alle *-eons* und *-ions* der 1 p. pl. impf., cond. und c. praes., so 1387, 1628, 2039, 2043, 2953, *3972 (?).
3407 l.: *les* st. *des*.
3414 *ly avoye* verschliffen wie *1582.
3443 b.: *De toy fere ainssi chastïer st. De t. ainssi f. ch.*, denn *chastïer* ist stets 3-silbig, vgl. 2740, 3078 und *43. Wegen 3-silbigem *chastïeray* 2801 vgl. *1833.
3476 b.: *je te dis (que) se tous*, wie *1737.
3499 b.: *l(a)' humanité*, wie *998.
3505 *est heu = a esté*, 2940, b. also wohl: *qu'(il) a esté homme*; vgl. *suis voleu renaistre* 2216, *qu'il se soit vouleu tenir* 3542, *pour quoy l'est il volleu estre* 3576, *si me suis fais enseignyer* 2298, aber *il a volleu estre* 3665, *tu m'as volleu compleire* 3883. Auch die Myst. prov. du XV⁰ s. 2946 bieten: *Dieu es volgut huey resuscitar*. Dies merkt Rom. Gr. III 288 aus der ital. Cento Novelle 4, 6 und 9, 10 an: *se io fossi voluto andare* und *era volutasene andare*.
3506 b.: *voire response*, vgl. *sa response* 2252.
3512 b.: *s(oy)' amoindrira*; vgl. *soy ordonne* 17, *toy ardre* 2232, aber *s'en* 3109, 3236, 3513, *s'i* 3232, *s'est* 2027, *m'en* 1917, *t'atendray* 3842, *t'en* 1964, 2052. Auch vor consonantischem Anlaut schwankt der Kopist zwischen *soy, se, moy, me, toy*, te : *soy baptise* 1627, ähnlich 1668, 2550, 2816, 3240, *se prouve* 3781, 2856, *toy requiere* 1748, *toy prie* 240, 2812, 3580, *toy demande* 2484, 2492, 3675, *te prie* 199, *te dolloit* 1519, *tu te*

faisois 1517. Nur die volle Form zeigt er noch beim präpositionalen Infinitiv: *a soy convertir* 2023, 2817, 3142, *de moy fere* 2464, 1558, *de toy amer* 154, ähnlich *en toy baptisant* 1780.
3520 b.: *t(u)' es*, wie *1519.
3525 b.: *soi[e]s*, vgl. *376.
8527 *nefs* = *nés* (vgl. *né* 2956), wie *nufs* 3454, *nufs* 2994 = *nus* 2304. Ähnlich findet sich unetymologisches *t* im Auslaut, vgl. *575.
3536 b.: *vray[e]mant* wie *888.
3540 *ensi incliné* verschliffen oder b.: *si incliné*. Wegen des Reimes vgl. *769.
3545 *qui est* verschliffen wie *1922.
3555 b.: *Pour tou[te]s (nous) ames*. Der Fehler, entstanden durch das folgende *nous*, also nahezu der umgekehrte wie *1926.
3556 b.: *tiers*, vgl. 1315, 2107, 2534, 2546, 3990.
3558 Zählfehler.
3570 b.: *Our(es)*, vgl. *2003. Wegen *-ion* vgl. *12.
3589 b.: *menge[roi]ent*.
3613, 3617, 3619 tilge: *Et*, wie *263.
3616 b.: *Par devant[le] leur*, vgl. *1596.
3624 Hs. hat durchstrichenes *p*, also eigentlich: *par*, ebenso 3769. So auch *1240, 1244.
3653 eine Waise, da überdies *redempcīon* 4-silbig sein müsste (vgl. 3631, 3679, *12), werden wohl 3652-4 zusammenzuziehen sein, etwa zu: *Qu' estoit homme, estre aussi devoit Redempcīon par homme faitte*.
3662 *Qui estoit* verschliffen wie *qui est* *1922.
3685 b.: *que fust* st. *quoy*.
3726 b.: *voulroy[e]*, vgl. *2239.
3749 b.: *ce(lly) preçīeux*, vgl. *en ce mal pas* 903, *en ce estat* 1252, *en ce abisme* 4032, sogar *ce qui* 292 (vgl. *1047), neben *celluy mauvais homme* 3218, *celly dieu* 1870, *celly pechié* 3638, *celle faulce vierge* 1899. *Preçīeux* ist 3-silbig, wie *envyeux* 1062, *glorīeux* 1061, 1079, 3860, 3871, 4047, ebenso ist *relīgīeux* 24 viersilbig, *malgracīeuse* 316 fünfsilbig. Vgl. 43.
3756 *d'yci en avant* und *cetuy yci estoit* 3827 verschliffen wie *yci ung* *2850 und *qui* u. s. w. *1582. Vgl. bei Quedenfeldt S. 46: verschliffenes *d'yci a*.
3797-8 falscher Reim. Bessere: *menra Hors de cy et (qu'on) ly coppera*.
3814 b.: *Qui* (st. *Lequel*) *a derisīon*, vgl. 3801 und *12.

8817 b.: *Que (je) vis oncques* (vgl. 11, 257, 1282, *1892, 1936, 2260, 3322, ähnlich *vous* *1539) od. *Que je vis onc(ques)* (vgl. *2003).
3827 *cetuy yci estoit*. Verschleife *yci* mit *estoit* oder b.: *cestuy ci*, wie 2698 bietet; vgl. *2850, *3756.
3828 b.: *Que j'(en) auray*.
3836 b.: *J(e)'y* wie *827.
3858 Waise (vgl. *27), wohl zu streichen.
3879 b.: *m'ai[e]s*, vgl. *376.
3881 zu tilgen, vgl. *1.
3901 b.: *n(e) euss[ions] de grant fuis*. Wegen *de grant* vgl. *1151.
3918 tilge *et* wie *263.
3925, 3929 *Et* verschliffen, vgl. *924. Die Zeile 3925 ist übrigens überflüssig und zur Beseitigung des anstössigen 3-Reimes zu tilgen, eben deshalb streiche auch 8931.
3955 b.: *nostre vous estes* st.: *vous estes nostre*. Wegen der Assonanz *estes*: *maistre* vgl. *32.
3957 b.: *en [la] langueur [des] feus*. Vgl. *2566.
3959 b.: *Et tous (les) dyables*, vgl. 60, 138, 910. Neben *tous les jours* 1403, *tout le jour* 1805, 2894 begegnet oft *tous jours* 137, 161, 1838, 261, *tout jour* 1806, 2888, *taudix* *1236, *toutdix* 227, *toutes fois* 2288.
3961 tilge *fere*, da *Dyoclecien* mindestens 4-silbig ist, vgl. *26.
3965 b.: *ve(é)s*, vgl. *1380. Die Assonanz *apportons*: *nous* ist wohl unzulässig, und durch Umstellung leicht zu beseitigen, vgl. *32.
3972 b.: *[nous] gardeons yer*, da *-eons* und *yer* sonst hier stets 1-silbig sind. Vgl. *3406 und *1042.
3979 *Qui ont* verschliffen wie *993.
3989 leicht zu entbehren, also behufs Beseitigung des 3-Reims (vgl. *1) zu streichen.
4008 l.: *migneur*.
4028 b.: *vray[e]mant* wie *888.
4043 Waise (vgl. *27). Es scheint eine Zeile danach zu fehlen.
4057 *experit* wohl volksetymologisch statt *esperit*. Anlautend findet sich *x* statt *s* nicht nur, wie sonst, nach *s*: *dix* 227, *paradix* 3607. Statt neufranz. *x* begegnet wie in älteren Texten *s* in: *crois* 1800, *nois* 3410, *vois* 1270.
4058 Waise, aber wegen des Anagramms nicht zu entbehren.
4072 b.: *j'escri(e)*, vgl. aber *2263.

Wort- und Sachindex.

* weist auf die Anmerkungen.

(a) *1151.
abandonne *1. s.* 3873, -er 2935.
abatue 2203.
abeyssier 2632.
abhominable 1199.
abille 3830.
abisme 1028, 4032.
abit 38 *s.* habit.
abouche 3839.
abusīon 155.
abuysié 1461.
accesseras 2498.
accident 1869.
acomparer 3472.
acorder *855.
acort *sb.* 884, 3594.
acoustumee 1334.
acquise 1730.
acroyre *201.
acroitras 2815.
actie 1570.
activemant *171.
acuyllie 1278.
Adam 988, 2952, 3584.
admettre 2520.
adonques *2003.
adourer 290, 2218, adorer 292, 3453, aoure 3351.
adresce[s], t'a. 151, -esse 1263, 2737.
adventage 3567.
Adverbien *1042, *1151.
advisé, me suis en a. 2163, avisés *2. pl.* 944.
adversaire 3882.
advocus 2979, 3625, 3669.
affere 1901, 2572.
affermer 2485.
affie, affy *259.
affiert 1531.
affin que 1668, 1712, 3862, a. de ce 3321.

affole, s'a. 2818.
agreable 160.
agree 1280.
ai (*st.* a) *1650.
ai[e]s *3879, ait *2995.
ain (*st.* an) *2377.
alarme 243.
alaynnes, 2996, aley- 40 aloy- 3407.
aleurs *adv.* 866.
allegacīons 1957.
allegier 1377.
allés 2180, aler 1932, alla 983, m'en aller 2094, n'a. +2055, *s.* ayllie.
amassés 1842.
amenray 3112, amaynne (: poynne) 3418, ammené 2243.
amendassent, s'a. 1998.
amer *inf.* (: mer) 3364, 3739, ames *2. s.* (: ranes) 2892.
amere 1914, 1982, -er 3740.
amerité *p. p.* 281, 4062.
amoindrie 8509, s'amoindrira 3512.
amour *f.* 962, 1839.
amys 165, amis 943, 1624, -ye 1916.
amytié 1812, 3660.
angel 1011, 3867, anges 2314.
angoisse *sb.* 3252.
annuncia 1011.
ans *sb.* 1021, 2024.
antique *adj.* 1024.
anullés 2322.
apareillie *288.
apart 253, 1563, 2433, 2585.
apartient 1258, 3753, s'a. 1510.
aperceveu *328.
apert 2098, 3239, en a. 2379.

apertemant 1662.
apoint *prs. c. 3. s.* *1481.
aponde *prs. c. 1. s.* 864.
aporter *3123.
appellé 3765, -lle 3751.
applique 3474.
aprandray 2808.
après 982 *praep.* 214, 2087.
aprester 1694, 1707.
arbre de vie 981.
ardoir, ardre *246.
arester, sans a. 2595.
argent 3095, 3994.
argües 2524.
argumens 1053, 2430, 2527.
arme *1575.
art *sb.* 3674.
assés 2061, a. de 3288.
Assonanzen *32.
atendu 245, -droy 3842, attandre 248, ataint 3140.
atribūee 1060.
attrappés 2697, 3487.
au = ou *352.
aulcunnemant 144.
aulter (: compter) 1128, haulters 2300.
aultres, nous a. 892, 1960, -remant 1319, 2049.
aussi 2671, 3964, a. toust que 2046, -imant 2591.
ausmone 1806, aulsmone 2007.
autant 2810, a. de 2453, utant 1945.
autour de 3383.
aval 3941, amont et a. 2091.
avance *sb.* 1665, t'a. *vb.* 3808, 3922.
avant *adv.* 3818, a. que 300, 1281, 1830, 2611, 3977.
avec, avecques *2003.
aventure 1814*, a l'a. 1131.

avuegle 1819, 3320.
avyennet 888, adveignye 1185, advignye 959, advint 3617, advenu 3896.
ay = oy *1412.
ayder 942, -diée 2. pl. 1825.
aye 1. s. *2239, 3. s. *2995, ayent 1324.
aygue (: lave) 1091, 1695, 1779, s. eaue.
ayllie 1965, s. voyse.
ayse, suis tres bien a. 966, a ton a. 2710, 3843.

baillient 2915, 3238, 3349.
bande 2604.
bandons, a grant b. 2917.
baptesme 1514, baptisme 1560, 1728, batisme 1027.
baptié 1460, batler 1033, 1181, baptiser 1044, 1581.
baptiste 1030.
barat 2193, 2139.
bataillie 211.
batarie 1898, batte- 2723.
batlesmant 2327.
baveux 297.
beaucop 1133, b. de 893, 3702.
beaux 1967, de b. 1745.
Belzebuth 3918.
benigne 3658.
benignité 3310.
benoit *951.
benye 1485.
besoignye sb. *320, besongnye 3. s. 3095.
beste 190, 207, 2131, 2904, b. mue 136.
bien 2002, b. nyce 254, -ne 1842.
bienfait 2007.
blaffemer 366, 1980, 2799.
blame sb. 3332, blasme 910.
blamer 186.
blancheur 1736.
boche 2013.
boczue 1380.
boidie *173.
bonne adj. 896.
bonté 4064.
bordes prs. i. 2. s. 1603.
borreaux 543, 3106.
bourdes 1337.
bourdeur 3313.
bout sb. 4024.

bouter 1088, buter 1820, 2128, boutter 2758.
boyre 2568, 3718.
brayre 1805.
Bretaigne 2105.
brief, briefmant *1042.
bruyne (: ruyne) *1504.
buche (: couche) 1871.
buffe 2225.
bulsures 3727.
buter 909, s. bouter.

camelline 2730.
cas 3523, 3665, c. criminel 2240.
cassee 3687.
cause sb. 922, 2295.
[ce] *1531.
ceans 1434, 3991.
cecy *1900.
cela 11, 1411, 1516, 1567, 2191, 2544.
celeste 55. celestre 3578.
ce(lly) *3749, celle 215.
cene (: racine) 1126.
certain 272, 1625, -nnemant 295, 890.
certainnyté 2906.
certes 966. 3524, a bonnes c. 1629.
certiffie 221, 1363.
ce[ste] *3075.
cestuy nom. 1985, obl. 1788.
cetuy yci *3827.
ceux qui (= cil qui) *1047.
chailloir 1430, challoir 1852, chault 912, 1665, 2810, 3733, chaillie 1964, 3878.
champs 2894.
chanchier *1471.
chanches 2931.
chancre 3250.
changier 3996, 4025, 4031, se ch. 1614.
chant 2808, chanter les ch. 2161.
chapellaine 1117, -ain 2256.
charge sb. 2684.
charpentiers 3061, 3102.
chastler *3443.
chaudiere 3992.
chault adj. 293, 4033.
cher humaine 3663.
cherité 1107, 1307, 1849.
chescun, ung ch. 904.
chesque *2478.
chetifs 1419.

cheval 3950, ch. de bois 3074, 3221.
cheysoit 1081.
chiches 2079.
chiefs obl. 3766, 3799.
chien 59, 2516, 2584, 2779.
chiere 1602, 2388, 3764, 3959, 3993, 4052.
chinallie 3881.
chivart? (chinart?) 3245.
chouse 291, 326, 44, 907, 927.
chousete 1822.
cieulx 2965, cieux 941.
cindre (: entendre) 2232.
cité 2285, 3667.
clarté *2394.
cler adv. 4078, -re 2451, -rement 3704.
cler[c] 3669.
cognoistre *1090, cognois 928, je cogneux 2786.
cognoissance 886.
col sb. 2084.
colleur 1737.
comant 255, 3538, c. que 1965, commant 3895.
combien 2253, c. que 2881, 3860.
commandemant 170, -ans 1974.
commandera 920.
commant sb. 3593, 3894.
comme 3622, c. qu'il soit 133, ainssi c. 3587.
commencemant 3449, -ance- 970.
commencer sb. 4077, -ce 1127, c. à *855.
communelmant 891.
compaignions 849, 1265, 1374, -pains 863, 1919, 1932, 2711, 3442.
comparacion 3470.
compareres, comparront, *1189.
compassion 3470.
complaire 2351, -ere 1275, -eire 3883, -plait p. p. 2354.
complir 3968.
comprandre 2425.
compte, tenir c. d. q. 135, 3255.
compter 11, s. conter.
conceust 3. s. i. 1004.
conclusion 3571.
conclus 1. s. prs. i. 3792, p. p. 3085.

concorde 1000.
condampner 2234, 2843.
confessuns 2874.
confession 2264.
confins 1646.
confondre 379, 3671, 3999.
confort *sb*. 2008.
conforter 854, -é 1873.
confus 3919.
confusion 3482.
conjoingtes 2541.
conquerre *246.
conquestés 1607.
conscience 2349.
conseilliés *p. p.* 1425.
consentir 45, 986, 2488.
conseyl 2670.
Consonantverdoppelung im Anlaut *68.
conte, tiens c de 2928.
contemplans 1205.
conter 2141, -tirons 1925.
contradicion 3481.
contradira 3916, contredire 3812.
Contraction *43, *376, *888, *1305, *1328, *1380.
contrayre 3545, *sb*. 3641, aller au contraire 2536.
contre 212, 1988, 3601.
contriction 1418, 2029.
convertir, soy c. 2023.
convient 904, 1910.
cop *sb*. 2048.
copper 3833.
coquin *861.
corage 153, 250, 915, 2187, 3441.
corder *855.
cordes 862, -e 870, 3233.
cornart 2432.
coronna 1070, -né 4067.
coronne 1071.
corps 912, 1869.
correux (: tous) 388.
corrocier, se c. 345, -cié 1138.
corrumpure 1004.
coste 1293.
couche *sb*. (: buche) 1372.
coumin 2729.
courir 1946, corir 1996.
court *adj*. 1525, *sb*. 3449.
coustume, changer c. 2809, 4031.
crainte 1059.
crea 3582.
creance 1035, 1330, 2651.

creatour 2406, 2587.
creature humaine 266.
cresteaulx 3080.
crestien *26, -ianner 1583.
crevé 1373, 1406.
crie *sb*. *Ausrufer* *1788.
Ausruf 3768, 3775, crier *inf*. 1189, 8767, crieray 3806, cria 1012.
criminel, cas c. 2240.
croient *168, croies *1180, je croy 203, creés 189, croioit 3558, creans 2373, croiront 2398, croire 1047, croyre 2491.
crois *sb*. 204, 1099, (*Münze*) 1800.
croistre 1018.
crucifié *43.
cruelle 1310.
cuer (: remuer) *1328, 3235.
culpable 3597.
culpe 2686.
cuyde *320, -des 3722, -doy 1891, -da 1097, -derent 1052.
cuyrans 2445.
cy *120.

dame 1874, nostre d. 1817.
damnage 152.
damipnacion 1310.
dampnés 217, 2952.
dan 863, dang 989.
dancer 1445, 3135.
dapar *627.
de 165, 940, 1284, 1286, de grant *1151.
dea 2713.
debat *1. s.* 2001, *s*. desbat.
debonayre 3111.
debuter 3606.
deceveus *328.
declarer 25.
decoller 3754, -és 300
dedans 2235, 2512, 3716, 3886, cy d. 1884.
dedevant 3755.
deffait 2048, -te 2499, -tte 3655.
deffaissonné 3720.
deffendre 167, -dit 978, -de *3. s*. 1868, -du 3595.
dehors de 3607.
delacié 1783, 1942.
de[le]s *2358.
delit *sb*. 900.

delivre *adj*. 1084, 1826, 1987.
delivre, se d. 884, delivrons 1528, -rer 1809, je t'en delyvre 1789.
deloyaulté 1208.
demain *adv*. 273, 1949, -eyn 1913.
demander 277, 1637, -de *1. s*. 273.
[de]mentir *2348.
demeure *sb*. 3101.
demorer 4002, -ourray *1189.
dens 3231.
denuncesse 1786.
deporter 4006, *s*.desportant.
depres 1683.
depuis que 8505.
deputayre 2466, 2779.
deraysonnable 2219.
derechiefz 3765.
derision 3801, 3814.
dernier jour 898.
derobe *3. s*. 2059.
derriere, en d. 2340.
des buy 1851.
desbat *sb*. 3624, *s*. debat.
descharge *1. s*. 2685.
deschaucier 3262.
descoupés 3229.
desduyre 1249.
deshonnete 1209, 2761.
desir *sb*. 3980, 3952.
desiroye 853.
desjuner *104.
deslay 3113, 4001.
desobeyssance 3592.
despartie 1192, 2108
despechier 3832, 3837, 3892, -iés (*entsündigt*) 2265.
despit 2464, 3931.
despité 3330.
desplaisir 3906, desplaire 3389, deplayse 3851.
despoliés 1698, 2037, -ouilliés 2709.
desportant 1360, *s*.deporter.
desray 1651, -roye 1670.
dessendre *aktiv*. 1098, *neutr*. 1002, descendit 977, descendoint 1303.
destranchiés 2614.
destrois *adj*. 1063.
destrusés 2353, -ruyre 2473.
desus du 1002, par dessus 1780.

detenus 3217.
determiner 3317.
detestable 291, 2586, 3752.
detractIon 1895, 3469.
detresse 925.
detraire 2537.
devant *praep*. 3778, *adv*. 1007, 3853.
devantdi(s)t *p. p.* 2454.
devenir 3541, -vienne 3741.
devers *1575.
devise 3145, 3266, 3965, -sa 1034.
devix *sb*. 2900.
devocIon 12, 22, 923.
devoir *sb*. 2734, 3809, *vb*. doy *1. s*. 3919, dois *2. s.* 3628, doit 885.
devotes 61, -emant 953, devoust 982.
Diärese? *1042.
diates *448.
di(e)nt *1305, dy *1. s*. 3491, dis 3548, *2. s*. 3560, dist *3. s*. 871, dittes *2. pl.* 948, die *1. s. c.* 915, *3. s.* 917, dy *imp*. 3621, diray 960, dire 257, dist *p. p.* 3587.
diffamés 1979.
digne 3510, 3539, 4021.
dignyer 1821.
diligence 3983, 4029.
diligent 1402.
dioles? *60.
dis (= *Wort*) 2443, 2811, (= *Gedicht*) 4075, (= *Tag*) tous d. *3959.
discipline 1165.
discorde *prs. 1. s. i.* 871, *sb*. 3621.
discret 916.
disjoingtes 2540.
dispargir 32.
disport 385.
dividir 2472.
docteur 3668.
doctrine 963.
dois *sb*. 1985, 3407.
dolloit 1519, doult 387.
doloyreus 2673.
dominet 3357, 3362.
doncques *2003, don 989.
donner *sb*. 1584, -nray *1189, -nne, -n *259.
dors, je me d. 982.
dos *sb*. 2200.

doubler 1863, -loye 3413.
doubles 1863.
doubtance 2033, dob- 1907.
doubte *sb*. 1930, 3514 *imp*. 1917.
doulant 1944, doll- 3447.
droit *adj*. 851, tout d. 1840.
droiture 2926.
droyturier 2222.
dubite 2020.
dueil 3758.
duremant 994.
durra *1189, dure 3534.
dyable *290.
dymenche 2198.
Dyoclecien *26.

e (= est) *1586.
e *nach Tonvokal* *1497, e *statt* o *881.
eage *328.
eaue *1497 *s*. aygue.
Ebron, val d'E. 3610.
echappera 356.
ecuelette *1329.
ediffier 265.
efface 1790, -esse 1787, -cié 1782, 1895, 2386.
effait 1438, 2182, 2278, 4042.
effeysemant 1474.
effort 3064.
eglises 380.
Elision *279, *327, *998, *1864.
emender 2773, 3683, s. esm-.
empache, *sb*. 958.
empechent 2875.
empechié 2683, 3521 (= *versündigt*).
empereur 2246, 2282.
empire 3815.
emprise 1464.
(en) *3828.
encainte 1010.
enchanson 2205.
enchanté 2206.
enchantemant 310.
encharné 3501.
encontenant 1701, 2018, 2303.
encontre 2280.
enfance 2005.
enfanta 1005.
enffant 1018, 1860, -ns 1857.
enfler *575, *2093.
enformer 3488, -é 2447.
engunneur 1532.

engin 2167, 3123, 3975.
engindra 3617.
Engleterre 2105, 3987.
enhaulcera, s'e. 3513.
Enjambement *1414.
enjoingt 1577.
ennemy 983, 1409, 1784.
enrage *3. s*. 1522, 2147, -gier 1902, -gié 3909.
enseignyer 669, -niés 963.
ensemble, tout e. 3964, tous e. 1924.
enserchier 2297, encherché 3976.
ensi *3540.
enstigacIon *24.
ensuyvir 1339, 2924, ensegant 2402.
entachié, as e. de 3532.
entant que 1312.
entecrist 1802.
entencIon 2654.
entendemant 1288.
entent *imp*. 257, -ens 3580, -endés 3773, -endre 2283, -endras 3715.
entente 1633, 2660.
enterrogueray 2857.
entiere 2497, -emant 2479.
entre *praep*. 897.
entremet, s'e. 3133.
entrés *p. p.* 2156.
enuyeux 2961.
envers 1421, 2462, 3341.
envoyray *1833.
envye *sb*. 197, 889.
envyeux 1062.
equité 1968.
equipolence 2452.
erreur 158, 2291 *s*. horreur.
es (= aux) *1433.
esbaIr 37, 1052, 2189.
esbatemant 858.
esbatre 1654.
eschapees 3243, -appe 2173.
escolle 2227, 3673.
escondre, s'e. 378.
escourchier 344, 4020, -iés 3455.
escouter 2282, -e *2. s. c.* 3855.
escrie *4072.
escript 1890, en e. 141, 3701, 4076.
escripture 4071, saintes e.-s 3703.
escuser 1881.
esmende *prs. 2. s. c.* 3709.

esmeu 329.
esnoye 3. s. 3859, ennoya 3619.
espace 5, 3358, 3552.
espanchié 1734, -cherent 2962.
esparniés 1579.
espaventé 3899.
esperance 1331.
esperit 1724, 2455, experit 4057.
essecucIon 3802.
essence 2543, 2558.
estachié 1777, 3235.
estue 1837, -at 262, 936, 2134, 2268, 3284.
esté sb. 263.
estendues 2300.
esterent 3611.
estraindre 3231.
estre sb. 1152, 3608, de mauvais e. 309.
estre v. 2575, estois 2. pl. *185, soy *2239, soiés *1256, *2128, soit *376, saront*1157, seroint*376, fuismes : summes 1347, es 2. s. 3528, estes 2. pl. 2365, e == est *1586, est st. a *3505.
estrilliés 2708.
estron 1605.
esturdis 2968.
(et) *263, *924, *1504.
[et] *1345.
eulx pron. 150.
euvres (: trouves) 198 (: pouvres) 1976, euvre 1094.
evangille 1125, 2012, evvangilles 1143.
Eve 976, 983, 1294, 3585.
excepte prs. i. 1580.
excepté 3519, 3537.
excusant 63.
exemplaire 10.
exemple 62, 1039, 2475.
experIence 2350.
expresse 2390.
eygle 2048.
eygremant 48.

f unetymol. im Auslaut *3527.
fable 2502, 2794, 2908.
face sb. 3697, 3838.
faillie, sans f. 919.
fain 2196.

faindre 1925.
faint *1491, -te sb. 2937.
faintise 1628.
fait 944, de f. 1722, 3412.
fallaces 2561.
fame 1270.
fatigue sb. 3433.
faultes 63, -te 4074.
faulx 217, 1534, -lce 180, -cement 2047.
faux prs. i. 2. s. 2422, faillie 271, -ent 2914, fault 1521, falloit 1518, fauldra 1648, faulra 3768, faudroit 2511, faillieu 2955.
feable 161.
fege (== foie) *1089.
fellonnye 2597.
Femininbilduug *239, *1042
femme 3585.
(fere) *3961, 246, 366, 1294, feray 919, fais 1. s. 247, 2. s. 2011, fait 268, feyson 893, faittes 858, font 926, fais Imp. 134, face 3834, fist 3584, fisse 3322, fissées 344, feysant 3612, fait p. p. 267, faitte 4058.
ferrés (b. forrés ?), vous estes f. les testes du vin *881.
feste 386, 3890, 4051.
feu sb. 3230, 8746.
fiance *1179.
fictIon 154.
fie, m'y f. 1364, 1423.
fiere prs. c. 3. s. 1515, 2262, 4026.
fievre 2129.
filliet sb. 1485, fil 1016.
fin, tout de f. voir 3913, -ne 962, sb. 970, a la f. 3716.
finir 3819, -it p. p. 3637, -ne 1830.
firmemant 895.
flandeurs 2315.
fluyve 1031.
fois (== fais) prs. i. 1. s. *1488.
fol 2818, folle 317, foux 865, foulx 146.
force sb. 1943, par f. de 2171.
forme 3219.
formé 918, 1073.
forsque 168, 2580, 2855.
fort 1089, 1510, -tment *1042, treffort 329.

fouldra (== fauldra) *352.
foy crestienne 28, ma ffoy *68.
foyson 361, 1556, feyson 3842.
France 2103.
frappé 1535, 2696.
freres 1844, 1852.
frivolles 3856.
fructifller 264.
fruyt 981, 3588.
fugitifs 1420.
Futurformen *1189, *1833.
füyr 3236.

gage 2146, 3282.
gaignier 2258, 3997, -nya 211.
gaillart 2738.
garde, tu n'as g. de 1880, 3237.
gardeons *3972, -d, -t *259.
garirions 1388.
garson 1597, 3875.
gatés 322, gaster 2855.
gemyroit 2017.
gens sb. 4044.
gentil 1932.
getta 3. s. prt. les armes g. d'enffer 1104, 2966.
gibet 1941, 2128, 3227, 3800.
gingibre 2729.
glorIeux *3749.
gloyre 3856, 4067.
gouvernance 2835.
gouvernemant 8450.
goutte 1819.
grace 4059.
grant*1042, -ndemant1796.
gre, en g. 4054.
grevance 961.
greve 1690, gravé 1374.
griefmant *1042.
grosses adj. 49, *84.
guerre 3988.
gueyre 1279, 1566, guyre 912, 1704, gaire 2254, guayre 3258.
guise *138.
guyardonner 1862.
guygue 3434.

ha! 2816.
habit 1732, 1744 s. abit.
habitacIon 1162.
habunde 231.
hardiemant *888.

haro 243. 297, 1885, 2034.
haster 2856.
hastivemant *. acti-.
haulters 2300 *. aulter.
haynne 2292.
hâyr 1051.
herre 1868, 4005.
herreur (= erreur) 8784,
  (= horreur) *2588.
heures 954, 1449, eure 1972,
  tout a l'eure 1936.
heuvres *b. 3069, euvres
  1384.
Hiat *21, *43, *328, *888,
  *998, *1497, *2003, *2834.
hier *1042.
homage 42.
honneur 8769, on- 1810.
honte 2929.
hordes, tu te h. 1604.
horrible 906, 2761.
hors de cy 3798.
humaine, cher h. 1308.
humanité 3499.
humblemant 1866.
humilemant 1210.
hydeuse 349, ydeuse 906.

i (st. vorton. e) *2328.
ie, ïé *43, -ieux 3749.
-iés *Imperf*. i. *2. pl.* *185.
ignocence 992.
ignorance 130, 2372, 2673.
ignorant 2453. 3285.
(il) *1971, [il] *2511.
illuminer 3318.
Imperfekt ind. 1. pl. -eons,
  -ions *3406, 2. pl.* *185,
  1. s. *2239, 2. s., 3. pl.*
  376, 3. s. *2995.
impossible 2461.
incliné à *1166.
incloses 2531.
incontenant 1277, 2690, *s.*
  enc-.
incredule 19, 2365, 3314.
individis 2508.
induyre 2474.
infinit *adj.* 3636.
Infinitive auf -re, -oir, -ir
  *246.
informacions 1956.
inimitié 998.
iniquités 1506, 3329.
injure 1926.
injuste 2470.
innocent 3584.

inspiracion 27.
instrument 384,850,856,878
  intention 13, 3630.
Interpunktion 1398.
interrogue[e]s *2309.
introducion 21.
-ïon *12.
iqui *adv.* 4078, ici 4065,
  s. yci.
iré *1202.
ire 46 *s.* yre.
ja 1964, ja se soit que
  1066, 1386, 2985.
jacine* 1448.
janglarie 876.
jamais je 3743.
(je) *3817. j(e)' *327.
jeune *b.* 2007.
Johan *1030.
joué 2230.
joullys 3117, 3143.
Jourdain 1031.
jours 3819, au jour d'uy
  1822, tous j. *3959.
journee 1726, 3871.
joyaulx 1547, 1635.
joye *b.* 2815.
juge 52, 1948.
jugier 56, 2223, 2239.
Juifs *1062.
justice 1988, 2866, 3807.
juys (= jeu 2276) 2346.

là 2101, la bas 1838, 1993,
  de lassus 1905.
l(a) *998, [la], [le] *3957.
laborages 3612.
la(i)ssee *1650.
laisseray *1189, -sser 1541,
  1836, -ssé 2150, 2204,
  -ssié 1943.
langueur 3957.
larron 2149.
las *b.* 1784, 1875, 1942,
  interj. 905, 1820.
lavés 2304, -ve *2. s.* 1092.
latin 2713.
laydeure 2332, 3732.
laysir 8399.
(le) *Pron.* *998, *1323,
  *2666, [le] *1596.
leczon 2228.
legere a 985, de legier 3685,
  -remant 3437, 3825.
lent 2904.
(les) *3959, de (le)s *2358,
  le[s] 1062.

liberé 1502.
licience 2245.
lïen, lïer, lïés *1971.
lïessees 1588, lyësse 1262.
lieu 287, 1078.
lieve *2. s.* 1643.
ligneage 1802.
lignye 2573.
limbe d'enffer 1303.
lit *sb.* 901.
livre *sb.* 1788, 1986.
logis 3996.
longnyer 2259.
longue 3249, -emant 3547.
lonés 3627.
louyer *sb.* 3093.
loyal *adj.* 2003, 2220.
loye (= loy) *2674.
luanges 2313.
Lucifer 212, 2140.
lumyere 1742, 2394.
ly *vor Vokal verschliffen*
  *1582.
lye *adj.* 3776, liés 1877.

m(a), mon *1864.
mains *sb.* *2358, 3234.
mains, a tout le m. *368,
  3126, ne plus ne moyns
  1286, au moins 3560.
maintenant 3745.
maintenir 357, 360, 1195,
  1233.
mainti (= menti) *2377.
mais = je 315, *furder* 1148,
  m. que *1180.
maistre 1014, 1230, 1254,
  1483, 2140.
mal 2294.
malan 2156.
malayse 1184.
male mort 249, 1515, 3742,
  m. rage 4026, tres m. r.
  3908, m. meschance 4030,
  male passion 2261.
malfere 1167.
malfaiteurs 3543, 3783.
malgracieuse 316.
malice 289, 2418, 3519.
malmenés 2161, -maynne
  1136.
malpas 903.
maniere 4025, magnyere
  3779.
manifesta, se m. 1023.
marris *p. p.* 3447.
martire 47, 1194, 3076.

matiere 3066.
mauldire 2587, -it, m'a m. 3764, chien m. 8748.
maulvais 2569, 2802.
mauvaistie 1778.
mayson 4039.
me, moy *3512.
mechant *628, *1042 mes- 3720.
medecine 1447.
meffais 1156, 4070, mesfait 945.
meffere 3546.
mehu *328.
meistrise 1473.
membres 258.
memoyre 223, 3857, 4068.
mendeux 1886.
menestrier 1446 s. myme.
mengessent 3588, -essant 980, mangeoint 3614.
mennasses 2811.
menner 386, 852, 1262, -nron *1189.
mensonges 2970.
menssongier 2421, 2649, 3529.
menteur 1675.
mer sb. 3363.
merchié *312.
merveyllie sb. 289, -ier inf. *2093.
merveyllieux 3465.
meschance 886, 2034, 3759, 3920.
mescognoysse 1712, -noissent 3301.
mescreant 19, 57, 217.
mesme 2445, -mes 3502, -emant 2523.
mesprendre 3224.
mesprisent prs. 3. pl. 3300.
mesprison 2776, 3581.
message 1443, 2831, 3103.
mestier 1833, 3831.
met 2. s. 383, mettrons 3992, -roy 3746, -re a mort 3735.
meynye 3451, maignye 3618
migneur *4008.
mille, plus de m. fois 1894, cent m. 1958.
miracles 2896.
mires sb. 1364.
miserable 3285.
misere 1865.
misericorde 1831, 3620.
misteres 1278, 2371.

moleste 50.
mondaynne 3662.
monde sb. 1015, 3998.
monimant 1101.
monstrer 26, 158, 172, 958, 1022, 1039, -reras 1951, montreray 2522.
moquer, se m. *138.
moqueur 3314.
morseau 2197, 3250.
morust 59, -rir 1369, -rrés 248, -rroint 3590, meurs 1. s. 3908, mort p. p. 3903.
mort sb. 3742, 8789.
mortel, ennemy m. 1409, pechié m. 284.
mots, dire deux m. 2256, ung seul mot 1889, 8388, a un m. conclus 3085.
Mouillirung, Bezeichnung der M. *288.
moult *1444.
moustiers 380.
mouvemant 294, mov-3480.
moytié 3670.
mue sb. font la m. 137, adj. beste m. 136.
mûet 3. s. 3396.
mur sb. 2879.
murtrier *1042.
musart 2085, 3244, 4027.
muser 351.
my jour 1655, par my 3998.
mye adv. 1917.
mye 1970.
myeux 2102, mieulx 2562, 2768, au m. que 4068.
myme, Genis le m. 3980. (= G. le menestrier 1446).

naclon 2653.
naisquit 1122, 1972, naistre 875, ne(f)s p. p. 3527.
nallés (= en allés) *2055.
naturel 3563, -elle 2438.
n(e) *2003.
neant 1781, 2554.
necessaire 1242, 1696.
necessité 1405.
negligence 4023.
negligens 2130.
net 2330, neist 2410.
netlés 2338.
neu 870.
nices 1391, nyce 254, 303, 1989, 2705, 3520.
nois *Nuss* 3410.

nom sb. 1710, 1981, 2944.
Nominatifreste *1047.
nommer 2289, 3749.
non (= ne) *2054.
norissés 1858, norris 3448.
norriture 1154.
notable 3284.
notes 62, -te 1046.
notter 10.
nous, nostres *2358.
nouveaux sb. 3107.
novel, de n. 2275.
noyse 324, 2254, 3905.
nue (: rompue) prs. c. 2. s. v. nouer 863.
nufs *3527.
nullemant 1172, 1239, 1579.
nuyt (p. p. von nuyre 1248), 301, nuysans 2444.
nuyt sb. 300.
Nycholas 1810.
nyege 2338.
nyes 2. s. 2552.

o (st. a), oi (st. ai) *921, *i090.
oβÿr *1151.
obscurité 1741.
obscuremant 1304.
occasion 215, 2148, 3678.
occis 3900.
oe (= oi) *181.
offendu 2582, 3852.
office 1708, 2360, 2704.
-oient, -oint, -oies, -ois *876.
oignon *2645.
omme 986, ho- 996, 1037.
onc, onques *2003.
once 2253.
oncor, oncores *2003.
onde 2440, unde 2411, 2728.
ongles sb. 3233, ungles 3127.
oppynyon 1338.
or sb. 3994.
or, ores *2003, d'ores enavant 3709, 3915.
ordonnance 2244, 3000.
ordonne 17, 1512, 2850, -nés 2028.
ordure 239, 365, 940, 1169, 3731.
orgeuyl 229, -gueil 1063.
oroyllie, donné du vent en l'o. *1287.
oroyson 3841.
orphine 1829.
ou (= au) *357.

oubly *sb.* 1111.
oudeur 2583.
oueyl 2671, ouyl 2702, ueyl 3757, yeulx 2767.
oufferande 1808.
ouffrir 3334, oufferte 2883.
oultrages 314, -e 251, 2668.
oultrance 2371.
ourer 3348.
ourgouyllieux 3465.
ouse, j'o. 327, tu ousses 2899, oseray *2245.
ouste *Hostie* 1118.
ouster 51, 1029, 2755.
ouvert 2380, -te 2882.
ouvrage 3102.
ouvriers 1365.
ouy, ouyr *3125.
ouy *ja* *1270.
-oye, -oy *2239.

pain *sb.* 1841, 3614.
pais 879.
pals 3815, 3821.
paistre 2886.
palliart 2610, 2739, 3469, 3724.
pansee 1393.
paour *43.
par *für* pour *1240, par grant *270, pardevant *2272.
paradix 2791, 2787.
pardurable 3865, -ment 218.
pareyllymant *2328.
pareyseous 4022.
parfait 30, 2500, perfaittement 4061.
parlemant 3138.
parler 3753, -eras 1960.
parmebu 22.
parolle *sb.* 3672.
parsuyr 1340, -yvray 2166.
part *sb.* 2065, 2074, 3736.
partenoit 3634.
partie 1191, 2485.
partir 2546.
partusiés 2996.
pas 908, plus tost que le p. 2052.
passer 904, s'en p. 1910.
passion 224, 2261.
patrenostre 1883.
payenne 1196.
payer 3092.
paynne, a. p. que 327, poynne (: amaynne) 3417.

pecheur 1041, 2016, -s 3526.
pechié 2019, 3522.
pel 2058, 2615.
pende *3. s. c.* 3800, -du 1941.
penitence 1165, 2006, 2672.
pensemant 1344, pans-2075.
penseray de 1966, panse *1. s.* 960, pansés *2. pl.* 2049.
percevoir *246, -ceu 4045.
perdu 1940.
perser 40, percyé 1074.
personne (: une)*1177, 3444. 3789.
personnete 2770.
perte 2097, 4042.
pesant 1375.
petit 1371, 3986, un p. de 1288.
peu 1370, 1437, 3977, a. p. que 330, 387, 1406.
piece a 3109.
piés *sb.* 3260.
pille 1800.
pire, le p. 3816, pis 2131, 2813.
pitié 1813, 1817, 3661.
place *sb.* 3892.
plain *adj.* 3325, 3731.
plaindre 1924. plaing 3326.
plaise 8, playse 967, 3871.
plaisir *sb.* 3929.
plaist *sb.* 3626, plait 1229.
pliseurs 238, 3107, 3618.
ploroit 3698.
plume 2810.
plus de 873.
Plustien, prevoust P. 2753.
plustout 3253.
poentues 40, poyn- 3129.
poindre 3246.
point 1367, 3581, mis en p. 850, a point 2494, de p. en p. 1440, 1480, de tout p. 1541.
pomme 987, 2476.
porriture 1153.
porté 1874, -era 3905, pourtoint 3898.
pos 3084.
possediras 222.
possession 225.
poudre 2730.
pour ce que 4048.
pourchacier 4003.
pourdevant *2272.
pourpansee 1394.
poursuyr 2925.

pourvence 3984.
pouvremant 59, -re 1818.
povoir *24, 208, 2903, *vb.* *1326.
poyse, que il p. 3227.
pratique 1963.
Praesens Ind., *Conj.* *259, *2263.
precieux *3749.
prenre 1631, prandre 249, prendre 38, -nés 62, 2268, -ngnye 4054, -nnyent 3934, -nray 1656.
pres, de p. 1683.
prescheray 969, prechant 1022.
presence 3778.
present, de p. *1151, a p. 2842, en p. 1550, -temant 1493.
preste *adj.* 3950, p. de 3954.
prestre 1115.
prevoust 2753.
pri, prie *259, prieray *1833.
priere *1329.
procureur 1922, 3669.
proësse 2736.
profont 927, 4088, de p. 2078.
promet *2263.
Pronomen, *pers.* *u. refl.* *3512, *possess.* *1864, *2358.
prophecié 3706, -etisé 1067.
prophetable 3392.
propos 2201, 2930.
propose 1428.
propremant 1057, 1318, -pre 1820.
proudomme 3575.
prouvees *2310, se prouve 3781.
puant, chien p. 2599, 3728.
publique 1023, 1962.
pueple 977.
pugnis *p. p.* 1985, -ye 3788.
puis, puytes *50, puisque 1238, 1992, 3627, 4032.
puissance 1036, 3348.
puisse, puist *1326.
pure 1003, 1324.
purifiés 2837.
purté 1740.
put regart 3242, de p. affaire 1597, *s.* deputayre.
puytes, puis *50, *2003.

quant (= comme) 3891,
q. est a moy 1327, q. a
ma part 1562, q. plus..
tant plus 2814-5.
quart 2546.
(que) *1737, qu(e) *327,
que non (= quod non)
1711, que wieder auf-
genommen 1117, 2915,
ne .. que 1153, 1447.
quel, quelle *239, q. que
3834.
qneloun 1820.
quelcunque(s) adj. par q.
occasion 3678.
quelque 914, 2015, 2031.
querir, querre *246.
question 2517, 3570.
questre *2100.
qui a *263, *998, qui est
*1922.
quicunques 1048.
quitte 2019, 2376.
quoy, ay bien de q. 3910,
q. que 959.

r vor Konson. weggelassen
oder eingefügt *1575.
racine (: cene) 1127.
rage sb. 4026, 4035.
ranes 2893.
ravallé 2599.
ray 2723. s. roye.
rayans 2315.
rayson 200, 955, 1557, 2279.
receveux *328, recevoir, re-
coyvre *246, receyve 3867.
rechannyer 868.
rechetee 3692, -er 2959.
recitans 2318.
recognoistre 54.
recorder, se *1186.
recorir 1947.
recors 2396.
recouvrer 2097, 3295, 4043.
redempcIon *3653.
redempteur 1314.
Redewendungen, frans. =
deutschen 1287, stilisti-
sche: vien sa, vien *1444.
redoubté 319, 1533, -te
3854.
regardés 3245.
regart 3242.
regne prs. 3. s. i. 3373.
Reime é: è: ié *2093, eu:
ou: u *1382, iee: ie *1738,

i: ui, : u *320, u: o *1177,
cuer: remûer *1328, ty-
tre: traitre 2236, cómme
:. ordonné *769, 3-Reime
*l, falsche 52, 1573, 1581,
1930, 3737; vgl. Asso-
nanzen, Waisen.
relier 2757, -ies *2129.
religieux 24.
remede : cuyde *320.
remena 1000.
remette 1. s. i. *2263.
remissIon 1417.
rempli 2516, -ply 2584.
remûer : cuer *1328.
remydés *538.
renaistre 1501, 2216.
rendre 1872, -de 3. s. c.
1867, s'est rendu a.
1893, se rendist 3597,
rens grace 1. s. 4059.
renommer 1015, 1313, 1335,
2525.
renoyé 1984, -nyé 3785,
-nye *259, -noye 1669,
-noyer 1526.
repantemant 952, 1171.
repantir sb. 2087.
repellé 2777.
repetter 3258.
repintant *2046.
reprens 2567.
repris aufgenommen 1742,
getadelt 1678.
reprover widerlegen 2521.
reputeray 3338.
requeste sb. 2703, 3824,
4050.
requiere *2263, -querir *246,
requirans 2362.
requisté 2941.
resjoye *2263, *2674.
respit, sans r. 3985.
response *3506.
resucita 1315, -ter 3556.
resurrection 214.
retiendront 2997.
retorner act. 3294, intr. 28,
m'en retourne 3970.
retrayre 1316.
reveillyé 8267.
revenir 2732.
revoquer 3599.
ribaut 1484, 1886, 2224,
2418.
rissent 2357, ryoy 2802,
rIés 2370.

robe 2060, roube 2179,
raube *352.
roge 2717.
Romme 2235, 3667.
rompre 213, -ra 1898, ront
*117, lui rompons le col
2084.
ronde, a la r. 3534.
Rondel *487.
rousse, la r. mere 1915.
royalme *288.
roye (= rais) *1090.
ruyne (: bruyne) *1504.

s im Auslaut fehlt *1062.
s(a)', son *1864.
sacrement 1128.
sacrifice 139, 1790, 2359.
sacrifier *43, 1883.
sage adj. 914, 3566.
sagesse 1113.
sainté 1358.
salu 1787, 2954.
salvacIon 922.
sambler 3244, -ble 1285.
sanctifI(e)e *1738.
song, batre jusc' au s. *1287.
sanglant 2813, -te mort
879, 3742.
satisfacIon 1161.
saulse 2730.
sauvage 1444.
sauvemant 1355, 2416.
sauvés 2953, -er 956.
saveur 2534.
savoir, sans son s. 2248, je
te fois a s. 209, 2076,
2423, 3712, 3810, savoés
*181, sces = scavés *469,
sceras, seroy *1157.
science 1389, 4074.
secret sb. 917, -temement
1689, segrès sb. 2297.
secundemant 974, 1305.
segront 2397.
seichiés 2. pl. 3119.
seigneur 954, 2274, s. na-
turel 2241, mon s. roc.
3734, m. s. le prevoust
3836.
seignyé *1382.
selon 2252, scelon 2433,
3341.
sens 149, 253, sen 2369.
sentence 52, 2060, 3002,
3760.
septime *32.

sergens 3061.
serymant *2987.
sermonner 2934, 3719.
sert *prs. 3. s.* 310, servy 38, -virny 1148.
service 1246, 3821.
serviteur 1674.
seul 996, *adv.* 1947, -emant 995, 1882, 2448, 3644, 3777, s. que 3835.
seur *159, *sb.* 1856.
seurés *1383.
seysons 2044.
si 2834, [s]y *351.
sienne (: crestienne) 3460.
signacles 2897.
signe 928, 3702, en s. de 84.
signifioit 3609.
simplesse 150.
sire *obl.* 882, 1201, 3296, *n.* 1266, 3282.
soche 2014, 2247.
soloit 1025.
solu 2401.
somme 238, 2797.
sompne 1679.
songes *2. s.* 2971.
sot 2514, -ts 2079.
soubjour 1656.
soubjourner 2095.
soubstance 2542, 2557, soust- 1843.
soubterrés, estre 880.
souciés *2. pl.* 2162.
souffisance 3864.
souffist 2766.
souffrir 3383, -fert 2957.
soulas 1876, 2346.
souppes 3228.
souspirant 947.
soussy *sb.* 1491.
sousteignye 2647, soustient 3747.
souvant 1156, 2920.
souvantes fois 996, 1081, 1776.
souveigne, te s. *1186.
soverain, juge s. 1948, s. dieu 4059.
subgis 3982.
subit 1745.

subjecir 2846.
subtille *377.
subtillité 3975.
sueur 3618.
sufficiens 1365.
sus *praep.* 3467, 3586.

t *unetymologisch im Auslaut* *575.
t' (= tu) *1591.
t(a)', ton *1864.
taches de fere 2463.
taire, se t. 1412, 2142, 4040.
tampester 3989.
tandis 1656.
tant que 3841, 3962, a t. q. 8090.
tanté 2207, 3869, tempter 2171, 3989, 4037, tentant 2910.
tantoust 3837.
tappis 2695.
tard, avant toust que t. 3735, tout ou tart 1910, ou toust ou t. 4028, tart du 2086.
tarder 934, -de *1. s.* 1687, 2714, -dé 2023.
tartavellerie 877.
tatin 2712.
taudix (= tous dis) *1256.
tayre 2142.
[te] *138, te, toy *3512.
tel, telle *239, *1505, tellemant *1042, s. tieulx.
temple 1040.
temps 1350, 2895, a certain t. 3502, tous t. 3952.
temptacion 2167.
tende 2605, -ent 2609.
tenir 1064, 3738, 4048, tien 895, tenoy 3745, se t. *159, 3542, ne me peus t. 143, nous te tenrons court *1287.
terre 975.
terrestre 3607.
terrible 907, 2760.
teste 51, 299, 817, mettons en nous t. *1287.
tiers *3556.

tieulx *1469, *s.* tel.
tire 2607, 2854.
toche, me t. 1510, 2246, ne me touche *imp.* 3840.
toesse (= tousse) 3251.
tormant 1284, tour- 1185, 1504, 2744.
tormanter 2759, -menté 4046.
tort *1926, 3980.
touche, a la t. 3383.
tout, de t. 2151, de t. en t. 1503, du t. 1976, 3873, tous les *3959, t. a l'eure 1936, touteffois 353, 902.
tout puissant *252.
toust, tout le plus t. 983, plus tost que le pus 2052, *s.* tart.
toyse 2701.
trahy *p. p.* 2142.
traitre (: tytre) 2236 [1]), traistre 2418, traytre 2149, 3799, treytre 1590.
tramet 1642, -mis 1617.
trappe 3486.
travallier 2091, -aillier 2096 [tres] *1692.
trespassemant 3858.
trespasserent 1301.
triste 1944.
trompé 1534, -és 1887.
tronne (: une) *1177.
trop 1132, 1252.
troublés *1864.
trouverés 4078, -vé 3960, trouve *1. s.* 1889, -es (: euvres) 199, -ent 1273, se trouve 3782.
trüant 1484, 1532, 1610, 3344.
truffe, il s'en t. 2224.
tué 3828, -er 3793.
tyrans 2689.
tytre 1029, 2237.

une (: bonne *u. s. w.*) *1177.
unyes 2551.
unyversal 1268.
usés *2. pl.* 2133, usoint 3614.
uylle de grace 3696.

---

1) Nach Thurot Prononciation fr. I 500 führt noch Lanoue 1596 *trahistre* unter den Reimworten auf *istre* (s. muet) an. Eb. II 590 meint Thurot, »Lanoue le prononce donc avec la diérèse et l'*i* long«. Unsere Stelle deutet auf eine Aussprache *tritre*.

v *unetymologisch vor* u *1799.
vailliant 3995.
valleur 3348.
vanité 2907.
vanter 996, ventant 3725,
variable 378 3.
varlet 1677, 2281, 3600.
veés, ves *1380.
vehu *328.
veignye (: besoignye) *320,
viengne (: digne) 3920,
venissons 1490, viandrés
952, vienra 2561, venir
134, 256.
venga 994, m'en vengeray
346, vanger 132.
vent 1462, *1287.
ventre 1003.
Venus, dieu V. *126.
venyn 3251.
verges 49, 2691.
verité 4061.
veritable 3598, -emant 1396,
2427.
vers 1203 3967.
Verschleifung *1582.
vescu 14, vivre 5, vist *prs.*
3373, veisquit 1973, vec-
quissent 1998, en mon
vivant 946, 3817.
vices 1392.
vie *sb.* 1199, 1209, 1830, 1886
vierge 1003.
vieux *adj.* 3287.
vifs *adj.* 3744.
villain 2257.

villannye 2598, ville- 3787.
ville *adj.* 3838, *sb.* 3130.
virginelmant 1005.
virtüeux 3359.
virtus 2902.
visages 3613.
viteras (= vestiras) 1731,
vestir 1744, vestu 2192.
voir 2939, 3559, 3935, -re
2788, voyre *adv.* 4074.
vois (y)ci *2850.
vois *sb.* 1270, 3786.
volunté 2185.
voluntier 1638, -rs 1386.
vostres, vous *2358.
vouler, t'en v. 1880.
vouloir 1429, -volloir 3912,
-lust 3663, -list 42, 54,
1002, 1308, 3664, volyst
28, volisse 2741, vouldra
1047, voulra 1173, voul-
rée 2270, voura 1682,
3904, voulroy 1137, vueil
257, 277, 385, 909, 943,
vueyl (: orgueil) 872, veux
855, 1245, 2094, *2. s.*
1408, 1526, veult 1908,
voullés 956, voulés 1967,
veulent 337, voillie 1430,
1560, vueillie 854, 2473,
vueillies 345, vueilliés
1426, vueillent 867, vueil-
liant 366, volu 1295,
-lleu 1631.
voulroit (= vauldroit) *352.
(vous) *1537, 1699, [vous|
*1569.

voye *Conj. 3. s.* 948, 1797.
voye *sb.* 1332, *2239.
võyr *Inf.* 931, voir *328,
verrons 1681, veoy 2301,
vis *1. s.* 3743, vist 3596,
voye 3761, voy le la 1254.
voyse *Conj. 3. s.* 325, 2101,
2700, 3904, *1. s.* 2255,
voysee *2. s.* 2553 (*s.*
ayllie), vois *Ind. 1. s.*
*921, m'en vais 1372,
vais-tu 2435, va-t-en
1135.
vray 2020, 3583, de v. 1848.
vrayemant *888.
vuy (= huy) *1799.

Waisen *27.
Worttrennung, falsche W.
*279.

x *4057.

y (= et) *924, (= ibi)
*377, [y] *2262.
(y)ci *2850, *3756, iquy
4078.
ydolatrye 1183.
ydoles 43, -lles 235, 241.
ymaginer 2762.
yray 2165, -as 167.
yre 1050, *s.* ire.
yssue 1379.
ystoere 1140.
yvert *575.
yvre 3493.

z *auslautend* *428.

Nachträge und Verbesserungen.

Durch nachträgliche Änderung der Verszählung sind die Zitate in der Ein-
leitung von 1275-1714 fehlerhaft geworden. Man ziehe stets 1 ab.
  S. 6. 36. füge hinzu: doch zieht *J* 1255-62 nur einen Strich am Rande.
  S. 8. 49. Das Zeichen von *H* wiederholt *B*, um seinen Zusatz auf dem ein-
gefügten Blatte als hinter 3267 gehörig zu bezeichnen.
  S. 10. 51. Ein weiteres Sillete merkt *H* am Rande hinter 1197 an. —
52. Z. 3 v. u. l.: *L* 3353 ff.
  S. 13. 67. Z. 4 v. u. Durch den Vermerk »valet« will *E* vielmehr andeuten,
dass die von *J* getilgten Zeilen 1255-62 wieder hergestellt werden sollen.
  S. 15 Anm. Diese Götternamen werden im Mittelalter sehr oft als heidnische
angeführt, Talvagant lautete aber Tervagant. Eine höchst sonderbare Mischung

mittelalterlicher und antiker Bezeichnungen bietet aber: *Nostre dieu Venus-Talvagant.* Vgl. noch S. 44 Abschn. 205.

S. 18. 89. Z. 4 l.: 2328-36, mit *H* allein 2387-8, 2343-400. — Z. 8 tilge die eingeklammerte Stelle.

S. 21. 102. Z. 5 L: Fehler wie 2185, 2395. — S. 25 Z. 7 Füge zu: Umgekehrt stellt aber *E* 1255-64, welche *J* tilgte, wieder her. Vgl. Abschn. 67. — S. 25. 115 Z. 6 ff. Man beachte indessen, dass *N* erst nachträglich, das *tercius* von *E*, welches *J* tilgte, nochmals vor 2739 gesetzt zu haben scheint; das *primus* von *A* hatte *E* nicht durchstrichen, *J* brauchte es deshalb nicht nochmals zu schreiben, auch *N* liess das *primus* von *AJ* neben seinem *tercius* stehen Ist aber *N* jünger als *J*, so müsste 3248 *J* vergessen haben *primus* zu setzen und *N* den Fehler nachträglich gebessert haben.

S. 27. 121. Z. 4 stelle um: *E, B, J, N, C, D, O*.

S. 28 Z. 1 f. Vgl. Anm. zu 32. 124. Ich glaube doch, dass alle Waisen *A* abzusprechen sind. Vgl. die Anmerkungen zu den betreffenden Versen.

S. 29. 126. Die Abweichung in 126 und 4144 erklärt sich aus der Sonderderstellung der Rede des Nuncius und des Predicator, 1725 und 2140 kommen Waisen in Betracht, im letzteren Falle liegt übrigens gar kein eigentlicher Redeschluss vor. 127. Der ganze Abschnitt ist zu streichen. Vgl. die Anmerkungen.—128. Vgl. Anm. zu 769.

S. 30. 131. Die Z. 462-848 von *F* ist doch kein so tolles Gereimsel. Die gar nicht so argen Verstösse lassen sich grossenteils leicht bessern, fallen also wohl nicht dem Dichter, sondern nur dem Abschreiber zur Last. Wegen des Rondels 487 ff. s. die Anm.

S. 31. 138. Z. 4 l.: *Quintus pauper juvenis.*

S. 100. 12. Im Myst. de S. Sebastien A begegnet -*ion* und -*ion* (s. Quedenfeldt's Diss. S. 49. 129). — 26. Dasselbe Schwanken bei Dyoclecien in S. Seb. A. (eb. S. 50. 183). — 27, 6 l.: 2669 st. 2667. — 32. Vgl. Qued. S. 51. 138. — 32, 9 nach 1723 f. füge ein: 2412 f., 4056 f. — 39, 13 l.: 2406 st. 2405.

S. 101. 43. Gegen *traitre* : *tytre* vgl. *hayne* : *certainne* 2295. — 68. Verdoppelung im Innern zeigt sich oft: *affin, certiffie, deffendre, enffant, enffer, enfformé, touteffois, treffort; lassus, menssongier; evangille, parolles, seullemant, subtille, valleur, villayn, voullés; amaynne, certaynnement, menner, copper, tappis; attendons, ammené.*

S. 102. 328. Auch S. Sebast. A hat noch věoir s. Qued. S. 10 Anm.

S. 103. 376. s. Qued. S. 48, 122, 124, 125.

S. 104. 831 b. 881. — 924 s. Qued. S. 47. 119. — 993, 6 füge ein: *qu'il* 1037, 1296.

S. 106. 1256 s. Qued. S. 48. 123.

S. 107. Z. 2 l.: *priere* 936. — 1361 b.: [*ce*] *mal*. — 1382 s. Qued. S. 51. 140. — 1444, 5 L: 1304 st. 1314.

S. 108. 1586 vgl. noch *est* : *gybet* 3799. — 1650. Vgl. noch *2877 und *maisquit* 1972, *chestler* 3078, *effacesse* 1787, *mengessent* 3588 (aber *mengassent* 1998) und umgekehrt *allarent* 1064 (aber *allerent* 1100). — 1781. Vgl. *2328. — 1738, 3. l. 1125 st. 1025. — 1892. od. b. 1891-2: *Certes tenir je le cuydoy, Mais je c. q. ľa. p.*